바닐라 젠의
카르마 리셋

바닐라 젠의

카르마 리셋
Karma Reset

바닐라 젠 지음

한걸음·더

선근의 씨앗으로 공덕의 꽃을

운곡 돈관(雲谷 頓觀) 스님
동국대학교 이사장

삶은 결코 우연이 아닙니다. 우리가 지금 경험하는 현실은 과거의 인(因)과 연(緣)이 만들어낸 결과이며, 미래 또한 우리가 쌓아가는 인연에 따라 변화합니다. 불교에서는 우리의 삶이 단순한 운명이 아니라 스스로 만들어가는 것임을 인연법(因緣法) 또는 연기법(緣起法)으로 가르쳐주고 있습니다.

이 책은 우리가 흔히 말하는 '운 좋은 사람'과 '운 나쁜 사람'의 차이가 단순한 행운이 아니라, 그들이 지닌 사고방식과 행동의 패턴에서 비롯된다는 점을 명확하게 보여줍니다.

또한 불교의 깊은 가르침을 현대적인 시각에서 풀어내어, 우리가 어떻게 하면 좋은 카르마를 쌓고 원하는 삶을 스스로 창조할 수 있는지를 구체적으로 짚어주고 있습니다. 즉 번뇌나 부정적인 업(業)을 극복하고 선한 방향으로 변화시키는 실천 방법을 저자의 오랜 연구와 수행의 결과물로 제시하고 있습니다.

이 책이 더욱 특별한 이유는 이러한 불교의 가르침을 철학적 개념으로만 설명하는 것이 아니라, 최신 대중문화 예술 속에서 현대인의 일상에 공감을 준 사례들을 발췌하고 끌어당김과 카르마의 법칙을 신선하게 우리의 삶과 연결시킨다는 점입니다. 그리고 모든 중생들이 나쁜 원인과 조건으로 나쁜 결과를 초래하지 않도록 그것을 바꾸거나 선한 업으로 전환하기 위해 항상 갈망하고 기도하고 있다는 것입니다. 이러한 점에서 학술연구 문헌으로는 물론, 일상의 불자들에게도 큰 도움이자 해답을 줄 것으로 여겨집니다.

"모든 것은 마음에서 비롯된다."고 합니다. 우리가 어떤 생각을 품느냐에 따라 말과 행동이 결정되고, 그것이 결국 우리 삶의 방향을 정합니다. 부정적인 생각과 원망 속에 사는 사람은 계속해서 같은 고통을 반복하게 되고, 선한 마음으로 바른 행위를 실천하는 사람은 결국 복덕을 쌓아갑니다. 이를 '선근공덕(善根功德)'이라 하며, 선한 씨앗을 심고 공덕을 쌓으면 그에 상응하는 좋은 결과가 반드시 따라온다고 말합니다.

이 책을 읽다 보면 더 이상 운명을 탓할 필요가 없다는 사실을 깨닫게 될 것입니다. 우리는 이미 우리의 삶을 변화시킬 힘을 지니고 있으며, 지금 이 순간부터 다른 선택을 할 수 있습니다. 고통에서 벗어나 행복과 평온을 찾을 수 있습니다. 바른 생각과 바른 행동으로 스스로의 운명을 바꿀 수 있습니다. 그렇다면 이 책을 통해 불교의 깊은 지혜를 만나보시기를 바랍니다.

당신이 심는 선근(善根)이 미래의 공덕(功德)이 될 것입니다.

대중을 위해 명문장으로 풀어쓴
따스한 할(喝)!

월당 성법(月堂 惺法) 스님

조계종 제10대 종정 혜암 대종사의 맏상좌
해인사 주지 역임 후 현재 해인사 원당암 회주

『바닐라 젠의 카르마 리셋』을 읽고 세 번을 놀랐다. 첫 번째로 제2의 공(空)이라고 하는 유식사상에 대한 깊은 이해로, 보기 드물게 그 이론을 자유자재로 구사하는 것에 놀랐고, 두 번째로 유식과 업장소멸법을 연결시켜 실천적으로 설명함으로써 불교에 대한 거리감을 획기적으로 줄여 삶이 곤고한 일반인들이 접근하기 용이하게 만들었다는 점에서 놀랐고, 세 번째로 원래라면 자칫 고리타분할 수 있는 내용을 대중문화나 일상적 실례로 들어 감칠맛나게 설명함으로써 글 읽는 즐거움을 느끼면서도 동시에 삶에 대한 의미있는 가이드를 얻는 일거양득이 되었다는 점에서 놀랐다. 어려운 불법(佛法)을 자신의 감성에 실어 설명한 것이 특히 놀라웠는데, 이런 새로운 방법은 어지간한 내공의 깊이가 아니고는 아무나 할 수 있는 것이 아니어서, 법랍 61년인 소승으로서도 처음 접하는 것이었다.

이 책의 이런 특별함은 저자에게 이론 공부만 있지 않았다는 것을 짐작하게 해준다. 『수능엄경』에는 '뚜렷이 환히 아는 것은 생각으로 인한 것이 아니다. 눈썹을 치키고 눈을 굴리면 이는 이미 벗어난 것이다(圓明了知 不因心念 揚眉動目早是周遮)'라는 말이 있다. 이 구절의 의미대로, 저자는 유식 공부의 막바지에서 눈썹을 치켜뜨고 눈을 굴리는 논리적 이해의 단계를 뛰어넘어 언어적 설명을 초월한 직관적인 깨달음을 얻었음이라.

'공부하다 죽어라'라는 법문으로 유명하신 우리 시대의 뛰어난 선지식이자 소승의 은사이신 혜암선사를 친견하고자 저자가 여러 차례 해인사 원당암으로 찾아왔던 것에도 이유가 있었던 것이다. 이론만으로는 뛰어넘어지지 않는 어떤 핵심을 갈무리할 마지막 화룡점정을 찾고 있었던 것이라고 생각한다.

이 책은 유식과 카르마를 중심으로 불교 이론, 선업을 쌓는 실천법, 문학적·문화적 감수성이 혼연일체가 되어 하나의 목표를 가리키고 있다. 즉 어떻게 해야 범부들이 고통에서 벗어나서 행복하고 가치있는 삶을 살 수 있겠는가에 대한 근본적인 질문과 그 답이다.

유려하고 재치에 빛나는 명문장으로 풀어쓴, 여러분들을 향한 따스한 할(喝)이 되어줄 이 책을 적극적으로 추천하는 이유가 바로 여기에 있다.

유식(唯識)과 대중문화를 감각적이고도 깊이있게 화합한 뛰어난 직관과 성찰

진묵당 진성(震黙堂 震性) 스님

불교의식·염불·서예의 대가, 금화사 회주

如荃草味 如金剛杵 正中妙挾 敲唱雙擧 通宗通塗

여 치 초 미 여 금 강 저 정 중 묘 협 고 창 쌍 거 통 종 통 도

오미자의 맛 같고 금강저 같기도 하여, 정중앙에 묘하게 끼어 두드리면서 노래 부르니, 핵심에 통하고 지엽에도 통한다.

위 문장은 석가모니 부처님 이래 38대 조사인 동산양개(洞山良价) 선사의 글로, 공부가 깊어지면 중심과 변두리를

두루 꿰어찬다는 뜻입니다.

바닐라 젠 유리묘화(琉璃妙華) 보살의 출판 원고를 처음에 읽었을 때, 우선은 문체가 특이해서 놀랍기도 했고, 동시에 문득 위의 동산양개 선사의 문장이 생각났습니다. 분명 불교이론으로 설명하고 있는데도 전혀 이론적이지를 않고, 깊고도 특이한 성찰·통찰과 전 세대를 아우르는 톡톡 튀는 감성으로 써내려간 근래 보기 드문 내용의 책이었습니다.

또한 서양 인문학을 전공하고 신화 분석의 세계적 석학인 질베르 뒤랑의 문하에서 공부한 문학박사이면서도 35년 간 불교이론 공부와 수행에도 깊이 정진해 서양 인문학의 자량을 불교에 끌어들여 자신만의 독특한 경지를 이뤘습니다. 수행에 있어서는 염불선(念佛禪)과 그리고 보기 드물게 능엄선(楞嚴禪)으로 상당한 경지에 간 것을 수 년 전에 확인한 바가 있었습니다. 바닐라 젠(禪)이라는 필명을 쓰는 것도 이유가 있었습니다. 특이한 종교 체험도 여러 차례 있었지만, 신비적 현상에 끄달리지 말라고 야단친 기억도 납니다.

또한 책에 보면 각종 대중문화까지 통달해, 그것을 통해 불교이론을 설명하는데 전혀 이질감 없게 구사함으로써, 젊은 세대에게 불교를 이해시키는데 새로운 이정표가 될 것 같습니다. 탄탄한 유식학(唯識學)에 대한 공부와 재가 은둔 수행자로서의 실참을 기반으로, 초기불교 경전부터 대승 경전까지 종횡무진으로 오가며 일상 속에서 활용할 수 있는 실전적인 방법론을 제시함으로써, 이 책은 현대를 살아가는 대중들을 위한 독보적인 새로운 개념의 인생계발서이자 자기성장서가 될 것입니다.

"북을 울리는데 무거운 쇠망치가 어찌 필요하랴(敲鼓何須重錘)"

20년 전쯤에 어느 노장스님으로부터 들은 격언이다. 이 격언은 선사들의 충격 요법인 당두방할(當頭棒喝)[1]과 비슷한 맥락이다. 당두방할이란 선사들이 선(禪)을 지도할 때 사

---

1 당두방할(當頭棒喝)은 선불교에서 수행자를 단박에 깨닫게 하기 위해 스승이 '몽둥이(棒)'로 내리치고 혹은 '고함(喝)'을 지르는 강렬한 방편을 가리키는 말이다. 방(棒)이란 스승이 들고 있는 몽둥이를 말하고, 할(喝)은 스승이 갑자기 내지르는 날카로운 고함을 말한다. 그런데 여기서 핵심은 당두(當頭)이다. 글자 그대로 풀이하면 "머리(頭)를 향해 딱 맞춰서(當)"라는 뜻이다. 이것은 단순히 물리적으로 '머리를 때린다'라는 의미가 아니라, 지금 여기, 딱 맞는 시점과 위치에 직접적으로 작용하는 방법이라는 의미이다. "당두(當頭)", 즉 가장 긴박하고 핵심적인 순간에 가하는 한 방이기 때문에, 그 충격이 수행자의 마음을 뒤흔들어 기존의 분별을 일시에 단절시키는 효과를 가져 오는 것이다. 당두방할(當頭棒喝)은 스승이 제자의 '머리(의식의 중심)'를 향해 지금 이 순간 적확하게 몽둥이를 휘두르고 고함을 질러서, 모든 분별을 끊고 즉시 참된 자성을 보도록 하는 선불교 특유의 강력한 교화 수단이라고 할 수 있다.

용하는 방(棒:몽둥이)이나 할(喝:고함)도 상대의 근기와 상황에 적절해야 하는 것이지, 무조건 세다고 좋은 것이 아니라는 의미이다. '덕산 방 임제 할'이라고 하여 덕산선사의 몽둥이 찜질[棒], 임제선사의 고함[喝]이 유명하지만, 방과 할의 원조는 육조혜능을 잇는 8대 조사 마조도일[2]이다. 마조도일이 제자인 백장회해에게 한번 고함을 쳤는데, 어찌나 소리가 컸던지 백장이 사흘 동안 귀가 멍멍하고 눈이 침침할 정도였다는 기록[3]이 있다. 선종의 제9대 조사가 될 백장회해였으니 망정이지, 할(喝)! 하면 헐! 하는 요즘 세상 같으면 멍멍한 귀를 후비며 보따리를 싸는 사람도 많을 듯하다.

이것은 비단 도(道)에 있어서만 그런 것이 아니다. 저 격언은 좀 더 보편적으로는 어떤 일을 성취하는데 있어서 구태여 버거운 방편을 택할 이유가 없고 상황에 적확한 응병여약(應病與藥)의 방편을 써야한다는 의미이기도 하다. 즉 균형 있는 지혜와 실용적·실제적인 방편의 중요성을 강조한 것이다.

평범한 현대인인 우리가 이 책을 통해 카르마의 본질을 이

---

2 남종선의 제8대 조사인 마조도일(馬祖道一 709-788)은 질문하는 제자에게 돌연 고함을 치거나 뺨을 후려갈기는 방법을 쓰기도 했다. 이런 모습은 마조 이전에는 없던 일이다. cf. 강호진, "처음 읽는 선불교의 역사", 불교저널, 2019.7.11.

3 원오극근, 『격절록』 제3칙

해하고 업장을 소멸시키거나 약화시키는 대치법(對治法)을 알아가는 과정에서도 이러한 지혜의 균형과 방편의 실제성·실용성은 몹시 중요하다. 우리는 수행에 전념하여 자신의 삶의 본질과 정식으로 대면할 실질적 여건이 되지 않는 것은 물론이고, SBNR[4]의 이 시대에 서양에서 역수입된 현대화·세속화된 명상 정도라도 찾아 하면서 '시간의 섬'을 만들어 자신의 내면과 마주할 시간적 여유도 없고 경제적 여력도 없다.

그런데 문제는 "내 인생이 대체 뭐가 어디서 고장나서 이러는 거지?"라는 의문은 그럴수록 더욱 가슴을 파고든다는 점이다. 꼬리를 물고 돌아가는 우로보로스의 뱀처럼, 수행할 상팔자는 되지 못하는 현실적 여건과 고통스러운 삶의 인식이 서로 맞물려있는 것이다.

그러면 우리에게는 탈출구가 없는 것일까. 우리에게 딱 맞는 북채가 어디 있어 우리들의 북을 깊게 울려주겠는가.

이런 질문에 대한 답으로 이 책을 썼다. 머릿속에서 쓰기

---

4 SBNR이란 "영적이지만 종교적이지 않은(Spiritual But Not Religious)" 태도 및 가치관을 말한다. 이 용어는 2000년대 초반에 스벤 얼랜슨과 로버트 풀러가 각각 자신들의 저서 제목에 사용하기 시작하면서 일반화된 개념이다. SBNR은 1960~70년대 서구를 휩쓴 뉴에이지 운동을 포괄하면서, 1990년 대부터 미국과 유럽 학계나 언론에서 언급되기 시작했고, 전 세계적으로는 2010년대부터 대중담론으로 본격적인 주목을 받는 추세가 가속화되었다.

시작한 것은 20년도 더 된 것 같은데, 글을 써서 세상에 내놓는다는 일은 사무치는 추동력이 있어야 가능한 일이었다.

영운지근(靈雲志勤)[5] 선사의 오도송을 보니 옛적 선사 큰스님들도 그랬던가 보다.

30년을 검(劍)을 찾던 나그네	三十年來尋劍客
낙엽지고 새 가지가 돋기를 몇 번이던가.	幾回葉落幾抽枝
복사꽃을 한 번 본 후로는	自從一見桃花後
지금까지 다시는 의심하지 않았네.	直至如今更不疑[6]

끝으로 졸저에 기꺼이 추천사를 써주신 동국대 이사장 돈관스님, 해인사 원당암 회주 성법 대종사님, 금화사 회주 진묵당 진성스님께 감사의 삼배를 올립니다. 더불어 선뜻 출판을 맡아주신 동국대출판문화원 박기련 대표님께 감사의 말씀을 전합니다.

2025년 9월 바닐라 젠

---

5 영운지근(생몰연대 미상. 8세기 말-9세기 초)은 당나라 오가칠종(五家七宗)의 하나인 위앙종의 승려로 구산영우 선사의 제자이다.
6 『선문염송집』 제15권. 영운지근 선사의 오도송은 깨달음을 평상어로 표현한 흔치 않은 경우라서 우리가 곧장 이해하기가 한결 쉽다. 눈으로 보고 깨닫는 것을 견색명심(見色明心)이라고 하는데, 영운지근 선사처럼 꽃을 보고, 동산양개 선사처럼 그림자를 보고 깨닫는 것 같은 경우를 말한다.

| 차례 |

온갖 현묘한 논변도

빈 허공에 날리는 터럭 하나요

세간 온갖 중대사도

거대한 계곡에 떨어진 물 한방울

窮諸玄辨 若一毫致於太虛

竭世樞機 似一滴投於巨壑

〈덕산선감 선사 오도송〉[*]

---

[*] 불교에서 지식과 지혜의 차이가 어떠한 것인가를 잘 비유하고 있는 문장으로, 선종(禪宗)에서 '임제할 덕산방(臨濟喝 德山棒)으로 유명한 당나라 덕산선감 선사(782-865)의 오도송이다.

제1부
끌어당김의 법칙은
틀렸다

01
20년 vs 2500년의 오델로 게임

　현대판 연금술이라고 할 수 있는 끌어당김의 법칙은 고대 인도 대서사시인 『라마야나』[1]에서 주인공 라마가 쫓는 황금 사슴과 흡사하다. 또한 켈트 신화나 아일랜드 민담에 등장하는 이스시 요정과도 비슷하다.

　『라마야나』에서 라마 왕자의 아내 시타는 눈부신 황금 사슴을 보고 라마에게 말한다. "여보, 몸은 반짝이는 황금에, 다리에는 보석이 박힌 사슴이 집 앞에 있어요. 눈부시게 아름다워요. 저를 위해 저 사슴을 잡아주세요." 아내의 말에 라마는 황금 사슴을 쫓아간다. 사슴은 잡힐 듯 말 듯하며 요리조리 빠져나가면서 라마 왕자를 깊은 숲 속으로 유인한다.

1　서양의 『오딧세이』, 『일리아드』에 비견되는 동양 최고의 서사시로, 1100년 동안 인도에서 구전되는 이야기들을 기원전 3세기 경 시인 발미키가 집대성했다.

문득 속임수에 걸렸다는 감이 라마에게 온다.[2]

아일랜드 민담에 등장하는 이스시 요정[3]은 아름답고도 위험한 존재들이다. 이스시 요정은 풍요, 음악, 춤을 관장하지만 동시에 인간을 유괴하거나, 시간이 흐르지 않는 자신들의 세계로 데려가 인간계의 시간을 낭비시키기도 하는 이중적 성격을 지닌 존재들이다. 이스시 요정들은 사람들에게 아름다운 음악, 화려한 연회, 호화로운 식탁 같은 유혹적인 환상을 보여주기도 한다. 그러나 이 환상은 인간이 손을 뻗으면 사라져버리고, 맛보려 하면 바람처럼 증발해 버린다.[4]

끌어당김의 법칙은 "신비주의 뷔페, 오컬트 자기계발, 과학적 미신"으로 요약할 수 있는 낯설고 신기한 컨셉으로 사

---

2 R.K.나라얀 편저, 김석희 역, 『라마야나』, pp.158-160
3 이스시(고대 아일랜드어:(Aos Sí), 또는 시(아일랜드어: sídhe)는 노르드 신화의 엘프에 대응하는 요정들이다. 이스시는 무덤 속 지하, 서쪽 큰 바다너머, 또는 인간의 눈에는 보이지 않는 어딘가에 살고 있다고 전해진다. 그 세계는 『에린 침략의 서』(11세기에 편찬된 아일랜드 유사 역사서)에서는 일종의 평행우주처럼 묘사된다. 일부 2차 문헌들이나 윌리엄 버틀러 예이츠 같은 근현대 저자들은 이들을 그냥 "시"라고 부르는 경우도 많았다. cf. Wikiwand
4 cf. W. Y. Evans-Wentz, *The Fairy-Faith in Celtic Countries*, Oxford University Press, 1911 / James MacKillop, A *Dictionary of Celtic Mythology*, Oxford University Press, 1998

람들을 일단 매혹시킨다. 화려한 레토릭에 처음엔 대부분 귀가 솔깃해지는 것이 인지상정이지만, 『시크릿』 책을 사다가 모셔놓고 방에서 혼자 주문을 외워봤던 우리의 지난 경험들이 말해주듯, 실제로는 요리조리 빠져나가는 황금 사슴이나 이스시 요정들이 깔아놓은 환상처럼 잡힐 듯 말 듯, 소망은 그리 쉽게 이루어지지 않는다. 생각하는 것만으로 통장에 돈이 끌어당겨진다는 말에 지치고 힘든 많은 사람들이 한가닥 희망을 걸고 매뉴얼을 열심히 실천해 보지만, 생각대로 이룬 사람은 극소수이다. 이루어진 사람이 많아 보이는 착시현상이 있는 것은 생존자 편향[5] 때문이고 자기충족적 예언[6]인 경우도 많다.

---

5 생존 편향(survivorship bias)이라고도 한다. 제2차 세계대전 때 미군 전투기가 전투 후 귀환했을 때 전투기에 총탄을 집중적으로 맞은 부분을 분석해서 전투기의 그 부분을 보강해야 한다는 결과를 냈다. 그러나 이 데이터의 심각한 편향 오류는 이 비행기들은 생존해서 귀환한 비행기들이라는 점이다. 귀환하지 못하고 추락한 전투기들의 자료는 없는 것이다. 오히려 전투기의 해당 부위의 보완이 아니라 해당 부위가 아닌 부분의 보완을 해야 하는 것이다. 이처럼 선택 과정에 통과한 개체에만 집중하고 통과하지 못한 개체는 간과하는 논리적 오류를 생존자 편향이라고 하며 잘못된 데이터에 의해 잘못된 결론으로 이어진다. cf. 위키백과
6 자기 충족적 예언(self-fulfilling prophecy)은 자기 성취적 예언, 자기 실현적 예언이라고도 한다. 소망이나 기대가 실현되는 것은 그 목표에 따라 자신의 행동을 맞춰가기 때문이라는 사회심리학적 현상을 말한다.

끌어당김의 법칙이 누구에겐 먹히고 누구에겐 먹히지 않는 이유는 무엇일까?

이 답을 찾는 길 끝에 바로 '카르마의 법칙'이 있다. 흑백 돌을 뒤집는 보드게임인 오델로 게임처럼, 끌어당김의 법칙의 바둑돌을 반대편으로 뒤집으면 그것이 카르마의 법칙이 된다. 카르마의 법칙으로 정곡을 찌르려면, 우선 하나의 신드롬으로 광범위하게 자리 잡고 대중을 호도해 온 끌어당김의 법칙으로부터 시작해야 하는 당위성이 여기에 있다.

전 인류에게 미친 영향과 가치로 보면 체급상으로 도저히 비교 불가이지만, 역사적 관점에서만 볼 때 이 오델로 게임은 20년 역사의 끌어당김의 법칙과 2500년 역사의 카르마의 법칙 간의 대결이 되겠다.[7]

이 현상은 1928년에 사회학자 윌리엄 아이작 토마스가 처음 발견하여 '토마스 정리'로 발전시켰고, 이어서 미국의 사회학자 로버트 머튼이 이 용어를 만들어서 자기 충족적 예언 이론을 대중화했다. cf. 위키백과 한국어

7 끌어당김의 법칙을 본격적으로 유행시킨 론다 번의 『시크릿』은 2006년에 발간되었으니 20년이 되었고, 불교는 2025년 기준으로 2569년이 되었다. 불기(佛紀)는 석가모니가 열반한 해를 기점으로 한다.

02
럭키 걸 신드롬과 LOA 증후군

   '우파니샤드'라는 단어의 원래 뜻은 '가까이 아래에 앉는 다'는 의미이다.[8] 또한 석가모니가 열반에 들기 전 제자 아난이 혹시라도 '사권(師拳)'은 없으신지를 조심스레 물었던 그 사권, 즉 스승의 주먹[9]이란 죽음을 앞둔 스승이 수제자에게만 펴서 보여줬던 손바닥에 적힌 비밀을 의미한다. 이 우파니샤드나 스승의 주먹이나 모두 감춰진 심오한 가르침을 스승으로부터 전수 받는 상황을 말하고 있다. 초록색 커다란 에메랄드 서판에 새겨진 비밀의 글로 유명한 헤르메스주

---

8 '우파'는 가까이, '니'는 아래에서를 의미한다. 스승의 발치 가까이에
   앉아 가르침을 받는다는 뜻이다.
9 "아난다여, 여래가 가르친 법들에는 스승의 주먹과 같은 것이 따로 없
   다." 디가 니까야 대반열반경(D16), 2.24-2.25.『디가니까야』2, 각묵스
   님 역, p.203

의로부터 카발라, 연금술, 피타고라스주의, 장미십자회 등의 다양한 서양 밀교 역시 신비주의적 가르침을 근간으로 삼는 것은 마찬가지였다.

그러나 현대에 오면 상황은 180도 달라진다. 베다 경전을 암송하는 소리를 수드라 계급의 천민이 들으면 귀에 뜨거운 쇳물을 부어버렸던 시대는 까마득한 역사 속으로 사라졌고, 이제는 유튜브나 인터넷 커뮤니티나 여러 예술 장르를 통해서도 예전 같으면 수제자에게만 전수하던 비밀이었을 법한 내용들에 어느 정도는 다가갈 수 있게 되었다. 〈강철의 연금술사〉 같은 애니메이션, 움베르토 에코의 소설 『푸코의 진자』, 마블 시리즈 영화 〈닥터 스트레인지〉, 게임에서는 〈드래곤 퀘스트〉 등 다양한 장르에서 연금술, 헤르메스주의, 장미십지회, 오컬티즘 등 밀교적 지원들이 새로운 해석을 거쳐 다루어졌다.

그 가운데에서도 신비주의적 지식들의 확장성 면에서 본다면 최근에는 유튜브가 단연 활발해 보인다. 대우주와 소우주의 상응을 의미하는 '위에서와 같이 아래에서도' 같은 헤르메스의 대원칙도 유튜브를 검색만 하면 스승의 발치가 아니라 침대에서 이불 뒤집어쓰고 들을 수 있고, 샷구루[10]

같은 요가 구루들의 가르침을 30초 쇼츠 동영상으로 핵심만 추려서도 볼 수 있게 되었다. 달디단 밤양갱을 부르는 강나미의 보라색 쇼츠 옆에 보이는 흰 수염 수북한 요기 삿구루의 썸네일에는 "사랑이 자꾸 떠나가나요?"라고 쓰여 있다.

이런 현상은 수천 년을 이어온 동서양의 신비주의가 현대의 사회적 환경에서 세속화, 대중화되고 있다는 것을 말해 준다. 이러한 세속화·대중화 현상에서 가장 눈 여겨봐야 할 것이 바로 론다 번의 『시크릿』과 거기서 파생되어 전 세계로 확산된 끌어당김의 법칙이다. 20여 년 전에 출간한 책을 지금에 와서 굳이 주목해야하는 이유는 『시크릿』이 희대의 역작이어서가 아니라, 대중적 관심을 등에 업고 왜곡된 법칙을 거대하게 확대 재생산하면서 하나의 신드롬을 형성했기 때문이다. 『시크릿』은 국내에서도 수많은 아류의 자기계

---

10 삿구루(Sadhguru, 1957~). 본명은 자가디시 바수데브(Jagadish Vasudev). 인도 아쉬람 요가센터의 설립자로 요가, 명상, 웰빙 영역에서 활동하고 있고 유튜브도 활발히 하고 있다. 유튜브 삿구루 코리아도 있다. 삿구루는 여러 가지 사이비과학적 주장을 조장한다는 이유로 비난을 받아왔다. 가령 수은을 특정 전통적 방식을 통해 정제·처리하면 인체와 의식에 유익할 수 있다'는 취지로 언급해 왔다. 일부 인터뷰나 행사에서 "(이 과정을 거치면) 오히려 독성이 사라져 몸에 긍정적 영향을 준다."는 식의 발언도 있었다.

발서를 양산했고, 특히 2020년 무렵 이후로 유튜브에는 끌어당김의 법칙에 관한 다양한 동영상들이 수도 없이 올라오고 있다. 그 가운데에는 끌어당김의 법칙을 설명한다고 심지어 초끈 이론까지 가지고 온 동영상도 있다.

　5인조 K-팝 걸그룹 아일릿은 2024년에 〈럭키 걸 신드롬(Lucky Girl Syndrome)〉이라는 곡을 발표했다. 가사를 추려보면 이렇다.

　　긍정의 치트키
　　다 이뤄질거야
　　매일 주문을 외워
　　난 정말 럭키 걸
　　이뤄져 믿는 대로
　　럭 주문을 걸어 럭
　　럭키 걸 신드롬
　　예 아이 엠 어 럭키 걸

　놀랍게도 완전한 끌어당김의 법칙이다. 가사의 단어 하나하나가 모두 『시크릿』에 나오는 단어들이다. 걸그룹 아일릿의 같은 앨범에 수록된 다른 곡들의 제목이나 가사에 '자석', '지니(램프요정)', '우주'가 나오는 것까지 알고 나면 이

곡의 저본(底本)이 바로 끌어당김의 법칙이라고 밖엔 할 수 없겠다.

"인생은 정말 쉬워! 정말 멋져! 온갖 좋은 일이 일어난다구!" 이 대목은 위의 〈럭키 걸 신드롬〉의 노래 2절이 아니라 『시크릿』 60쪽에 나오는 글이다. 대중음악의 가사에까지 파고든 이런 현상은 그야말로 LOA[11] 신드롬, '끌어당김의 법칙 증후군'이 널리 퍼져있음을 의미있게 말해준다.

『시크릿』은 2쇄 출간에서 출판 역사상 최다 주문 기록을 세웠다. 이러한 폭발적인 판매 부수는 곧 긍정적이건 부정적이건 막대한 영향력을 의미한다. 전례 없는 이 돌풍의 배경에는 뉴 에이지 계통인 오프라 윈프리[12]의 찬사와 래리 킹의 방송, 그리고 SNL의 패러디도 한몫을 했고, 대중의 심리를 파악하여 조종하는 원리에 능했던 PR의 아버지 에드워드 버네이즈 식의 입소문 마케팅도 큰 몫을 했다. 미국의 경우는 필라테스 학원과 동기부여 블로그를 통해서 입소문이

---

11 LOA는 Law Of Attraction, 즉 '끌어당김의 법칙'의 약자로 최근 영어권 인터넷에서는 이렇게 약자로 표기한다.
12 오프라 윈프리는 뉴 에이지 계통이고 론다 번은 신사상 운동 계통이다. 기독교 교단에서는 모두 이단으로 보는 이 두 사상의 연원은 유사하지만 성격은 많이 다르다.

광범위하게 퍼져나갔다.[13]

책 출간보다 8개월 앞서 발매되어 순식간에 6,500만 달러의 판매고를 올린[14] DVD판 〈시크릿〉을 보면, 고대 이집트의 에메랄드 서판으로부터 현대까지 은밀하게 전해 내려오는 봉인된 비밀을 보여주는 시나리오, 속도감 있는 화면 전환과 박진감 넘치는 배경 음악, 그리고 거기에 담은 신비주의와 부(富)의 교묘한 연결이 속이 헛헛한 대중의 심리를 깊숙이 파고들었다. 삶에 무기력하고 결핍에 절망하고 있는 사람들을 밑도 끝도 없는 신비의 덫으로 낚은 것이다. 끌어당김의 법칙을 누구보다도 잘 실천하여 부를 끌어오는 최고의 '자석'[15]이 된 사람은 다름 아닌 바로 론다 번 자신이다.

---

13 줄리 메이슨, "『시크릿』의 비밀", 더 오타와 시티즌(The Ottawa Citizen), 2007.2.4.

14 Wikipedia

15 론다 번, 『시크릿』, p.52, p.187

03
고장난 진리 "뿌린 대로 거두리라"

광고 천재라는 별명이 있는 이제석의 광고 가운데 〈뿌린 대로 거두리라〉라는 제목의 작품이 있다. 영어 제목을 직역 하면 〈날아간 것은 돌아온다(What goes around comes around)〉인 데, 이 제목은 새겨볼 수록 절묘하다.

이 광고 사진은 전봇대 같은 원형 기둥에 둥그렇게 말아 서 부착하도록 되어있고, 사진의 내용은 총을 쏘는 군인, 포를 사격하는 탱크, 수류탄을 던진 군인의 모습을 묘사하 고 있다. 이 사진을 전봇대에 둥글게 돌려 부착하면 총과 대포의 총구는 한 바퀴 빙 돌아서 그 군인의 뒤를 겨냥하 게 된다. '지팔지꼰'이라는 요즘 유행어와 찰떡으로 부합한 다고 생각했는데, 지팔지꼰이란 "지 팔자 지가 꼰다."의 줄 임말이다.

이제석 2008년 평화반전 캠페인 광고 What goes around comes around(뿌린 대로 거두리라)

'뿌린 대로 거둔다'는 우리 속담 '콩 심은데 콩 나고 팥 심은데 팥 난다'를 통해서 잘 알고 있기도 하지만, 이런 사유는 동서고금 어디에서나 발견되는 만유의 법칙이다. 성경 갈라디아서 6장 7절에 '사람이 무엇으로 심든지 그대로 거두리라'라고 적혀있는데, 이 내용은 이미 당시 고대 그리스 문화 속에 널리 퍼져있던 격언이었다.[16]

---

16 고대 그리스어로 '사람이 무엇을 뿌리든지, 그것을 또한 거두리라(ὃ γὰρ ἐὰν σπείρῃ ἄνθρωπος, τοῦτο καὶ θερίσει)'라는 격언이 있었다. 이와 함께 고대 그리스 철학, 특히 스토아 철학과 플라톤 철학에서 강조하던 인간 행위에 따른 결과인 인과응보가 이 성경 귀절에 통합된 듯하다.

석가모니도 다음과 같이 말했는데, 위의 갈라디아서 6장 7절과 내용이 똑같아서 놀랍다.

> 씨앗은 뿌린 대로 열매를 맺나니
> 선을 행한 이는 선을 맺고 악을 행한 이는 악을 맺는다.
> 그대가 뿌린 씨앗은 그대가 그 열매를 거둔다.
>   – 『상윳따 니까야』 11.10. 「사뭇다까 경」

인과응보의 이런 진리가 행여 콩쥐팥쥐 식 권선징악의 구태의연함, 도덕적 고인물로 느껴진다면, 논리를 뒤집어보면 된다. 악하게 살아도 잘만 살고, 아무렇게나 살아도 되레 만사 오케이라면, 이토록 기특하고 편리하고 실용적인 악을 적극 권장하는 격언도 동서고금의 종교와 철학에서 나타났어야 했다. 가령 이런 격언이겠다.

'콩 심어도 팥 나니 염려 마라.' '최대한 악독해야 뭐라도 건진다.'

그런데 문제는 『시크릿』이 '뿌린 대로 거둔다'의 본래 의미를 왜곡했다는 점이다. 위의 『상윳따 니까야』에서 뿌린대로 거둔다를 설명한 내용과 비교하면서 「시크릿」에 있는 다음 대목에 주목해 보자.

우리는 각자 자신의 삶을 창조한다. 무엇이든지 뿌린 대로 거두는 것이다! 생각은 씨앗이고, 수확물은 당신이 뿌린 씨앗에 의해 좌우된다.

끌어당김의 법칙은 단지 당신이 집중하여 생각하는 대상을 당신에게 정확하게 돌려줄 뿐이다.[17]

절묘한 왜곡이다. 서양 지성사에서 가장 뛰어난 격언가의 한 사람인 리히텐베르크가 "가장 위험한 거짓말은 적당히 왜곡된 진실이다"[18]라고 말한 것이 딱 들어맞는 왜곡이다. 어느 부분에서 왜곡됐는지조차 알아차리기 힘들 정도로 교묘히 비껴나가서, 대부분의 사람들은 저 내용이 가지고 있는 큰 문제점을 찾아내기 어렵다.

『시크릿』에서 말하는 '뿌린 대로 거둔다'는 원래 의미대로의 인과응보를 말하는 것이 아니라, 생각을 뿌리는 대로 생각하는 현실을 거둔다는 의미로 사용했다. 약간의 말장난이 들어갔지만, 그 결과는 심각하다. 론다 번의 주장은 부자가

---

17 『시크릿』, p.34
18 "Die gefährlichste Unwahrheit ist eine nur wenig entstellte Wahrheit." 리히텐베르크의 이 말은 그의 철학적 성찰 모음집인 『스크랩북 (Sudelbücher)』에 들어있다. 독일의 물리학자이기도 한 게오르크 크리스토프 리히텐베르크(1742-1799)의 성찰 모음집은 쇼펜하우어, 니체, 프로이트, 톨스토이 등 사상가와 작가들에게 영향을 줬다. cf. Wikipedia

되는 생각은 돈을 가져오고, 빚에 대한 생각은 빚을 가져오고, 자동차 사고에 대한 생각은 자동차 사고를 가져온다는 것이다. 이러한 오류와 왜곡은 알고 보니 그 뿌리가 깊다.

윌리엄 워커 앳킨슨
(1862~1932)

이 오류의 시작은 바로 끌어당김의 법칙이라는 용어를 최초로 사용한 앳킨슨[19]으로부터이다. 이 문제를 찾아내려고 앳킨슨의 『생각의 진동 또는 생각 세계에서의 끌어당김의 법칙』과 『성공의 비밀』 두 책을 모두 확인한 결과, 『시크릿』에 영향을 준 것이 확실한 문장을 찾아냈다.[20] 『생각의 진동 또는 생각 세계에서의 끌어당김의 법칙』에 나와 있는 내용은 다음과 같다.

강한 생각이나 오래 지속된 생각은 다른 사람들의 유사한 생각의 파장을 우리에게로 끌어당기는 중심이 된다. 즉 생

---

19 윌리엄 워커 앳킨슨(William Walker Atkinson. 1862-1932)은 미국의 작가이자 변호사로 오컬티스트이고 미국 신사상운동의 개척자이다. 잡지〈신사상〉의 편집장으로도 일했다. 저서 『생각의 진동 또는 생각 세계에서의 끌어당김의 법칙』에서 '끌어당김의 법칙'이라는 용어를 처음 사용했다.

20 William Walker Atkinson, *Thought Vibration or the Law of Attraction in the Thought World*, p.17. 같은 깃털을 가진 새들끼리 모인다는 것은 유유상종을 뜻하는 영어 속담을 직역한 것이다(Birds of a feather flock together)

각의 세계에서 "같은 것은 같은 것을 끌어당긴다"이며 이는
곧 "뿌린 대로 거두리라"를 의미한다. 같은 깃털을 가진 새
들끼리 생각의 세계에서 함께 모이고, 저주는 마치 닭들처
럼 집에 돌아오면서 친구들을 데리고 온다.

놀랍게도 '뿌린 대로 거둔다'를 '끼리끼리 모인다', 즉 유
유상종과 혼동한 것이다. 유유상종은 인과응보와는 전혀 다
른 개념인데 앳킨슨은 이 두 개념을 혼동했다.

부자가 되려면 돈을 생각해야 하는 것이 아니라, 돈을 가
져오는 원인, 즉 보시, 적선 등 선한 원인을 지어야 하는 만
고의 진리를 몰랐거나, 외면했거나, 왜곡한 것이다. 이 세상
에 원인 없는 결과는 없다. 이 세상에 공짜는 없다. 선한 원
인에는 행복이 결과로 오고, 악한 원인에는 고통이 결과로
온다. 신통지로써 업(業)의 네 가지 종류를 깨달은 석가모니
는 이렇게 설했다. 이것이 앞으로 다루게 될 〈카르마의 법
칙〉의 가장 기본 법칙이다.

> 어두운 업(불선업)에는 어두운 과보(고통)가 따른다. 밝은
> 업(선업)에는 밝은 과보(행복)가 따른다.
> – 『맛지마 니까야』[21]

---

21 『맛지마 니까야』57

결국 인과응보와 유유상종을 혼동하고, '뿌린 대로 거둔다'와 '끼리끼리 모인다'를 혼동하여 만들어진 끌어당김의 법칙을 100년이 지난 시점에 론다 번이 고스란히 이어받고, 다시 그것을 일부 신봉자들이 이어받아 신드롬을 형성하기까지에 다다른 황당한 상황이다.

　끌어당김의 법칙의 배신이 아닐 수 없다.

04
낙타부터 묶어라 vs 오컬트 자기계발

그런데 여기서 떠오르는 의문점 하나.

〈심슨 가족〉의 『시크릿』 패러디[22]에서 이 책을 "사이비 과
학 자기계발서"라고 비꼬았는데, 과연 『시크릿』이 자기계발
서가 맞기는 맞는 것일까. 뉴스위크나 LA 타임즈 같은 영향
력이 큰 신문사에서 나온 "정신 나간 자기 계발"[23] 같은 혹평

---

22 The Simpsons : The Answer(The Secret) Parody. 유튜브에 검색하면 동영
상 파일이 있다. 1분 정도의 짧은 동영상으로 내용은 다음과 같다.
"내 인생은 끝났다. 직장을 잃었고 남편은 떠났고, 나는 캥거루 주머
니에서 잠을 자야 했다 그러다가 나는 답을 찾았다. / 이 위대한 인물
들이 모두 그 비밀을 알고 있었다. 미제 연쇄살인 사건의 살인범 잭
더 리퍼, 미국 치킨 KFC 할아버지 커넬 샌더스, 스테로이드가 의심되
는 전설의 야구선수 배리 본즈, 여배우 브룩 쉴즈와 결혼한 녀석, 산
타 할아버지… 이 사람들은 답을 알고 있었다. / 자 여러분도 답을 배
워 삶을 변화시키세요. 의심스러운 이 사이비과학 자기계발서는 전
국 어디서나 구매할 수 있습니다. 지금 판매 중."

기사에서조차 타이틀에 이 단어를 쓰고 있다. 최근 아마존을 검색해 봐도 이 책의 도서 분류를 1차적으로는 자기계발 부문에 분류하고 있다. 우주와 합일하여 돈을 끌어온다는 끌어당김의 법칙이 과연 우리 삶의 현실적 성공학인 자기계발의 범주에 들어갈 수 있는 것인지 커다란 의문이 생긴다.

우리나라에서는 자기 계발이라고 번역하는 이 단어의 영어는 셀프 헬프(self-help)이다. 즉 자기주도적 개선, 즉 자조(自助)를 의미한다.[24] 쉽게 말해서 자기 스스로를 도와 성공적인 삶으로 가기 위한 실천론이다. 아마 대부분 곧바로 "하늘은 스스로 돕는 자를 돕"는다.'라는 격언이 머리에 떠오를 것이다. 이건 "착하게 살자"만큼이나 진부한 격언으로 들리지만, 이 격언의 연원은 매우 오래 전으로 거슬러 올라간다. 조폭의 팔뚝에 문신으로 '차카게 살자'라고 새겨져 있다고

23 카렌 클라인, "정신나간 자기계발(Self-help gone nutty)", 로스앤젤레스 타임즈 2007.02.13.자 기사
24 VandenBos, Gary R., ed. *APA Dictionary of Physiology*, American Psychological Association. 2007. 위키백과에서는 다음과 같이 정의한다. "자조론(自助論, self-help)은 보통 심리학에 기반을 둔 개인성장운동을 일컫는 말이다. 흔히 처세술, 혹은 처세학, 자기계발이나 잠재력 개발이라고도 하며, 일반적으로 목표 설정, 시간 관리, 리더십, 동기부여 등을 포함한다."

많이들 웃었던 이 '착하게 살자'처럼 근본 모를 격언도 아니다. 제일 처음 이 문장을 사용한 사람은 기원전 6세기 고대 그리스의 아이소포스, 즉 우화 작가인 이솝이다.

격언 차체는 약 2600여 년 이솝 우화에서 시작된 것이었지만, 같은 이치를 말하는 종교 경전이 의외로 많다. 우선 '계발'이라는 이 단어 자체도 공자의 논어에 나오는 '불분불<u>계</u> 불비불<u>발</u>'[25] 등에서 유래했다. 특히 구약성서와 신약성서 경우 도처에서 같은 취지의 구절들이 발견되며, 이슬람교 창시자인 무함마드[26]의 언행록인 『하디스』에는 다음과 같은 흥미로운 일화가 나온다.

> 한 베두인족 남자가 낙타를 묶어놓지 않고 떠나려했다.
> 예언자가 물었다. "왜 낙타를 안 묶어놓고 가는가?"
> 남자가 대답했다. " 나는 알라를 믿소."
> 그러자 예언자가 답했다. "낙타부터 묶고 나서 알라를 믿어라."

---

25 『논어』 술이편(述而篇) 제8장. "不憤不啓 不悱不發"
26 무함마드(570-632)는 610년에 이슬람교를 창시했다. 우리가 보통 사용해 온 마호메트, 모하메드는 영어식 표기이거나 아랍어 방언의 발음이다. 무함마드는 아랍어 원어 발음대로의 표기로, 점차 이 표기로 정착되고 있는 추세이다.

이런 도리와 사유(思惟)가 경전이나 고대 우화에서만 발견되는 것은 아니다. 우리나라 농담 가운데 10년 내내 복권이 당첨되기를 기도한 사람 이야기가 있다. 정말 간절히 기도했건만 복권에 당첨되지를 않자 그 남자는 신에게 너무한 거 아니냐고 원망을 했다. 그러자 신이 나타나서 "얘야, 아무리 그래도 그렇지 복권은 사야할 거 아니냐." 했다는 우스갯소리에 담았지만 결국 같은 이치이다. 이와 같은 동서고금의 이야기들이 가리키고 있는 의미를 우리들은 잘 알고 있다.

다시 『시크릿』으로 돌아와서, 과연 이 책에 자기계발서라는 이름을 붙일 수 있는 셀프 헬프, 즉 동서고금의 경전과 일화들이 담고 있는 '자기 자신에 대한 진실한 성실'의 가르침이 과연 있는 것인가에 대해, 우리의 출발선에서 먼저 깊은 질문을 던지고 싶은 것이다.

『시크릿』을 통해서 잘못 이해되고 널리 확산된 끌어당김의 법칙은 위의 남자처럼 복권도 사지 않은 채 우주에 열렬히 기도만 하고 아침에 일어나면 100번씩 당첨을 외우고 냉장고에 당첨 사진을 붙여놓는 것과 마찬가지이다. 뇌과학이나 심리학의 영역도 벗어난 이 근본 없는 공허한 자기 세뇌와 무한 긍정이 과연 땅바닥에 넘어져 무릎이 까이고 흙투

성이가 된 우리를 일으켜 세울 셀프 헬프가 될 수 있는 것일
까.[27]

　게다가 다음의 사실까지 알고나면 회의는 더욱 깊어질 수
밖에 없다.
　론다 번은 스스로 동서양의 신비주의의 비밀을 2주 반 동
안 공부하여 발견했으며,[28] 집필하는데 불과 한 달이 걸렸다
고[29] 자랑 삼아 말하고 있다. 이 짤막한 조사와 집필의 결과,

---

27 『시크릿』에서 가르쳐주는 자조, 셀프 헬프의 내용을 일부 옮겨보면
　이렇다.
　＊ 끌어당김의 법칙은 알라딘의 요술램프에 나오는 지니처럼 우리 소
　　원을 모두 들어준다.
　＊ 우주 카탈로그를 넘기면서 말한다.
　　"이런 경험하고, 저런 물건하고, 그런 사람 원해."
　＊ 돈은 쉽게 시시때때로 들어온다.
　＊ 우주 은행이 발행한 수표에 당신 이름과 금액을 적은 다음 언제나
　　눈에 잘 보이는 곳에 보관하라. 수표를 볼 때는 돈 쓰는 모습을 상
　　상하라. 얼마나 멋질지 느껴라! 구하면 이미 당신 것이 되므로, 자
　　신의 것이라고 믿어라.
28 〈더 시크릿〉 영화 개봉 전에 이루어진 다음 인터뷰에서 론다 번이 스
　스로 "나는 그 책들을 2주 반 만에 다 읽었다"고 밝혔다. 줄리 앤 스토
　(Julie Ann Storr)가 〈시크릿〉 영화 개봉 직전인 2005년에 했던 인터뷰 참
　고. 또한 영문판 『시크릿』 서문에서는 "짧은 몇 주 동안"이라고 되어
　있다. 영문판 서문, p.14(xiv)
29 크리스틴 아쳐볼드(Kristine Archibald), "『시크릿』, 긍정적 사고인가 긍정
　적 넌센스인가?(The secret : positive thinking or positively nonsense?)", 보스턴

현실적인 성공학도 아니고 영성 개발도 아닌 '오컬트 자기 계발서'가 탄생하여 사람들을 호도해 온 것이다. 어쩐지 사카린의 맛이 물씬 느껴지는 이 무책임한 오컬트 자기계발서에 우리가 중대한 인생의 문제를 맡겨도 되는 것일까. 행여 자조(自助)가 아니라 자폭(自爆)이 되는 것은 아닐까.

대학 교지 BU Today, 2007.6.28

05
주황색 터번을 쓴 비베카난다

『시크릿』에서 론다 번은 자신이 '신사상 운동'[30]을 신봉하고 있음을 강하게 어필하면서 독자들에게도 신사상 운동을 믿을 것을 강력하게 권하고 있다.[31] 끌어당김의 법칙 자체가 처음부터 신사상 운동에서 형성됐다. 19세기 초에 미국에서 시작된 이 신사상 운동에 깊은 영향을 미친 것은 놀랍게도

---

30 신사상(New Thought)은 19세기 중엽 미국의 피니어스 큅비(Phineas P. Quimby, 1802-1866)로부터 시작된 영적 운동이다. 핵심 개념으로 마음의 힘, 긍정적 사고가 건강, 풍요, 행복을 이룬다는 주장을 펼쳤고 최면술 등을 이용한 마음 치유를 중시했다. 종교학의 권위자인 R. 마리 그리피스 박사는 "신사상 운동은 19세기 초절주의 정신을 건강 혹은 물질적 부를 추구하는 유쾌한 복음으로 변질시켰다."고 지적했다. cf. 정형철, "신사상 운동과 프렌티스 멀포드의 종교사상", 종교연구 제56권 56호, p.221

31 p.29 "당신부터 시작해야 한다. 이 신사상 운동의 선구자가 되는 것이다."

힌두교, 헤르메스주의, 4복음서, 초월주의, 그리고 스웨덴보
리로부터 내려온 영성주의이다.[32]

헤르메스주의의 영향이 있다는 점은 DVD판 〈시크릿〉 첫
장면에서 초록색 에메랄드 판에 새겨진 글귀를 이집트인이
보초병의 눈을 피해 서둘러서 탁본하고 아슬아슬하게 도망
나오는 장면을 보여준 것만 봐도 알 수 있다. 그런데 문제는
힌두교이다. 어떤 과정을 거쳐 힌두교가 오염되어 『시크릿』
의 졸부 방정식에 적용되었는지를 알고 있는 사람은 거의
없다. 이 부분도 앞서 인과응보와 유유상종을 혼동한 것만
큼이나 중요한 부분이다. 그 과정을 거슬러 올라가 본다.

『시크릿』보다 딱 100년 앞서서 '끌어당김의 법칙'이라는
용어를 처음 사용한 앳킨슨은 우리나라에는 크게 알려지지
않았지만, 매우 주목해야 할 특이한 인물이다. 신사상 운동
에 중추적 역할을 했던 윌리엄 워커 앳킨슨(1862-1932)은 대
략 알려진 것만도 열 개가 넘는 비정상적으로 많은 가명으
로 100여 권의 저서를 쓴 미국 작가이다. 그 가운데 힌두교,
요가, 헤르메스주의, 연금술, 장미십자회, 오컬티즘, 영매술,

---

32 정형철, "신사상 운동과 프렌티스 멀포드의 종교사상", 종교연구 56
    집, pp.221-241, 2009.9.

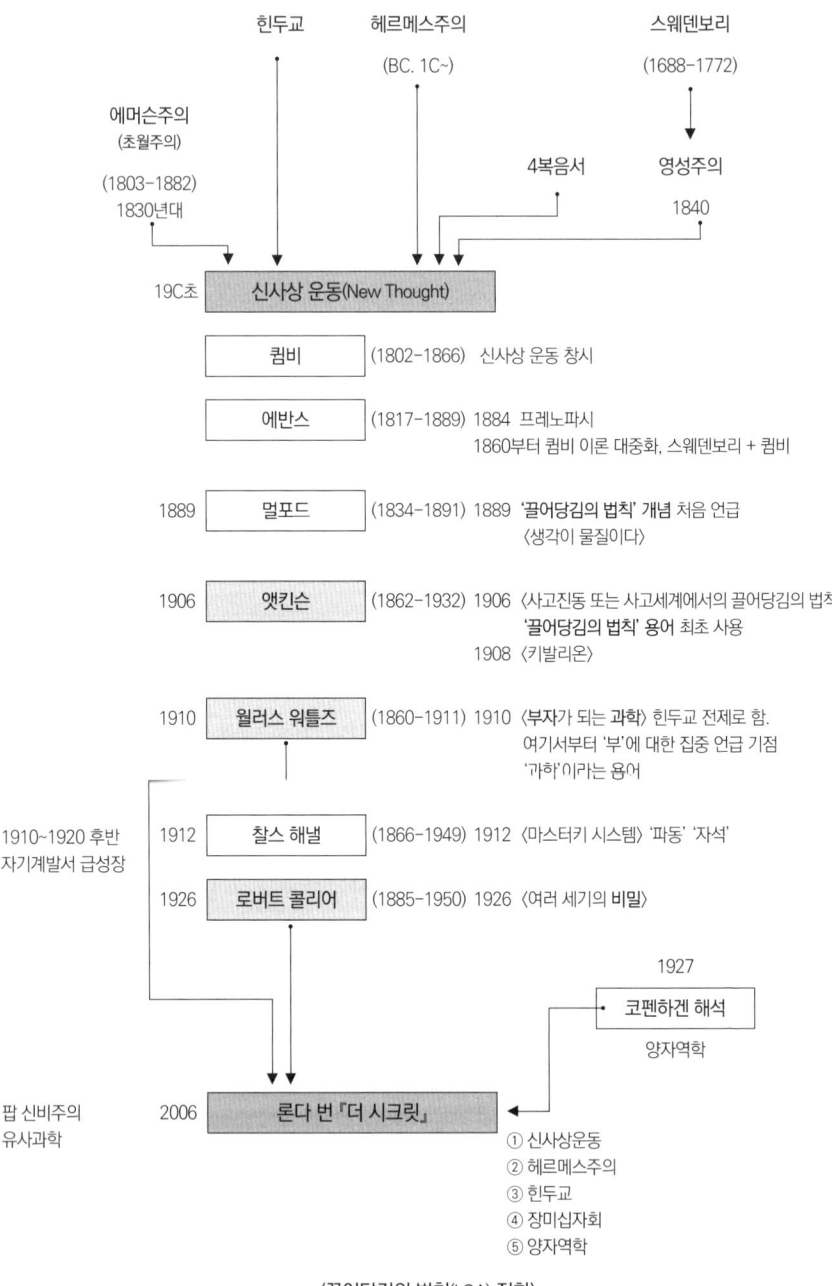

끌어당김의 법칙(LOA) 진화

점술 등에 관한 저서들은 '요기 라마차라카'를 비롯한 세 가지 힌두식 이름과 서양 밀교적 전통을 암시하는 가명들[33]로 발간됐다. 헤르메스주의의 7대 원칙을 정리한 『키발리온』도 앳킨슨이 '세 명의 입문자'라는 가명으로 저술한 책이다. 특히 앳킨슨은 힌두교에 강렬하게 심취하여 스스로를 힌두교도로 칭하면서 많은 저서에서 힌두이즘과 요가를 주제로 다루었다. 앳킨슨이 이처럼 힌두교에 심취하게 된 결정적 계기는 바로 인도의 영적 지도자인 비베카난다의 강연이었다.

　시카고가 당시 빠르게 성장하고 있던 신사상 운동의 주요 중심지였던 시절, 1893년 시카고 세계종교회의에 30세 젊은 나이의 힌두교 수행자가 인도의 대표로 연단에 섰다. 주황색 터번을 두른 잘 생긴 얼굴, 불타는 깊고 강렬한 눈매, 건장한 체격의 비베카난다가 "미국의 형제자매들 여러분!"이라는 말로 운을 떼고 난 뒤 세계 보편 종교에 관한 신선한 철학을 설파하는 열띤 연설이 끝나자, 7천여 명의 청중은 2분간 열렬한 기립박수를 보냈다. 기존 서양의 철학적·종교적 패러다임과는 전혀 다른 사유 방식에 청중은 열광했다.

33　예를 들어 스와미 박타 비쉬타(영매, 사후세계 관련), 마구스 인코그니토(장미십자회와 관련), 세 명의 입문자(헤르메스주의와 관련) 등 다수의 가명을 사용했다.

스와미 비베카난다(1863-1902)

이 연설로 비베카난다는 일약 대스타 구루로 떠올랐고, 이후 비베카난다가 서구 영성에 미친 영적인 영향은 어마어마한 것이었다.[34]

그 막강한 영향권 속에서 큰 영향을 받은 사람들 가운데에는 '끌어당김의 법칙'을 만든 앳킨슨도 있었다. 1893년 시카고 세계종교회의 후 8년이 지난 1901년에 앳킨슨은 〈신사상(New Thought)〉 잡지의 발행인이 되었고, 1903년에 '요기 라마차카라'라는 가명으로 쓴 첫 저서를 시작으로 이후 무려 100여 권의 책을 잇달아 출간한다. 끌어당김의 법칙을 처음 언급한 『생각의 신동 노는 생삭 세계에서의 끌어당김의 법칙』은 1906년에 출간되었고, 끌어

---

34 신비주의 힌두교 구루인 라마크리슈나의 수제자인 비베카난다는 19세기 서구를 풍미한 힌두 보편주의인 네오 베단타를 대표하는 종교 지도자이다. 네오 베단타는 서양의 밀교 전통, 특히 신사상 운동, 신지학, 초월주의 등에 발맞추어 힌두교의 특정 측면을 현대적으로 재해석했다는 점에서 당시 서구인들, 특히 신사상 운동의 신봉자들의 각광을 받았다. 기독교가 주류인 서구 사회에 던져진 비베카난다의 보편적 종교관은 새로운 돌풍 그 자체였다.

당김의 법칙을 성공학에 연결시킨 자기계발서 『성공의 비밀』은 1908년에 나왔다.[35]

적어도 이 시점까지는 거기서 다루고 있는 힌두교 철학에 있어서 오염이나 왜곡이 없었던 것은 확실하다. 그런데 1900년 대 초반은 미국에서 자기계발서가 급성장을 한 시기이다. 이 시기 미국의 산업화, 도시화, 개인주의, 심리학의 대중화, 출판산업과 대중매체의 성장 등 사회 전 영역에서의 변화가 아메리칸 드림과 강력하게 손을 잡으면서 성공철학이 급부상했다.[36] 요즘도 많이 읽는 찰스 해낼이나 나폴레온 힐의 저서에서도 보이듯이, 이 시기 자기계발서의 특징은 '법칙' '과학' '성공' '부자' '키(key)' 등 눈에 번쩍 띄는 직관적 단어를 제목에 넣는 것이 유행이었다.

이런 사회적 흐름 속에서 월러스 워틀즈[37]가 당시 유행하

---

35 우리나라에는 『시크릿 오브 석세스』라는 제목으로 번역되었다. 양혜윤 역.

36 다음의 연구서 참고: Lawrence R. Samuel, *The American Dream: A Cultural History*, 2012 / Micki McGee, *Self-Help, Inc.: Makeover Culture in American Life*, 2005 / John C. McWilliams, *The Mind as Metaphor: Analyzing Early 20th Century American Self-Help*, 1993

37 월러스 워틀즈(Wallace Wattles, 1860-1911)는 미국의 작가이자 신사상운

월러스 워틀즈
(1860-1911)

기 시작한 부(富)의 성공학에 힌두교를 결합함으로써 최초의 변질과 오염을 가져온다. 1910년에 출간한 『부자가 되는 과학』[38]이 바로 그 결정타였다. 워틀즈 자신이 힌두교를 전제로 쓴 글이라는 점을 서문에서 확실하게 밝히고 있는 이 책은 론다 번이 딸에게서 선물 받았다고 하는 바로 그 책이다. 이 책이 론다 번이 『시크릿』을 쓰게 된 가장 직접적 영향이라는 점에 주목해야 한다.

『부자가 되는 과학』의 서문에 보면, 워틀즈는 자신이 제시한 부자되는 방법은 "정밀과학이라서 실패할 수 없다."고 말한다. 100년 전이나 지금이나 돈 버는 법에 과학을 앞장세우는 것은 똑같다. 정밀과학이 양자역학으로 바뀐 것뿐이다. 이 책을 읽어보면 사실 특별한 것이 없고 요즘처럼 자기계발서라면 이력이 난 우리들이 보기에는 허술하기 그지없다.

그러나 이 책의 심각한 문제는 따로 있다. 바로 힌두교와 부자(富者)를 결합시킨 워틀즈의 아이디어이다. 본질적으로

동의 대표적 인물.

38 우리나라에는 『부의 비밀』이라는 제목으로 번역되었다. 김해온 역.

부(富)는 종교적 사유와 궤를 같이 하기가 힘들다. 앞서 비베카난다 역시 "모든 종교의 핵심은 욕망의 소멸"이라고 말했었다.[39] 힌두교 경전 『우파니샤드』에서는 이렇게 말한다.

> 저는 이 세상 재물이 영원하지 않다는 것을 알고 있습니다.
> 영원하지 않은 것을 통해서는
> 영원에 도달할 수 없다는 것도 알고 있습니다.
>
> – 〈카타 우파니샤드〉[40]

결은 좀 다르기는 하지만, 유명한 낙타와 바늘구멍의 비유도 비슷한 맥락이다. 모크샤(Moksha) 곧 해탈이 최종 목표인 힌두교를 번뇌의 아바타인 돈과 결합시킨다는 것은 사실상 그 자체가 낙타와 바늘구멍인 것이다. 워틀즈는 브라만과의 합일을 통해 영적인 해방을 목표로 하는 힌두교를 자신의 책이 근거로 하고 있다는 점을 명백하게 강조하면서도, '자신을 최대한 계발하려면 부유해져야 한다'[41]거나 '부자가 되는 일만큼 위대하고 고귀한 목표는 없다'[42]고 말한

---

39 『당신이 그것이다. 비베카난다 잠언집』, p.12
40 『우파니샤드』, 정창영 편역, p.32
41 월리스 와틀스, 『부의 비밀』, 김해온 역, p.57. Wallace Wattles라는 저자명에 대한 한글 표기는 조금씩 다르다.
42 위의 책, p.116

다. 힌두교의 교리와는 모순되는 주장이다.

워틀즈가 말하는 부자가 되는 방법이란, 우주 전체에 근본원소라는 무형의 원료가 있는데, 부자가 되는 생각을 함으로써 그 무형의 원소에 형상이 맺히면서 자신이 생각하는 것을 만들 수 있다는 것이다.[43] 그리고 끌어오는 그 물질의 예로 재봉틀을 들고 있다.[44] 생각의 힘으로 재봉틀을 끌어오려고 애쓰는 것 보다는 좀더 절약하고 모아서 재봉틀을 사는 것이 빠를 것 같다.

결국 워틀즈는 자신의 책이 힌두교 교리를 배경을 하고 있음을 강하게 어필하면서도 실제로는 자가당착적인 주장을 한 것이다. 아마도 당시 미국 사회를 풍미하던 힌두교에 대한 겉멋이었거나 혹은 무지함에서 왔을 워틀즈의 이 철없는 패칙이 이제는 긷집을 수 없게 된 오늘날의 끌어당김의 법칙 신드롬의 첫 단추였던 것이다.

---

43 위의 책, p.40-44
44 위의 책, p.69

06
우주가 '쩐주(錢主)'

『시크릿』에서 가장 많이 등장하는 단어는 압도적으로 '우주'이다. 최근 유튜브에 나오는 끌어당김의 법칙에서도 우주가 기본 배경회면인 것은 어전해서 유튜브 썸네일을 보면 찬란한 성운이 깔린 밤하늘을 배경으로 서있거나 명상하는 실루엣이 늘 단골이다.

『시크릿』에도 자주 인용되는 밥 프록터에 관한 동영상 가운데 소금물에 이름과 소원을 적은 종이를 담가 놓았다가 태우면 진동이 세팅되어 우주에 그 소망이 접수된다는 내용도 있어서 잠시 눈을 의심했다. 그건 정확히 부적을 쓰는 방법 가운데 하나이기 때문이다. 또한 40년 전쯤에 서울에 '옴 진동수'라는 것이 있었다. 서울 장안에서 제법 유명했는데, 자칭 법사라고 하는 사람이 카세트 테이프에 "옴! 옴! 옴!"

을 20분 정도 분량으로 녹음해서 비싸게 판매했다. 주전자에 물을 담고 물에다가 카세트 테이프를 크게 틀어 진동을 받게 하면 그것이 '옴 진동수'가 되는데, 그 물을 마시면 강력한 우주의 기운으로 만병을 고친다고 했다. 많은 사람들이 그 말을 그대로 믿고 뒷산 약수터에서 양은 주전자에 물을 가득 길어다가 거기에 대고 카셋트를 틀었었다. 밥 프록터의 소금물 소원을 보니 소원성취 부적도 연상되고 옴 진동수도 생각나는 명백한 주술적 사고라서, 자기계발이라는 끌어당김의 법칙에서 말하는 우주가 어쩌다가 주술적·무속적 세계까지 접수한 것인지 보기 아슬아슬할 따름이다.

『시크릿』의 우주관을 제대로 파악하고 나면, 사실상 끌어당김의 법칙은 성립하기가 힘들다. 문제는 끌어당김의 법칙에서 말하는 우주론에 나타난 위험한 왜곡과 오류를 대중들은 직시하려 하지를 않는다는 점이다. 그것이 바로 신드롬의 속성이다. 신드롬은 그리스어 '신드로모스'[45]에서 나왔는데, 원어의 뜻은 '함께 움직인다'라는 의미이니, 딱 들어맞는 정경이다. 위의 소금물 부적만 해도 그 동영상의 내용을 신봉하면서 자기 소원을 적어올린 댓글이 백 개가 넘는다.

---

45 σύν (syn, 함께)와 δρόμος (dromos, 움직임, 길, 경로)의 합성어

『시크릿』의 우주관은 다음과 같다. 양립이 불가능한 두 차원을 동시에 두 발로 딛고 있다.

우리는 모두 정확히 우주법칙을 따라간다. 우주에 흐르는 자연법칙은 매우 정확해서 우리가 우주선을 제작하고 달에 보낼 때 걱정할 필요가 없다. 우리는 모두 동일한 힘에 따라 움직인다. 그 힘은 법칙이고, 그것은 바로 끌어당김의 법칙이다. 끌어당김의 법칙은 자연의 법칙이다.[46]　→ 물리적 우주

우주 전체가 바로 지니(램프 요정)이다.
지니는 바로 끌어당김의 법칙이다. 당신은 우주의 주인이고 지니는 당신의 종이다.[47]　　　　　→ 영적·정신적 우주

끌어당김의 법칙에 거의 매 페이지 등장하는 이 우주는 물리적 우주와 영적·정신적 우주 사이에 경계도 없고 구분도 없이 서로 뒤섞여 잡탕이 되어있다. 물과 불처럼 섞는 것이 도저히 불가능한 두 카테고리를 모두 다 동일선상에 나

---

46 『시크릿』, p.19, 20, 33, 45
47 『시크릿』, p.64

열해 놓고는 긍정적인 마음의 힘을 통해 물리적 현실을 '직접적으로 조작'할 수 있다고 보는 것이다. 물리적 현실을 직접 조작하여 물질을 끌어올 수 있다면, 그것은 자기계발이 아니라 신통력 계발이다. 바로 이 부분을 이해하면 끌어당김의 법칙의 치명적 문제점을 깨달을 수 있다.

론다 번의 이러한 문제점을 칼 같이 정확하게 비판한 글이 있어 주목을 받았었다. 과학 잡지인 〈스캡티컬 인콰이어러(Skeptical Inquirer)〉지에 벤자민 레드포드가 "『시크릿』의 사이비 과학"이라는 제목으로 게재한 글은 다음과 같다. 조금 길지만, 끌어당김의 법칙의 신봉자들에게는 현타(현실 자각 타임)성 깨달음이 올 법도 한 중요한 대목이라서 여기에 발췌 인용한다.

긍정적인 사고를 통해 꿈을 이룰 것을 약속한다니, 적어도 론다 번과 출판사에게는 그랬다.
우리의 생각과 감정은 우리가 세상을 경험하는 방식에 영향을 주기는 하나, 이건 비밀도 아니고 끌어당김의 법칙과도 상관이 없다.
그녀는 양자 물리학, 뉴에이지 신비주의, 상식적인 원리들, 그리고 아이러니하게도 1920년에 출간된 〈부자가 되는 과학)이라는 책에 나온 내용을 짜깁기해서 지어냈다고 인정한다. 번은 논리적 오류나 과학적 실재를 확인해 보지 않고 자기 생각을 책으로 썼다.

이 책의 성공 비결은 진부한 뻔한 말을 뉴에이지의 마술적 사고와 혼합하고 그것을 숨겨진 지식인양 내놓은 번드르르한 마케팅 전략이다. 『시크릿』은 하나도 새로울 것이 없고, 비밀도 아니다. 수십 년 동안 이런 종류의 뉴에이지 및 자기계발서들이 인생의 문제에 대한 쉬운 해답을 제시해 왔다.[48]

너무 신랄해서 론다 번으로서는 뼈 때리는 지적이겠다 싶은 정확한 비판이다. 자신의 궤변을 놓고 론다 번은 "받아들이기는 어렵겠지만 가슴을 열고 받아들이면 된다."[49]고 한다. 하지만 허블 망원경으로 보이는 저 물리적 우주가 우리가 생각만 잘 하면 조물주가 되어 돈벼락을 터뜨려준다는 이 주장을 어떻게 가슴을 열고 받아들이라는 말일까.

론다 번이 『시크릿』에 담아놓은 핵심 취지와 최대 관심사는 결국 '돈'이다. 어떻게 하면 노력하지 않고 마음의 손가락

---

48 Benjamin Radford, "The Peudoscience of 〈The Secret〉", Skeptical Inquirer, 2009.02.04

49 『시크릿』, p.55

만 까딱해서 부자가 될 수 있는지를, 삶에 지친 대중들에게 탕후루처럼 달콤하게 내밀었다. 책에 등장하는 우주 수표, 우주 자석, 우주 카탈로그, 우주 송신탑. 이 모든 것들은 "우주라는 든든한 쩐주(錢主)"를 미끼로 삼은 허황한 무대 장치일 뿐인 것이다. 그리고 이 모든 세팅은 우리의 수입을 위한 것이 아니라, 자신의 수입을 위한 것이다.

탕후루의 당 중독에서 벗어나야 한다. 아니면 누구 말마따나 우리는 론다 번에게 화상을 입는다. 론다 번의 성 번(Byrne)을 같은 발음의 번(burn: 화상)으로 바꾼 절묘한 표현이다.[50]

---

50 제임스 마이클 놀란(James Michael Nolan) 박사의 블로그 칼럼, "끌어당김의 법칙, 신사상운동, 헤르메스주의의 가르침". 이 칼럼 가운데 『시크릿』에 의해 "화상을 입었다고 느끼는 사람들"이라는 부분에서 'burned(화상입은)'와 발음이 동일한 론다 번의 성(姓)인 'Byrned'를 괄호 안에 표시하고 있다.

07
양자역학이 노는 방법
"무궁화 꽃이 피었습니다"

요즘은 과학이 아닌 분야에서 양자역학을 언급하는 것이 마치 최첨단 지성의 표현인 듯한 트렌드기 되었지만, 또한 아무도 정확히는 모르는 것이 이 양자역학이다. 1965년에 노벨 물리학상을 받은 미국의 이론물리학자인 리처드 파인만은 이렇게 말했다.

양자역학을 이해했다고 생각한다면, 그것은 양자역학을 이해하지 못한 것이다.[51]

---

51 2014년 '물리적 법칙의 특성(The Character of Physical Law)'이라는 제목의 대학 강의에서 이렇게 말했다. "If you think you understand quantum mechanics, you don't understand quantum mechanics.(당신이 양자역학을 이해했다고 스스로 생각한다면, 그것은 양자역학을 이해하지 못한 것이다)"

아무도 양자역학을 이해하지 못한다고 자신있게 말할 수 있다.[52]

한때 "상대성 이론을 이해하는 사람은 12명에 불과하고, 더군다나 양자역학을 이해하는 사람은 한 사람도 없다."는 일종의 도시 전설도 있었듯이, 양자역학은 그만큼 이해하기 어렵다는 의미이겠다. 그렇다. 우리는 기존의 물리학도 세세히 잘모르는데, 양자역학은 그 기존 물리학을 완전히 갈아엎었다. 그토록 난해하며, 충격을 받지 않았으면 제대로 이해한 것이 아니라고 물리학자들 자신이 말하는데도[53] 불구하고, 『시크릿』에서 론다 번은 이렇게 말한다. 놀라울 따름이다.

나는 학교에서 과학이나 물리학을 배운 적이 없지만, 양자물리에 관한 복잡한 이론을 읽으면서 완벽하게 이해할 수있었다. 양자물리학을 공부하자 '비밀'을 에너지 차원에서 더 깊이 이해하는데 도움이 되었다.[54]

---

52 같은 제목의 저서 *The Character of Physical Law*, MIT Press: Cambridge, Massachusetts, 1995.
53 1952년 닐스 보어가 한 말이다. 하이젠베르크가 1971년 자신의 저서 『물리학과 그 너머(Physics and Beyond)』, New York: Harper and Row. p. 206에서 이 말을 인용했다.
54 『시크릿』, p.186

양자역학의 가장 신기한 개념은 유명한 '관찰자 효과'이다. 어렵게 느껴지는 용어를 배제하고 내용만 들어보면, 빛의 입자인 광자가 마치 눈치가 빤한 송사리 떼 같이 움직인다고 느껴진다. 광자는 아무도 보고 있지 않으면 파동 에너지 상태로 마음대로 돌아다니다가, 관찰자가 생기면 갑자기 입자로 변한다. 누가 '보기만 하면' 상태가 바뀌는 이런 신기한 양상은 숨바꼭질을 응용한 어린이 놀이인 '무궁화 꽃이 피었습니다'와 많이 비슷하다.

〈오징어 게임〉에서는 거대한 술래 인형 영희가 나무 쪽으로 돌아섰나가 "무궁화 꽃이 피있습니다"하면서 목을 빙 돌렸을 때, 움직이는 게임자가 영희 눈동자에 설치된 동작 감지 센서에 걸리면 센트리건이 난사된다. 원래의 어린이 놀이에서는 술래가 전봇대나 나무 쪽으로 돌아서서 "무궁화 꽃이 피었습니다"하고 구호를 외치는 동안, 아이들은 여기저기로 마음대로 움직인다. 구호가 끝나는 순간 술래가 홱 돌아보면 아이들은 제자리에서 딱 멈추고 술래는 움직이는 아이가 보이면 잡아낸다.

〈오징어 게임〉 중 '무궁화 꽃이 피었습니다'

이것은 광자가 아무렇게나 돌아다니다가 관찰자가 생기면 일정한 위치에 정지하는 것과 똑같다.

양자역학의 또 하나의 신기한 개념은 입자들이 공간적으로 아무리 멀리 떨어져 있어도 서로의 상태가 연동되어 똑같이 움직인다는 것이다. 즉 애초부터 입자들은 하나의 '묶여있는 전체'라는 것이다. 이것은 우리 전통놀이 실뜨기와 흡사하다. 실뜨기의 실은 하나의 끈으로 연결된 전체이며, 어느 한 부분을 늘리거나 조이면 떨어져 있는 다른 부분의 형태도 순식간에 변한다. 즉 부분적으로 가한 변형이 시스템 전체에 즉각적 영향을 미치는 것이 양자역학에서 말하는 전체성과 흡사하다.

그런데 여기서 우리가 잠시 생각해 보자.

방금 위의 글은 '무궁화 꽃이 피었습니다'나 실뜨기의 표면적 원리가 양자역학과 비슷하다는 비유인 것이지, 이런 놀이들이 '과학적'이고 '양자역학적'이라고 주장하는 것은 아니다. 끌어당김의 법칙에 있어서도 이 논리는 동일하다. 『시크릿』에서 끌어당김의 법칙이 양자역학에 근거한다고 주장하는 것은 마치 '무궁화 꽃이 피었습니다'와 실뜨기가 양자역학을 근거로 한다고 말하는 것과 똑같다. 표면적 유사성, 용어상의 유사성이 곧 실질적 동일성이 될 수는 없는 것이다. 그럼에도 불구하고 론다 번은 이렇게 말한다.

> 가장 흥미로운 점은 양자 물리학과 새로운 과학에서 발견한 내용과 『시크릿』에 담긴 정보, 그리고 위대한 스승들이 모두 알았던 내용이 완벽하게 일치한다는 사실이다.
> 양자물리학자들은 전 우주가 생각에서 비롯되었다고 이야기한다. [55]

생각만 하는 것으로 물질을 창조하고, 생각만으로 돈이 들어오고 건강이 들어온다는 주장을 양자 물리학에서 근거를 찾고 있다. 이런 주장은 양자 신비주의라고 부르기조차도 뭔가 부족하고, 누군가의 표현처럼 '양자 우(woo)'[56]가 적당해 보인다. 우(woo)란 영어 슬랭으로 과학적 근거 없이 신비주의를 진지한 과학처럼 포장하는 경우에 접미사처럼 붙여서 쓰는 표현이다.

양자역학과 신비주의를 뒤섞고 과학과 비유를 혼합하여, 의식이 물질에 '직접적으로' 영향을 준다고 말하는 끌어당

55 『시크릿』, p.186, p.32
56 Philip Moriarty, "The wow and the woo", Physics World, 2018.

군중심리학자인 찰스 멕케이의 연구 '기이한 대중적 망상과 군중의 광기'에 게재된 연금술사

김의 법칙은 연금술과 많이 흡사하다. 납을 금으로 만든다는 물질 변형과 영적 변화를 동시에 다루었던 연금술은 결국 금을 만드는 데에 실패했다. 연금술은 그리스, 이슬람, 중세 유럽, 동아시아에 광범위하게 퍼져있던 금속 숙성론, 즉 땅속 광물은 오랜 시간에 걸쳐 숙성되면서 금이 된다는 민간 신앙에 근거하고 있다. 그러한 민간 신앙 위에서 연금술사들은 화로 속에서 기나긴 자연의 과정을 단축하여 금을 얻기 위해 과학적 실험과 신비주의, 마법, 헤르메스수의, 점성술을 구분 없이 뒤섞었다. 그러나 금을 만드는 데에는 결국 실패했고, 연금술은 서서히 화학이라는 과학 분야로 발전해 갔고 신비주의는 별개로 남아 제 갈 길을 갔다. 제1부 들어가는 글 첫 마디에서 끌어당김의 법칙을 '현대판 연금술' 같다고 말했던 이유가 바로 이것이다.

08
우리들의 끝없는 자작극, 카르마

『시크릿』에서 보여주는 카르마의 개념은 다음과 같다.

끌어당김의 법칙이 늘 당신의 생각을 따라가기 때문에 자
신을 도와주라. 한마디로, 돈을 기대하라!
현재 우리의 모습은 과거 우리가 했던 생각의 결과다.
– 붓다[57]

생각으로 돈을 끌어당기면 실제로 돈이 나타날 것인데,
그걸 석가모니가 보장한다고 슬쩍 끼워 넣었다. 석가모니가
든든한 연대보증인이 된 셈이다. 하지만 카르마에 대해 석
가모니가 저렇게 말한 적이 없다. 경전 출처도 없는 저 구절

---

57 『시크릿』, pp.94-95

은 정확한 카르마의 정의가 결코 아니다. 석가모니는 이 카르마에 대해서 여러 초기 경전들을 통해서 직접 자세히 언급했고 수많은 대승 경전에서도 업(業)에 대해 깊이 있게 다루고 있다.

그렇다면 이 카르마는 정확히 무엇인가. 이제 우리의 주제에 서서히 접근해 보자.

카르마(Karma)는 산스크리트어이고 빨리어로는 깜마(Kamma)라고 하며, 한문 번역은 업(業)이다. 우리나라에서는 업(業)이라고 하면 구렁이업 같기도 하고, 무속인들의 용어 같기도 하고, 곤고하게 살아온 옛날 우리네 할머니들의 팔자타령과 체념의 주범 같아 거부감도 있지만, 그 용어를 안 쓴다고 해서 그 개념이나 법칙이 없어지는 것이 아니다. 세계의 모든 종교들이 각자의 다른 이름으로 이 법칙에 대해서 말하고 있다.

카르마 단어 자체의 뜻은 행동, 행위를 의미한다. 카르의 어원인 동사 'kṛ 크리'는 '하다, 만들다, 행하다'의 뜻이다.[58]

---

58 어근 kṛ(하다) + 명사형 어미 -ma가 결합되어→karma('행위, 업')라는 명사가 된다. 이를 빨리어로 바구면 '깜마 kamma', 한자로 표기하면 '業(업)'이 된다. kṛ는 한글로 소리만 옮기면 '크르' 혹은 '크리' 정도로

영어의 create도 이 kṛ에서 유래했다.

카르마를 지으면 그것이 원인이 되어 반드시 결과를 가져온다. 그 결과가 바로 과보(果報), 즉 업보(業報)이다. 이것이 인과응보의 법칙이고 자기가 지어 자기가 받는 자업자득이고 자작자수이다.

그런데 이 인과법칙이라는 것이 한 대 때렸으면 한 대 얻어맞고, 누구를 배신했으면 똑같은 식으로 배신당하고, 6쪽 마늘 다섯 개를 몰래 훔쳐 먹었으면 누가 내 6쪽 마늘 다섯 개를 몰래 훔쳐가고, 10만 원을 적선했으면 10만 원이 나중에 들어오는 식의 기계적인 메커니즘은 결코 아니다. 즉 단순한 질량 불변의 법칙은 아니라는 것이다. 우리로서는 가늠할 수 없는 내적 순환의 법칙에 따라서 과보의 종류가 다르고 과보가 돌아오는 시기도 모두 다르다. 초기불교 경전에도 보통 사람들이 도저히 알 수 없는 것 가운데 하나가 바로 업의 결과라는 대목이 있다.[59]

"이번 생은 망했다."고 우리가 자주 농담 삼아 자조 삼아 얘기하지만, 이번 생에 망한 이유를 모르고 아무 생각 없이 그대로 습(習)에 절어 살면 다음 생도 망한다. 다음 생은 이

표기는 하지만, 실제 산스크리트 발음은 모음 'ṛ(뤄)'가 짧게 들어가 독특한 음가를 가진다.

59 『앙굿따라 니까야』, 「생각할 수 없음경」

번 생의 출력물이기 때문이다. 이렇게 쓰라리도록 현타가 오는 개념 때문에 아마도 미국의 인터넷 슬랭 가운데 "카르마는 나쁜 년이다(Karma's a bitch)"[60]라는 격한 속어가 나왔을 듯도 하다.

석가모니가 업에 대해 설한 말씀 가운데, 업을 정의하는 가장 기준점이 되는 표현은 초기 경전인 『앙굿따라 니까야』 「꿰뚫음 경」[61]에 나온다. 경전의 이름이 재미나게도 「꿰뚫음 경」인 이유는 업에 대해서 '꿰뚫어 안다'라서이다.

> 의도가 업이라고 나는 말하나니 의도한 뒤 몸으로 말로 마음으로 업을 짓는다.
>
> – 『앙굿따라 니까야』 6.63

이 간결 명쾌한 문장은 업을 생성하는 최초 근원이 우리의 '의도'로부터임을 말하는 중요한 부분이다. 따라서 표면적으로는 같은 행동으로 보여도 의도가 다르면 업보도 다르

---

60 의역해서 "인과응보다"라는 뜻으로도 쓴다.
61 『앙굿따라 니까야』에 들어있는 「꿰뚫음 경」은 「닙베디까 경」이라고 도 하며, 이에 해당하는 한역본은 『중아함경』 111, 「달범행경(達梵行 經)」이다.

다. 가령 세 사람이 탑돌이를 하는데, 첫 번째 사람은 부처님의 공덕을 생각하기 위해서, 두 번째 사람은 도둑질을 하기 위해서, 세 번째 사람은 그냥 깨끗한 장소를 찾아서라면, 이 업은 외형상으로는 동일하지만, 의도가 다르므로 각각 선업, 악업, 무기업이 된다.[62] 무기업이란 그냥 깨끗한 장소를 찾을 겸 탑돌이를 한 사람의 경우처럼, 선하지도 악하지도 않아서 과보를 내지 않는 업을 말한다. 어떤 결과를 낼 힘이 달리는 이런 무기업(無記業)은 부패한 종자가 싹을 틔우지 못하는 것과 같은 이치이다.

이미도 살면서 이런 의문을 가져보지 않은 사람은 없을 것이다. 왜 누구는 부자이고 건강하고 장수하고 용모가 출중하고 높은 지위까지 오르는데, 왜 누구는 가난으로 허덕이고 병이 많고 단명하며 용모가 추하고 사회 밑바닥에서 살아가는지. 만약 랜덤으로 태어나고 일회성 삶으로 만사가

---

62 이 내용은 『성실론(成實論)』삼업품에 나온다. 『성실론』은 4세기 경 인도의 승려인 하리발라가 저술한 불교교리 해설서이다. cf. K0966, 제7권, 100. 삼업품(三業品) "마치 세 사람이 같이 가서 탑돌이를 함과 같아서 첫째는 부처님의 공덕을 생각하기 위해서요, 둘째는 도둑질을 하기 위해서요, 셋째는 깨끗한 곳을 찾기 위해서였다. 비록 몸의 업은 한 가지이나 착함과 착하지 못함과 무기의 차별이 있음과 같다. 그러므로 알아라. 마음에 있는 것이다."

끝인 것이라면, 일생이라는 것이 어차피 잠시 '뇌의 장난질'
이니, 그토록 유복함과 박복함에 연연할 필요도 없다. 하지
만 우리는 태생 자체가 랜덤이 아니다. 어떤 태(胎)가 견딜
수 없이 멋지게 보여[63] 세차게 끌어당김으로써 어느 자궁에
들어가게 하는 동력이 바로 내가 만든 업의 에너지이다. 모
두가 카르마의 작용인 것이다.

　업으로 인해 만들어지는 인간사에서의 격차는 물론이고,
인간인지 개인지 곤충인지 하는 모든 생명체의 불평등한 레
벨에 대해서 석가모니는 이렇게 정리했다. 「업에 대한 작은
분석의 경」에서,

　　수바여, 모든 생명체들은 그들 업의 주인이며 업의 상속
　자이다.
　　그들은 업으로부터 생겨나며 업에 얽매이고 업에 의지
　한다.
　　모든 생명체들 사이의 불평등은 업 때문이다.
　　　　　　　　　　　　　　　　　　　　　– 『맛지마 니까야』 135

---

63 죽음과 탄생 사이에 있는 중음신은 자신의 업과 인연에 맞는 출생처
　를 찾으면, 그곳이 아름다운 궁전으로 보여서 가지 않고는 못 배긴다.
　자신의 업력 때문에 지옥, 아귀, 축생 같은 악도라도 호화로운 궁전으
　로 보여 끌려간다고 한다.

즉 살아있는 한 우리는 이 카르마의 영향을 벗어나지 못한다는 것이다. 석가모니 자신도 이 카르마에서 자유롭지 못했다. 석가모니 전생담에 여러 가지가 있지만, 석가모니가 깨달음을 얻기 전, 갈비뼈가 다 드러나도록 6년 고행이라는 힘든 시기를 거친 것이 전생의 특정 일의 업보였다고 하니 흥미롭다. 「가띠까라 경」에 보면, 석가모니의 전생에 가띠까라라는 친구가 당시에 깨달음을 얻어 붓다가 된 깟사빠 부처님에게 함께 가서 배우자고 여러 번을 설득하지만 "됐네 됐어. 머리 빡빡 깎은 그 대머리 스님을 만나서 뭘 얻겠는가?"라며 계속 거절했다.[64] 깨달음을 얻은 부처를 헐뜯은 그 구업으로 인해 석가모니가 6년 고행이라는 어려움을 겪었다는 것이다.[65]

과보가 발현되는 메커니즘은 워낙 복잡해서 석가모니도 "업의 과보는 생각할 수 없는 것이니, 그것을 생각해서는 안 된다. 생각하면 미치거나 곤혹스럽게 된다."[66]라고 말했다.

64 『맛지마 니까야』 81, 「가띠까라 경」
65 〈퓨어 담마(Pure Dhamma)〉 사이트 참고. 영어로 운영하는 〈퓨어 담마〉 사이트를 한국어로 번역해서 올리는 초기불경 연구 사이트. http://puredhamma.kr . 이 사이트에 보면 〈퓨어 담마〉의 불법의 가르침을 통해 현생에서 최소한 수다원의 도를 이루기를 기원하는 기원문이 감동적이다.

우리의 카르마에 대해서 그 이유와 결과와 시기를 보여주는 가시적인 장치가 있으면 얼마나 좋겠는가. 유일하게 가시적이라고 할 수 있는 것이 있다면, 현재 자신이 어떤 상태로 살고 있는지가 그 실마리이지만, 그것을 실마리라고 깨닫는 사람도 그리 많지는 않다.

평생 어리석게도 영문 모른 채 고생만 하다가 인생 말년이 다 되어서야 '하아, 이게 업이었구나…'라고 그제야 깨닫지만, 이미 날은 저물어 석양도 짙어가는 중이니.

66 『앙굿따라 니까야』 4.77, 「생각할 수 없음 경」

09
카르마 자석, 업력(業力) :
진짜 끌어당김의 법칙

카르마 에너지, 즉 업력(業力)이란 업이 가진 거대한 힘을 말한다. 업력은 각자의 선하거나 악한 행위로 인해 만들어진 특유한 에너지이다. 과보를 초래하는 세력이라는 의미에서 힘 력(力) 자가 붙어있다. 이 에너지는 마치 자기력(磁氣力)처럼[67] 딱 맞는 과보를 끌어다 붙이기도 하고, 딱 맞는 다음 생의 유형을 향해 자기도 모르게 냅다 달려가 딱 달라붙도록 한다. 자석처럼 달라붙는 것은 부귀영화일 수도 있고 빈천·병액·단명일 수도 있으며, 다음 생에 가게 될 삼악도나 삼선도[68]일 수도 있다.

---

67 업력은 마치 자기력(磁氣力)과 같아 자기의 의지대로 되지 않고 자기가 지은 업을 따라 끌려가게 된다. cf. 원불교대사전

68 삼악도(三惡道)는 지옥도, 아귀도, 축생도의 세 가지 세계를 말하고,

특히 두렵고 근심이 되는 것은 보통 '다음 생이 어떻게 될까'이다. 틀림없이 F학점도 간간히 떠있을 금생의 성적표에 그리 자신이 없기 때문이겠다. 인간으로 태어나기가 얼마나 어려운 것인가의 비유로 맹구우목[69]과 조갑상토[70]가 있다.

맹구우목(盲龜遇木)이란 눈 먼 거북이가 백 년에 한 번씩 물 위로 머리를 내미는데, 바다에 떠다니는 널빤지 구멍에 마침 목이 싹 넣어지는 것과 같이, 인간으로 태어나는 것의 지극히 희박한 확률을 비유한다. 조갑상토(爪甲上土)란 손톱 위의 흙이라는 의미로, 중생 가운데 사람으로 태어나는 비율의 차이를 땅덩이 전체와 손톱 위의 흙만큼으로 석가모니가 설명한 비유이다. 이렇게 희박한 확률로 인간으로 태어나서 사는 동안 이런 저런 복과 불행을 받는 것은 그나마 다행이지만, 다음 생이 다시 인간이리라는 보장은 전혀 없다는 얘기이기도 하다. 이번 생은 망했지만 "내가 다음 생엔 대박 내서 다 아작을 내리라"며 소매를 걷어붙이며 별러

삼선도(三善道)는 천도, 인도, 아수라도의 세 가지 세계를 말한다. 여섯 가지를 다 합쳐 육도(六道)라고 한다. 여기서 육도윤회라는 말이 나왔다.
69 『잡아함경』 제15권 406. 맹구경(盲龜經)
70 『잡아함경』 제16권 442. 조갑경(爪甲經)

보지만 그건 희망 사항일 뿐
이다. 죽는 순간부터 쉬지도
못하고 중간 결산이 이루어
진다.

나의 다음 생을 결판내는
것은 나 자신의 이 업력이
지, 불교의 염라대왕이나 이
집트 신화에서 명계(冥界)의
군주인 오시리스의 심판이
아니다. 영화 〈신과 함께: 죄
와 벌〉에서는 이정재가 모든

〈신과 함께: 죄와 벌〉 중 염라대왕 역의 이정재.
손에 들고있는 것은 생사부이다.

업이 기록된 생사부(生死簿)를 들고 카리스마 넘치는 염라대
왕으로 나오고, 드라마 〈도깨비〉에서 블랙 슈트를 입은 모던
한 저승사자 이동욱은 염라대왕에게 고용되어 찻집을 운영
하면서 영혼을 저승으로 인도한다. 종교나 신화에 나타나는
다양한 심판자들의 모습은 업력의 힘과 메커니즘을 농축시
킨 의인화라고 보면 된다.

저승의 심판에 있어서는 반드시 망자의 업을 빠짐없이 보
여주는 생사부나 거울 같은 '증거 자료'가 있어서 발뺌을 하

죽음의 신 '야마'

기는 힘들다. 염라대왕의 염마왕청에 있다는 거울인 업경(業鏡)은 망자의 업을 낱낱이 비추고, 『티벳 사자의 서』에 등장하는 죽음의 대왕 다르마라자는 손에 사자(死者)의 모든 카르마를 기록한 '탐싱'[71]이라는 목판을 들고 있다. 『티벳 사자의 서』에서

묘사하고 있는 사후 심판의 장면은 『이집트 사자의 서』와 놀랄 만큼 유사해서 무척 흥미로운데,[72] 여기에도 '카르마의 거울'이라는 거울이 등장해 카르마를 고화질로 비춘다. 이집트 신화에서 오시리스는 양손에 갈고리와 도리깨를 들고 있는데, 갈고리는 사후세계에서 영혼을 다스리는 권력을 상징하고, 도리깨는 심판하여 보상이나 벌을 내리는 집행력을 상징한다. 도리깨는 타작하는 농기구이니, 죽은 영혼을 갈고

---

71 Khram-shing. 『티벳 사자의 서』, p.350
72 『티벳 사자의 서』를 편집한 에반츠 웬츠의 주해.

리로 홱 잡아채어 끌어다가 탈탈 털
어 탈곡한다는 의미를 담고 있는 것
이다. 이 모든 것이 업의 CCTV이고
포렌식인 셈이다.

불교의 염라대왕은 힌두교의 죽음
의 신 '야마'로부터 유래했다. 야마
가 염마로, 염마가 염라로 바뀌었다.
『우파니샤드』 가운데 「카타 우파니
샤드」[73]에 보면 죽음의 신 야마는 사
람이 죽으면 윤회의 길로 "빨려 들어
간다."고 표현하고 있다. 바로 거부할
수 없는 힘에 의해 빠른 속도로 목표
를 향해 딸려가는 업력의 특성을 확
실하게 보여준다. 죽음의 문이 열리

오시리스의 오른손에 갈고리, 왼손
에 도리깨를 들고있다. 죽은 자를
갈고리로 잡아채 와서 도리깨로 털
어 선악을 심판한다.

자마자 자신의 업보를 향해 무작정 내달리는, 오픈 런도 이

---

73 『우파니샤드』, 정창영 편역, p.28 "돈과 감각의 쾌락에 눈이 먼 사람
들은 이렇게 말한다. '육체가 나다. 육체가 죽으면 모든 것이 끝난다.'
그래서 그들은 윤회의 쳇바퀴를 벗어나지 못하고 나고 죽기를 끝없
이 반복하며 괴로움을 겪는다. 나치케타여, 그대는 감각에 만족을 주
는 일시적인 쾌락을 포기했다. 그대는 세상의 많은 사람들이 어리석
게 빨려 들어가는 멸망의 길로부터 벗어났다."

런 오픈 런이 있을까 싶다.

똑같은 의미로 불교에서 사용하는 취(趣)라는 용어[74]가 있다. 『법구경』에 보면, 악취(惡趣)라는 말이 나온다. 그런데 이 취(趣) 자가 무척 흥미로운 글자이다.

> 쇠에서 생긴 녹이 쇠를 부식시키듯,
> 악행자도 이와 같아 자신의 업이 **악취로 이끈다.**
> 〈법구경 240〉

如鐵自生銹 生已自腐蝕 犯罪者亦爾 **自業導惡趣**

보통 삼악취(三惡趣)라고 많이 쓰이는데, 삼악도와 같은 뜻이다. 삼악도(三惡道)란 지옥, 아귀, 축생의 세계를 말하고, 악한 과보로써 가게 되는 고통스러운 세계이다. 여기서 '취(趣)'란 중생이 자신이 지은 업인(業因)으로 인해 자동적으로 끌려가는 삶의 상태[75]를 의미하며, 마치 자석처럼 끌려가고 딸려가는 업력의 역동을 잘 담고 있는 단어이다. 한자로는 '달릴 취' 자인데, 한자 구성을 보면 달린다는 의미의 주(走)와 취한다는 의미의 취(取)로 이루어져, 자신에게 맞는 과보

---

[74] 불교에서 사용하는 취는 두 가지가 있는데, 본문에서 말하는 취(趣) 이외에 취(取)는 12연기를 구성하는 하나로, 집착을 말한다.

[75] cf. 오픈마인드인포테인먼트

를 취하러 달려간다는 뜻이 된다.

 그렇다면 어떤 업이 어떤 과보를 자석처럼 끌어당기는 것일까.

 『앙굿따라 니까야』와 『맛지마 니까야』[76]에서 석가모니가 직접 설한 업과 과보의 구체적 유형 관계를 '현장 실사판'으로 간략하게 정리해 보면 다음과 같다. 초기 경전의 이 말씀들은 가령 "살아있는 생명을 죽여서 받는 가장 경미한 과보는 사람의 수명이 짧아지는 것이다."처럼, 어떤 악업을 지었을 때 "최소 이렇게는 된다."는 최저선까지 제시를 해서 무척 뼈에 시린다. 이미도 최대치는 고통을 받는 데에 쉴 틈이 없어서 '무간(無間)'이라고 부르는 고통의 극한 무간지옥이겠다.

- 배우자가 단명했다. 자식이 요절했다. 현생에서 오래 머물지 못한 이 업인(業因: 과보를 일으키는 원인)은? → 살아있는 생명을 죽이고 생명에 대한 자비가 없었다.
- 어머니께서 건강하게 사시다가 100살이 넘어서 돌아가

---

76 『앙굿따라 니까야』 8.40 「가장 경미함 경」과 『맛지마 니까야』 135 「업 분석의 짧은 경」.

셨다. 현생에 머무는 기간이 충실하고 길었던 이 업인은? → 모든 생명에게 자비롭고 모든 생명의 유익을 위해 연민의 마음을 내었다.

- 뼈 빠지게 일해서 30대 내내 모은 재산을 다 날렸다. 재산을 작살낸 이 업인은? → 주지 않은 것을 가졌다.

- 암에 관절염에 위장병에, 온갖 병으로 시달려 사는 게 사는 게 아니다. 병액으로 고통 받는 이 업인은? → 손이나 몽둥이, 칼 등으로 사람이나 동물을 때리고 해치고 괴롭혔다.

- 이상하게 주변에 적이 많고 나와 원한을 맺은 사람도 많다. 인간관계가 꼭 파탄 나서 적이 되어버리는 이 업인은? → 부적절한 남녀관계를 맺었다.

- 나는 왜 이렇게 못 생겼나. 성형으로도 견적이 안 나온다. 용모가 추하게 태어난 이 업인은? → 성을 잘 내고 사납고 사소한 비난에도 분노하고 분개하는 성질을 가졌었다.

- 왜 차은우나 한소희는 용모가 아름답고 매력적이고 아우라는 눈부신가? 다 고친 거라고 스스로를 위로해 보지만, 고친다고 다 되는 것도 아니더라. 유독 아름답고 멋있는 외모를 가지게 된 업인은? → 성을 잘 내지 않고 사납지 않고 많은 비난에도 화내지 않고 분개하지

않았다.

- 나는 먹고 살만은 한데 명예도 없고 말발도 없고 권위도 없는 아싸이다. 명예와 권세가 없는 업인은? → 질투가 심하여 다른 사람이 얻은 이득과 존경과 명성을 맹렬히 시샘하고 시기했다.

- 대체 왜 나는 가난한가. 왜 만원도 아쉬운 지경이고 한 끼 먹기가 고된가. 현생에서 가장 심각한 지장을 초래하는 업보인 궁핍의 업인은? → 보시하지 않고 사람들에게 인색하게 굴었다.

- 왜 저 사람은 180억 파르크한남 아파트에 사는가. 왜 저 사람은 멋진 하늘색 페라리 로마 스파이너를 타는가. 슈퍼 리치로 부유하게 사는 업인은? → 사람들에게 두루 보시하면서 살았고 인색하지 않았다.

- 사실이 아닌 일로 비방을 받고 억울하게 무고를 당한다. 생사람 잡는 이 업인은? → 입만 벌리면 '구라'라고 하는 '벌구'였다. 거짓말을 밥 먹듯이 했다.

- 나는 아무 배경도 없는 흙수저 집안에서 태어나 받쳐줄 사람이 하나도 없다. 힘없는 가문에 태어난(고대 인도 당시에는 천한 가문이나 계층을 의미했다) 업인은? → 나만 최고인 거만하고 오만하고 건방진 성품으로 사람들을 늘 얕잡아봤다.

이러한 인과응보를 일으키는 원동력인 업력의 거대한 자기장 속에서 우리는 쇳가루가 자석에 끌려가 달라붙듯이, 어떤 개입도 할 수 없이 자동으로 업보를 향해 속절없이 끌려간다. 『시크릿』에서 말하는 돈을 끌어당겨 달라붙게 한다는, 작동이 됐다 안됐다하는 그 부실한 인간 자석과는 비교가 될 수 없는 우주 최강의 '못 말리는' 자석이다. '못 말린다'고 말한 까닭은 이 업력의 거대하고 세찬 파도 앞에서는 우리의 의지도 노력도 희망사항도 후회도 속수무책이기 때문이다. 이것이야말로 진짜 '끌어당김의 법칙'이다.

10
끌어당길 게 있어야 끌어당긴다

왜 누구는 끌어당김에 성공하고 누구는 실패하는 것인가.

그것이 법칙이라면 누구에게도 예외가 없어야 한다. 그런데 실제로는 어떠한가. 끌어당김의 법칙에 성공하는 사람은 극소수에 불과하다. 왜 그런 것일까.

끌어당김의 법칙이 실패가 대부분인 이유는 카르마의 법칙이 상위법으로 작용하기 때문이다. [77] 돈을 끌어오고 싶다면 물질이나 행동이나 어떤 방식으로든 남을 위해 보냈던 저금통장이 있어야만 한다. 그 저금통장이 없다면 백날 끌어당겨 봐야 아무 소용이 없다. 우주엔 공돈도 없고 공짜도 없고 대출도 없다. 모든 결과에는 원인이 있는 법이고, 모두 했던 대로 돌아올 뿐이다. 이 인과율 속에 있지 않는 끌어당

---

77 pp.254-256의 카르마 만다라로 설명한 끌어당김의 법칙 참고

김의 법칙은 백 프로 실패이다. "좋은 사람이든 나쁜 사람이든 끌어당김의 법칙에는 예외가 없다."[78]라는 『시크릿』의 이 대목이 아마도 가장 중대한 패착이고, 어쩌면 가장 무책임한 말이기도 한 이유이다.

빈 펌프에 대고 물이 콸콸 나오는 시각화만 하며 무조건 '뽐뿌질'을 한다고 물이 나오는 것이 아니다. 마중물이 차 있는 상태에서 힘차게 펌프질을 해야 시원한 지하수가 세차게 올라온다. 또한 씨앗도 심지 않고 거름도 주지 않은 밭에서 아무리 기다려봐야 거둬지는 열매는 없다. 끌어당김도 마찬가지 원리로, 어떤 선제 조건이 갖춰져 있어야 원하는 것이 끌어당겨진다.

극단적인 예로, 사악하고 패륜적인 인간이 끌어당김의 법칙 매뉴얼대로 아침마다 "이미 통장에 돈이 넘치고 있다."고 현재형으로 외우기만 하면 풍요와 행복을 끌어당길 수 있을까. 그게 되는 것이라면 우린 이 우주에서 의미 있게, 애써 착하게 살 필요가 없어진다. 그러나 그건 아니라는 것이 우리를 앞서간 세계 모든 위대한 선지식(善知識)들의 가르침이다.

끌어당길 게 있어야 끌어당겨진다.

---

78 『시크릿』, p.45

따라서 끌어당김의 법칙으로 어떤 소원을 이루지 못했다면 그 소원 내용을 끌고 올 동일한 종류의 자산을 쌓아놓은 것이 없다는 의미이다. 반대로 희박한 확률인데도 불구하고 끌어당김의 법칙에 성공한 사람들은 자신도 모르게 쌓아놓은 동일한 종류의 자산이 있어서 계를 탔다고 보면 된다. 끌어당김의 법칙이 어쩌다 되는 경우란 절대 없다. 마통(마이너스 통장)은 없다. 만약 만에 하나라도 임시방편으로 됐다손 쳐도 그것은 '카르마 돌려막기'에 불과하다. 결국은 이자를 더 쳐서 뱉어내야 한다.

카르마는 일종의 제로섬 게임과도 같고 물의 흐름과도 같아서, 선악의 총합은 늘 균일한 수면을 유지한다. 그래서 우주엔 공돈도 공짜도 없다고 하는 것이다. 돈을 벌고 싶으면 앞서서 다른 사람을 위해 쓴 돈이 있어야 그것이 다시 흘러 들어오며, 병 없이 건강하고 싶다면 앞서서 사람들에게 자애롭게 한 것이 다시 돌아와 내 몸을 보존해 준다.

애니메이션 〈강철의 연금술사〉에 보면 '등가교환(等價交換)의 법칙'이라는 것이 나온다. 주인공인 천재 연금술사 금발의 에드워드 엘릭은 연금술에 있어서나 실제 생활에 있어서나 등가교환의 법칙을 철칙으로 삼고 있다. "사람은 그 무언가의 희생 없이는 아무것도 얻을 수 없다. 무언가를 얻기 위해서는 그와 동등한 대가를 치러야 한다."[79]는 이 등가교환의 법칙이 기본적 형태의 카르마의 법칙이라고 볼 수 있다. 세상을 위해 내 것을 덜어내어 주면 등가(等價)의 과보가 돌아온다는 의미이다. 이처럼 좋은 원인이 없다면 좋은 과보도 없고 더더군다나 끌어당김은 절대로 이루어질 수가 없다.

바로 이것이 『시크릿』과 그 이후 현재까지 다양한 컨셉의 끌어당김의 법칙이 놓쳐버린 핵심 포인트이다. 석가모니의 육성이 그대로 담긴 「업 분석의 짧은 경」[80]에 이런 구절이 있다. 끌어당김의 선제 조건과 그 결과를 설하고 있다.

바라문 청년이여, 이와 같이 목숨이 짧도록 만드는 행위는 목숨이 짧은 운명으로 이끌고, 질병이 많도록 만드는 행위는 질병이 많은 운명으로 이끌고, 빈궁하게 만드는 행위는 빈궁한 운명으로 이끌고, 부유하게 만드는 행위는 부유한 운명으로 이끕니다.[81]

끌어당김의 법칙에서 주장하듯이 '오래 살자'라고 생각만

---

79 2003년판 애니메이션에 나오는 알폰스 엘릭의 나레이션. cf. 나무위키
80 『맛지마 니까야』 M135, 전재성 역
81 원문은 길어서 핵심만 축약했다.

하면 목숨이 길어지고, '건강하자'고 생각만 하면 건강해지고, '부자가 되자'라고 생각만 하면 돈이 들어오는 것이 아니다. 행동은 엉망진창이어도 생각만으로 현상계의 질서를 곧바로 바꿀 수 있다는 주장은 어떠한 근거도 논리도 없을 뿐만 아니라, 어떤 종교도 어떤 성현도 동서양의 어떤 신비주의 체계도 어떤 양자역학도 그런 말을 한 적이 없다.

누구든 어떤 주장이라도 할 수 있는 자유가 있는 것이지만, 그 주장이 자신의 돈벌이와 연결되어 힘들고 지친 절박한 뭇 삶에 혹세무민이 되는 것이라면 그것은 문제가 있다. 론다 번의 주장이 '시크릿'이 된 이유는 비밀리에 전해온 비장의 비결이어서가 아니라, 겉멋과 수사만 가득한 위험한 허당이라는 '비밀'이기 때문이다. 이것이 『시크릿』의 시크릿이다.

11
우리들의 〈매트릭스〉,
이제 우리도 빨간 알약을 먹을 차례

폭설이 내릴 때 눈에 홀려 집 방향의 거꾸로 가는 사람들이 있다. 내비게이션이 친절하게 길을 알려줘도 좌회전 타임을 꼭 한 박자 놓치거나 고속도로 출구를 놓쳐서 돌아가는 사람들도 있고, 갔던 길을 그대로 되돌아오는데도 완전히 다른 곳인 줄 아는 사람들도 있다. 이런 사람들은 건물로 이정표를 삼는 것이 아니라 길고양이를 이정표로 삼는다는 소문도 있다. 길치이다.

도로에만 길치가 있는 것이 아니라 삶에도 길치가 있다. 길치, 음치, 기계치 등 단어 어미에 붙은 이 '치'는 한자로 '어리석다, 미련하다'는 뜻이다. 불교에서 치(癡, moha)는 여섯 가지 근본 번뇌인 육번뇌, 즉 탐·진·치·만·의·악견[82] 중의 하나인데, 현상과 사물의 도리를 이해하지 못하는 번뇌를 말한다. 우리 존재의 가장 근본적 좌표와 방향을 못 찾는 삶의 길치는 내가 왜 여기 서 있는 것인지, 내가 여기까지 어떻게 왔는지, 내가 어디로 가고 있는 것인지를 모른다. 이것이 곧 업의 길치, 즉 업치(業癡)이다.

업의 작동 원리를 모르는 업치(業癡)는 지도 없이 낯선 도시를 뱅뱅 헤매는 여행자처럼 자신의 현재 위치와 경로를 알지 못하고 방황한다. 업치가 알아야 하는 것은 다음 세 가지이다.

1. 나에게 길잡이 지도가 없다는 것을 스스로 자각한다.
2. 업과 입보의 상황이 실시간으로 업데이트 되는 업 내비게이션이 있다는 것을 이해한다.
3. 자신이 서 있는 이 자리, 지금 현실로 느껴지는 모든 것이 인연(因緣)에 의지해 잠시 나타난 가상적 구조임을 머리로나마 이해해야 한다. 이것은 정보와 영상의 집합인 가상현실(VR)의 세계와 흡사해서 가상적이고 조건적으로 잠시 나타난 '무대'와도 같다. 곧 공(空)을 이해하는 출발점이다.

---

82 여섯 가지 근본 번뇌는 탐(貪:탐욕), 진(瞋:성냄), 치(痴:어리석음), 만(慢:자만), 의(疑:의심), 악견(惡見:그릇된 견해)을 말한다.

공(空) 사상의 실사판인 영화 〈매트릭스〉 중 주인공 네오 (키아누 리브스 역)가 스미스 요원과 지하철에서 대결하는 장면이 있다. 공중에서 서로 총을 난사하던 두 사람이 맞붙잡고 바닥에 뒹구는데, 선글라스 밉상 스미스 요원이 얼굴을 들이밀고 말한다.

"You are empty!"

한글 자막은 "다 쐈군.(총알이 떨어졌군)"으로 나왔지만, 이 대사는 사실 워쇼스키 감독의 원래 의도를 잘 캐치한 바른 번역은 아니다. 이 영화 전체의 맥락에서 볼 때, "넌 공(空)이야."라고, 즉 넌 매트릭스 안에 있으니 실체가 없다고 말하는 것이다. 그러자 네오도 답한다.

"너도 그렇잖아(So you are)."

'매트릭스'는 우리가 꿈이고 가상 현실인줄도 모르고 완벽한 현실감을 가지고 살고 있는 현상계를 의미한다. 매트릭스 프로그램 안에서 사람들은 '포드'라고 불리는 캡슐 속 끈끈한 양수에 잠겨 잠자면서, 거기서 꾸고 있는 꿈을 현실이라고 느낀다. 모두 가아(假我: 가짜 '나')이고 가유(假有: 가짜 현상)이다.

네오가 모피어스를 처음 만났을 때 모피어스는 매트릭스의 진실을 보겠는지, 아니면 매트릭스라는 '마음의 감옥'에 간혀 믿고 싶은 것을 믿으면서 그대로 살 것인지를 결정하라면서 알약 두 개를 내민다. 한 손에는 빨간 알약, 한 손에는 파란 알약.

네오는 망설이지 않고 빨간 알약을 삼키고, 인공 재배장의 캡슐에서 몸과 연결되어 있던 모든 케이블[83]을 끊어내고 탈출한다. 기절했던 네오가 깨어나자, 모피어스가 말한다.

"여기가 진짜 세상이다."

"내가 죽었나요?"

"정반대지."

업치에서 탈출하는 길의 가장 핵심은 내가 현실이라고 생각하며 살고 있는 이 세상이 가상현실임을 깨닫는 바로 이 부분이다.

그 깨달음을 위해, 이제 우리도 빨간 알약을 먹을 차례이다.

---

83 네오를 포함한 인공 재배장의 인간들은 포드 안에서 각종 케이블과 인공 탯줄에 연결되어 있다. 이 선들은 인체에 영양분을 공급하고, 인간 신경계와 가상현실(매트릭스) 시스템을 연결하는 인터페이스이기도 하다.

❈

저 업은 모두 존재하지 않으니

자심(自心)의 끌어당김을 벗어나면

끌어당기는 주체와 객체가 저 파도와 같도다.

彼業悉無有 自心所攝離 所攝無所攝 與彼波浪同

『능가경』권1,「일체불어심품」[*]

─────────────
* 『능가경 강의』 p.113.

제2부
카르마의 법칙

제1장

내 카르마 패 읽기

01

고대 요가 수행자들이 본 영상은
대체 무엇이었을까

흙과 사프란으로 물들인 주황색 가사를 입은 요가승들이 깨달음을 향한 일념으로 지관행법(止觀行法)을 정진하고 있나. 코발트빛 깊은 새벽 하늘에 총총한 은하수와 금성, 서늘한 흙 냄새, 결가부좌 밑으로 느껴지는 여린 풀들, 귓가를 스치는 미풍과 새소리. 의식 표면에서 물결치는 감각을 가라앉히고 심층으로 침잠하면서 삼매에 들자, 수많은 영상(影像)들이 마치 실재하는 경계처럼 생생하게 떠오른다. 그것을 관하면서도 요가 수행자들은 커다란 의문을 가지지 않을 수 없었다.

'이 영상들은 대체 무엇이란 말인가. 마치 손에 잡힐 듯 눈앞에 다가온 저 청색 어혈[1]은 대체 무엇이란 말인가.'

---

1 무착의 『섭대승론』에 대한 주석서인 무성(無性)의 『섭론』에서 이처럼

수행승은 선정에서 나와 카샤야[2]를 가다듬고 난 뒤, 자신과 도반들이 본 실재하는 듯 선명한 이 영상들이 과연 무엇인지를 석가모니께 묻는다.

자씨보살이 다시 부처님께 여쭈었다.

"세존이시여, 모든 비발사나 삼매에서 행해지는 영상(影像)은 이 마음과 다른 것입니까, 같은 것입니까?"

부처님께서 자씨보살에게 말씀하셨다.

"선남자여, 마땅히 다르지 않다고 말해야 한다. 왜냐하면 그 영상은 오직 식(識)일 뿐이기 때문이다. 선남자여, 식(識)의 대상은 오직 식이 현현한 것일 뿐이기 때문이다."

– 『해심밀경』 제6 「분별유가품」[3]

석가모니는 그 영상은 '오직 식일뿐'이라고, 얽힌 삼을 한

삼매에서 나타나는 영상에 대해 언급하면서, 나타난 영상 가운데 몇 가지로 푸른 어혈, 시체에서 흘러나오는 벌레나 고름, 오장이 썩어문드러지는 모습, 백골 등을 예로 들고 있다. 이는 시체를 관하는 부정관(不淨觀) 중에 보이는 영상들이다.

2 이 '카샤야(kāṣāya. काषाय)'의 음역이 스님들이 입는 '가사'이다. 괴색(壞色)이라는 뜻이다. 괴색은 청·황·적·백·흑의 다섯 가지 정색(正色)을 과괴한 색깔이라는 뜻으로, 보통은 붉은 갈색을 말한다.

3 『해심밀경』은 유식학의 핵심 경전의 하나이다. 위 본문의 번역은 『해심밀경』 국내 번역본 두 가지를 참고해서 번역했다. 묘주 역, p.77, 김윤수 역, p.175-176

방에 자르듯 정리해준다. 식(識)이란 마음을 뜻한다. 여기가
바로 '오직 마음[唯識. Mind Only]'이라는 유식사상의 출발점
이 된 지점이다. 선정 중에 본 영상이 어디로부터 왔고 왜
실재같이 펼쳐지는 것인지에 대한 깨달음은 곧 모든 것은
마음이 만든 것이라는 일체유심조의 깨달음이었다.

유식사상은 공(空)사상과 더불어 대승불교의 2대 축(軸)
이기도 하지만, 유식이 한 걸음 더 나아간 독보적인 사상
인 점은, 단순한 체계적 이론이 아니라 요가 수행자들의
실체 체험에서 오는 직관을 데이터 베이스로 삼아 시작되
었다는 점이다. 이 영상의 작동 본질[4]을 알면 "유식의 절
반은 안다(유식반하 唯識半學)."고 할 정도로 핵심저 토대이
므로, 우선은 영상에 대한 설명과 더불어 위의 석가모니의
답변도 쉽게 풀어가 본다. 풀어가다가 보면 카르마 종자를
저장하고 있는 가장 깊은 식(識)인 제8아뢰야식과 만나게
될 것이다.

영상이란 산스크리트어로 프라티빔바(prati-bimba)로 거울
속의 상, 그림자를 말한다. 미륵보살이 게송에서 "보살은 선

---

4 유식학의 사분설(四分設)을 말하며, 매우 심오하고도 어려운 이론이다.
  사분설은 우리 마음이 외부대상을 인식하는 과정을 네 가지 측면으로
  정리했다.

정의 경지에서 그림자가 오직 이 마음임을 본다."[5]고 했듯이, 요가승들이 본 청색 어혈 같은 영상은 요가승 자신의 마음이 띄운 그림자일 뿐이다. 요가승들은 삼매 중의 그 강렬한 체험이 삶에도 그대로 적용된다는 것, 똑같은 메커니즘으로 우리 현실도 돌아간다는 것을 알았다. 외부에 대상이 있어서 보는 것이 아니라는 것을 깨달은 것이다.

이것에 대하여, 유식사상의 종결자이자 천 권의 논서를 썼다하여 '천부(千部)의 논사'로 불리던 세친(바수반두)은 "눈병이 있는 자가 머리카락이나 파리를 보는 것과 같다."[6]고 리얼하게 표현하기도 했다. 마음은 자기가 대상을 만들어 마음에 띄워놓고 그걸 자기가 본다. 영상 제작자가 자기 작품을 스크린에 띄워서 보는 것과 같다. 마음은 영상을 띄워 올린 마음과 그걸 보는 마음으로 자동 분리되는 희한한 존재이다.

실재하는 것으로 착각하는 영상이라는 이 개념은 요가 수도승들에게만 있었던 것은 아니다. 놀랍게도 유식사상이 본격적으로 발달했던 4세기 무렵보다 천 년 정도 앞선 고대 그

---

5 무착 교수송(教授頌)이라고 불리는 게송으로, 미륵의 『분별유가론』에 나온 게송을 무착이 『섭대승론』에서 인용한 것이다. "보살어정위 관영유시심(菩薩於定位 觀影唯是心)"
6 세친, 『유식이십론』

리스 신화에, 그것도 우리가 익히 잘 아는 신화 속에, 가유(假有)의 영상에 집착하는 상태와 유사한 상황이 드라마틱하게 설정되어 있다. 바로 나르시스의 신화이다.

에코와 나르키소스, 존 윌리엄 워터하우스 작(1903)

16세의 미소년 나르키소스(나르시스)는 사냥을 하다가 목을 축이려 숲 속 맑은 샘물에 몸을 수그린다. 그 순간 물에 비친 영상을 보고 가슴이 쿵 내려앉는다. 너무도 아름다운 미소년에게 뜨거운 사랑을 느끼면서 다가가 포옹하고 입맞춤을 하려 했지만 매번 물그림자만 흐트러질 뿐이었다. 나르키소스는 실체가 없는 대상을 사랑한 것이다. 그는 자신의 그림자에게 제발 도망치지 말라고 울부짖다가 비탄 속에 죽고 만다. 강(江)의 신을 아버지로, 물의 님프를 어머니로 하여 태어났던 물의 자식답게, 나르키소스는 죽은 후에도 저승의 스틱스 강에 비친 자신의 모습을 하염없이 보고 있었고, 그가 죽은 자리에는 노란 수선화가 피어났다.[7]

---

7 오비디우스의 『변신 이야기』에 수록된 신화이다. cf. 그리스로마신화

나르시시즘이라는 용어가 바로 이 나르키소스의 신화에서 유래한 것이기는 하지만, 이 신화에는 우리가 익히 알아왔던 자기애(自己愛)의 상징으로만 설명하기에는 너무 아까운 중요한 상징들이 들어있다. 나르키소스가 자신의 물그림자에 집착하는 것은 유식에서 마음이 만들어낸 만물의 영상을 실재라고 알고 집착하는 중생의 마음과 같다.

나르키소스의 그림자를 비추는 물은 물질계를 상징한다. 고대 신화나 서양 신비주의에서 물이라는 원소는 유동적이고 계속 변천하는 물질로서 물질계의 덧없는 환영을 상징한다. 물질계의 환영이라는 것은 곧 『리그 베다』에서 말하는 마야(Maya, 幻)를 의미한다. 마야(Maya)는 산스크리트어로 Ma(아니다)+Ya(이것, 존재), 즉 '이것이 아니다', '존재하지 않는다'라는 뜻이다. 겉으로 보이는 현상은 본질적 실재가 아니라 차가된 환상, 일루전이라는 의미이다. "네가 그것이다(탓트밤 아시)."라는 우파니샤드의 유명한 문구[8]가 말하는 것과 정반대 쪽이라고 보면 된다. '이것'과 '그것'만으로 핵심을 다 표현했던 고대 인도철학이 그저 대단할 따름이다.

인물백과

8 「찬도기야 우파니샤드」 중에 나온다. 정창영 편역의 『우파니샤드』, p.240 "순수의식은 모든 존재의 본질이다. 그는 진리이며 만물의 참 자아이다. 아들아, 네가 바로 그것이다."

나르키소스의 물그림자보다 더욱 흥미로운 사례가 레오나르도 디카프리오가 주연한 영화 〈인셉션〉이다. 나르키소스보다 훨씬 역동적인 설정인데다가, 흥미로운 한 가지가 더 추가된다. 바로 현실인지 꿈속인지를 알기 위해 돌려보는 팽이가 그것이다.

본래 우리의 삶 자체가 한바탕 꿈이고, 그 속에서 꾸는 꿈은 꿈속의 꿈이다. 무엇이 현실이고 무엇이 환상인지도 알 수 없는 경계이니, 장자가 호접몽에서 깬 후 "내가 나비가 되는 꿈을 꾼 것인가? 나비가 장자가 되는 꿈을 꾸고 있는 것인가?"[9]라고 혼란스러워할 만도 하다. 생시도 꿈도 둘 다 마음이 만드는 동영상이고 마음의 그림자이다. 터벳의 전통 종교인 뵌교의 경전 『마 규드』에 보면, 꿈이나 낮꿈(삶)이나 모두 환영이라는 것을 주지시키기 위해 몇 가지 비유를 들고 있는데[10] 무척 흥미롭다. 꿈이거나 삶이거나 모두 그림자, 번개, 무지개, 달, 마술, 신기루, 메아리라는 것이다. 『금강경』의 '여몽환포영 여로역여전'[11]과 직통으로 연결된다.

---

9 『장자』 제물편

10 『마 규드』는 『마더 탄트라』라고도 번역된다. 『잠과 꿈을 통한 수행』의 번역 참고, pp.52-54

11 『금강경』 제32 응화비진분에 나오는 사구게에 들어있다. "여몽환포영 여로역여전(如夢幻泡影 如露亦如電 꿈, 환상, 물거품, 그림자 같고, 이슬과 같고 번개와 같으니)"

〈인셉션〉에서 꿈의 세계도 주인공들이 마음으로 만들어 낸 영상이다. 꿈에서 기밀을 빼내고 다른 생각을 심어놓고 나오는 꿈도둑 전문가들인 인셉션 팀은 사람들의 꿈속으로 들어가서 꿈을 조작한다. 일종의 자각몽이라고 봐도 좋겠다. 그러나 꿈속의 모든 경험 자체가 마음의 산물인데, 〈인셉션〉은 한 번 더 그 꿈을 조작하는 것이니, 본디 허상인 것을 더욱 허구적인 것으로 조작하는 이 상황은 마음이 만들어내는 세계가 얼마나 변형 가능한 덧없는 것인지를 극단적으로 보여준다.

그런데 특히 주목해야 하는 것이 팽이이다. 주인공 코브(레오나르도 디카프리오 역)는 현재 인식하고 있는 상황이 현실인지 꿈인지를 확인하기 위해 팽이를 돌려본다. 현실이라면 팽이는 멈추고 꿈속이라면 팽이는 끝없이 회전한다. 인셉션 팀원들은 이 도구를 '토템'이라고 부르는데, 코브의 팽이 외에도 빨간 주사위, 체스 말 비숍 등도 토템으로 사용된다.

영화 〈인셉션〉의 팽이

〈인셉션〉은 신박한 SF적 스토리텔링으로 그치는 것이 아니라, 의도했든 안 했든 유식의 인식론과 절묘하게 매칭이 된다. 앞에서 우리는 마음이 나뉘어져 하나는 영상을 띄우고, 하나는 그것을 본다고 설명했었다. 그런데 그런 과정 뒤에는 자기가 만들어 자기가 보고 있는 마음을 지켜보는 마음이 또 하나 있다. 예를 들어 매화꽃을 본다고 할 때 내가 지금 매화꽃을 보고 있다는 것을 스스로 아는 마음이다. 팽이가 바로 이 역할을 한다.

즉 팽이는 디카프리오가 현실을 자각하는 과정에서 자신이 어떤 상태에 있는 것인지를 스스로 확인하는 역할이다. 이 영화 맨 마지막 부분이 인상적이어서 기억하는 분들이 많을 것이다. 디카프리오가 팽이를 돌리는 순간, 아이들이 불러서 그쪽으로 가는데 클로즈업된 팽이는 계속 돌고 있다. 꿈속인 것이다. 아마도 영화 맨 마지막의 이 열린 결말처럼, 결국엔 내 꿈이든 남에 꿈속이든 현실이든 어차피 모두 다 일장춘몽이니, 그 팽이는 내내 멈출 일이 없을 듯하다.

삼매 중의 영상 체험을 바탕으로 유식이라는 위대한 사상을 세상이 내놓은 고대 인도의 요가승들, 유식유가행파라고 불리는 그들은 어떤 사람들이었을까.

'유식 만다라'라고 불리는 만다라가 있다. 흔하지 않은 이

탱화에는 유식사상에 큰 업적을 남긴 승려들을 한 폭의 화면에 담아 놓았다. 중앙에는 커다란 미륵보살이 영롱한 후광을 비추면서 왼쪽 발을 연꽃에 올려 놓고 있고, 그 오른쪽으로 무착, 왼쪽으로 세친이 그려져 있다. 그 아래쪽으로는 세친과 무착을 이은 21명의 논사 스님들이 배치되어 있다.

바로 이 인도 스님들은 요가 체험을 체계적으로 이론화하여 유식사상으로 완성한 스님들로, '유가사(瑜伽師)'라고도 불린다. 유가사의 원래 발음은 '요가짜라(yogacara)'로, 이미 우파니샤드 시대부터 요가를 전문적으로 수행하는 사람들을 일컫는 말이었다. '요가'란 말[馬]에 멍에를 씌운다는 의미의 산스크리트어 '유즈(yuj)'에서 비롯된 단어로, 감각을 제어하고 산란하게 날뛰는 마음에 멍에가 되는 사마타와 위빠사나를 행한다는 것을 의미한다.

'유식 만다라'의 중심에 있는 유식의 창시자 미륵의 정체에 대해서는 설이 많지만, 무착과 세친은 유식사상의 실질적 완성자들이다. 무착보살과 세친보살이라고 불리는데, 실존 승려에게 '보살'이라는 칭호를 붙여준 예는 역사를 통틀어서 용수보살, 마명보살, 무착보살, 세친보살 이 네 명의 승려뿐이다. 그 네 명의 승려 가운데 두 사람이 유식의 실질적 창시자라는 점은 불교 전체에서 유식이 차지하는 비중이 어떤 정도인지를 가늠하게 해준다.

무착(인도명: 아상가, 300-390)과 세친(인도명: 바수반두, 316경-396경)은 이복 형제 간이다. 무착은 처음 부파불교[12]에서 수행하다가 대승의 공관(空觀)을 배우면서 크게 깨달음을 얻은 이후 대승불교로 전향해서 유식사상을 체계적으로 조직했다. 제8아뢰야식, 변계소집성 등 전무후무한 개념들을 최초로 정리한 것도 이 무착이었다. 무착의 아뢰야식 사상 덕분으로 그 당시까지 윤회의 주체를 명확히 찾아내지 못하고 여러 가지 설만 무성했던 문제가 돌파구를 찾음으로써 윤회

---

12 부파(部派)란 여러 불교 종파를 말한다. 석가모니가 열반에 든 후, 제자들 사이에 견해의 차이가 생겨 불멸 후 100년경에 보수적인 상좌부(上座部)와 진보적인 대중부(大衆部)로 분열되었고, 이어서 다시 여러 갈래로 분열이 일어나서 총 20개의 교파가 부파불교 시대를 만들었다. 이전에는 소승불교로 부르던 때도 있었으나, 현재는 소승이라는 용어는 쓰지 않는다.

의 메커니즘을 매듭짓는 종결자가 됐다.

한편, 무착이 한창 유식 관련 논서를 저술하던 시기에 동생인 세친은 부파불교 중 설일체유부로 출가해 천재적 재능을 남김없이 발휘하면서 명성을 날리고 있었다. 그 유명한 『아비달마구사론』[13]이 바로 세친의 저작이다. 세친은 "세상이 이렇게 다 실재하고 있구만,[14] 뭐가 공(空)하다는 거냐? 공관(空觀)이 아니라 혹시 공갈 아냐?"라면서 그 명석한 머리와 논리로 대승불교를 잘근잘근 씹고 있었다. 형인 무착은 대승의 공(空)사상에 대오각성해서 부파에서 대승으로 전향한 터라, 대승을 신나게 비판하고 있는 동생을 깊이 염려했다. 하루는 작심하고 동생을 숙소로 불러 책 한 권을 보여준다. 바로 『화엄경』「십지품」에 해당되는 『십지경(十地經)』이 그 책이었다. 무착은 "삼계는 오직 마음이다[三界唯識]."라는 『화엄경』의 구절과 더불어 유식에 대해 상세히 설

---

13 4세기 부파불교 중 최대 종파이자 당시 세친이 몸담고 있던 설일체유부의 교리를 집대성한 작품이다. 〈아비달마구사론〉에서 아비란 about, 달마란 法, 구사란 창고라는 뜻이다.

14 설일체유부에서 유부(有部)는 있을 유(有) 자를 쓰고 있다는 점에 주목해야 한다. 설일체유부라는 부파명이 붙은 이유는 "일체가 유하다"고 설하기 때문이다. 대승불교의 초석을 닦은 용수를 중심으로 한 중관파의 공(空)사상과 정면 대치되었다.

명해 준다. 소리 없는 할(喝)과 방(棒)이었다.

"아하!!"

세친은 대승의 깊은 진리를 여기서 깊이 깨닫고 마침내 대승으로 전향했고, 대승을 비난하고 공격했던 자신의 혀를 잘라버림으로써 참회하려 했다. 형 무착은 칼을 혀에 들이대는 세친의 팔을 붙잡고 "지금 네가 자르려는 그 혀로 대승을 선포하라."고 타이른다.[15]

유식은 용수보살의 공사상을 보완한 획기적인 새로운 공(空)의 논리이다.[16] 유식의 공(空)을 한 마디로 요약한 것이 '유식무경(唯識無境)'이다. 유식무경이란 오직 마음일 뿐 바깥 경계, 외부 대상은 없다는 뜻이다. 감각을 통해 외부 세계가 객관적으로 실재한다고 생각하는 우리들의 기존 상식을 완전히 거꾸로 뒤집어엎는, 과격하다고까지 말할 수 있는

---

15 『불교의 심층심리』, p.40
16 용수의 공사상이 세력을 떨치던 2-3세기의 인도는 일체 존재를 연기법→무자성(無自性)→공(空)으로 설명함으로써 일체에 대한 집착을 깨고자하는 공사상이 잘못 받아들여져 자칫 허무주의로 치달을 위험에 놓인 시기였다. 이에 대한 해결책이 바로 유식이었다. 세간의 허무주의적 해석을 경계하면서 동시에 공(空)을 더욱 명확하게 실천적인 방법으로 설명하고자 한 것이 유식이었고, 그것은 당대의 시대적 요구이기도 했던 것이다.

혁명적 발견이다. 유식과 대면하면 처음에는 누구든 충격이 온다. 기존 질서가 뒤집히는 쓰라림이겠다.

방대한 유식을 딱 한 마디로 요약하면 바로 '유식무경'이라고 앞서 말했는데, 이 개념을 영화 〈매트릭스〉의 '숟가락은 없다'를 통해서 쉽게 설명해 보겠다.

네오(키아누 리브스)가 오라클을 만나기 위해 프로그램 안으로 들어가서 오라클이 사는 집을 찾아간다. 거실에 여러 사람들이 오라클을 만나려고 대기하고 있는데, 그 가운데 거실 바닥에 앉아있는 푸른 눈의 동자승이 한 명 보인다. 동자승은 스테인리스 숟가락을 '여섯 개'째 구부러뜨리고 있다. 숟가락을 손에 들고 응시하면 척 휘어져 구부러지고, 또한 번 응시하면 숟가락이 휙 돌아 원래대로 펴진다. 동자승은 이것을 신기하게 바라보고 있는 네오에게 숟가락을 건네며 이렇게 말한다.

"휘게 하려고 생각하진 말아요. 그건 불가능해요. 그 대신에 진실만을 인식해요."

"무슨 진실?"

"숟가락이 없다는 진실. 그 진실을 알면, 휘는 것은 숟가락이 아니라 그건 오로지 당신 스스로가 숟가락을 휘게 하는 것이란 걸 알게 되지요."

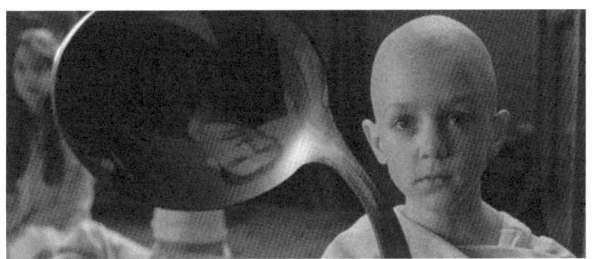

〈매트릭스〉의 한 장면

감독인 워쇼스키 남매[17]가 이 영화를 위해서 불교학자의 자문을 받았다고는 하지만, 이 정도까지 유식의 핵심을 잘 표현할지는 예상조차 못했다. 숟가락이라는 대상은 네오의 식(識)이 만들어낸 것이지, 독립적으로 외부에 존재하는 실체가 아니라는 말을 푸른 눈의 동자승이 하고 있는 것이다. 숟가락은 실제로는 없고 그걸 휘게 하는 것은 너의 마음 작용일 뿐이라는 '유식무경'이 바로 여기에 있다.

숟가락이 여섯 개인 것은 6식(識)을 상징하는 치밀한 세팅으로 보인다. 6식(識)이란 안·이·비·설·신·의(眼耳鼻舌身意)[18]

---

17 라나 워쇼스키와 릴리 워쇼스키, 이 두 감독은 처음에는 '워쇼스키 형제'였다가, 중간에 한 사람이 성전환 수술을 해서 '워쇼스키 남매' 였다가, 이어서 나머지 한 사람도 수술을 하면서 현재는 '워쇼스키 자매'이다. 이 두 감독이 이 책에서 여러 번 언급되는데, 그때마다 형 제였다가 남매였다가 말이 달라지는 것은 필자의 착각이 아니다.

18 안·이·비·설·신(眼耳鼻舌身意)에서 눈, 귀, 코, 혀까지는 잘 알 것이다.

까지, 즉 우리 뇌의 작용까지이다. 유식이 발견한 것은 이 여섯 가지 표층식보다 더욱 심층에 제7식과 제8식이 자리 잡고 있다는 것이었다. 이 제8식이 앞으로 우리의 주제인 카르마의 법칙을 이끌고 갈 주인공인 근본식, 즉 아뢰야식이다.

카르마의 마스터 키를 쥐고 있는 아뢰야식을 찾아, 고대 인도 요가승들을 앞장 세워 옷깃을 붙잡고 우리 각자의 심연으로 내려가 보자.

신(身)은 촉감을 느끼는 피부를 말한다. 의(意)는 의식이다.

02
활화산 속 여덟 개 식(識)

우리의 마음은 다음 그림과 같은 중층 구조를 이루고 있다.

8단 시루떡 같은 형태의 심층부에서 실시간으로 작동하는 세8아뢰야식은 표층을 항해 끊임없이 투사하여 마음을 일으키고, 반대로 표층의 6식들도 끊임없이 제8식으로 저장 자료를 보낸다. 극미세한 동시에 거대한 역동 그 자체로, 마치 쉬지 않고 밑바닥에서부터 구르릉거리고 있는 활화산과도 같다.

지구가 돌면서 생기는 소리와 진동은 초저주파라서 우리 귀에는 들리지 않고 감지될 수 없다지만, 이 마음 활화산의 소리와 진동은 그것과는 비교도 되지 않는 거대한 침묵의 소리이다. 귀에 안 들린다고 지구가 돌지 않는 것이 아니듯, 감지되지는 않지만 우리가 살아있는 한 마음의 활화산이 쉬는 법은 없다. 우리가 죽으면, 제7말나식까지는 확 흩어져 사라져버리고 오직 제8아뢰야식만이 남아 윤회에 참여한다. 그래서 윤회의 주체이자 업을 저장하는 밭이 바로 이 아뢰야식인 것이다. 어떻게든 살아보려고 애쓰고 절망하고 발광했던 제7식까지는 날아가 버린다니, 시원하기도 하고 허무하기도 하고 참으로 무정타, 우리들의 삶.

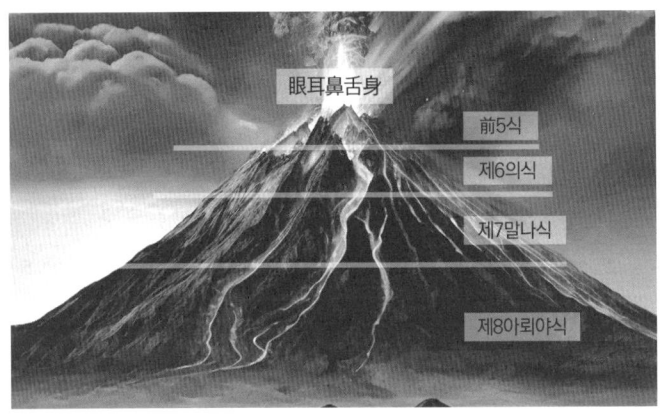

제1안식(眼識) : 시각 ┐
제2이식(耳識) : 청각 │
제3비식(鼻識) : 후각 ├ 전(前) 5식
제4설식(舌識) : 미각 │
제5신식(身識) : 촉각 ┘
제6의식(意識) : 사고, 분별, 인지, 해석
제7말나식(末那識) : 아집의 본산으로 업을 짓는 주체
제8아뢰야식(阿賴耶識) : 앞의 일곱 가지 식의 작용으로 만들어진 업을
　　　　　　　　　　　　종자로 저장. 윤회의 주체

유식은 인간의 마음을 탐구했기 때문에 불교 심리학이라고 불리고, 서양 심리학자들은 제8아뢰야식을 불교 무의식이라고 부른다. 특히 카를 구스타브 융[19]의 집단 무의식의 개념은 불교에서 영향을 받았고, 8식의 중층 구조와 유사한 부분이 있다. 정확하게 일대일로 대응하는 개념은 아니지만, 8식의 구조를 이해하기 쉽도록 현대 심리학의 무의식의 구조와 비교해서 도표로 만들어보면 다음과 같다. 화산 vs 빙산이다.

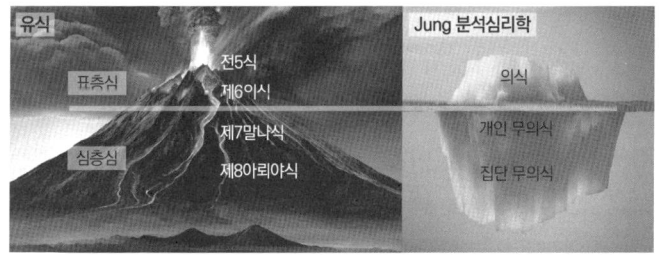

---

19 집단 무의식은 물론이고 '동시성'으로도 유명한 융은 요즘 유행하는 MBTI의 이론적 토대를 만든 분석심리학자이다. 융은 선불교 학자인 스즈키 다이세츠의 영향을 깊이 받아 후에 다이제츠의 저서 『선불교 입문』에 서문을 쓰기도 할 만큼 교류가 깊었다. 스티브 잡스가 선불교에 입문하게 된 계기가 된 책이 바로 이 책이고, 선(禪)의 일본어 발음 젠(Zen)을 전 세계가 공유하게 된 계기가 된 것도 이 책이다.

또한 선과 다도의 대가 히사마츠 신이치(久松眞一) 및 『티벳 사자의 서』를 주석한 에반츠 웬츠와도 교류하면서 불교의 영향을 크게 받았고, 이 불교적 관점을 분석심리학 이론 안에 흡수했다. 그 결정체가 바로 심리학에서 획기적 발견으로 평가 받는 '집단 무의식'의 개념이다.

유식		카를 융의 분석심리학	
표층심	전(前) 5식 (감각)	감각	의식
	제6의식 (사고)	의식과 에고(ego)	
심층심	제7말나식 (자아식)		
	제8아뢰야식 (근본식)	개인 무의식 집단 무의식	무의식

　불교 심리학이라고 불리는 유식사상의 독보성을 보여주는 것이 바로 위의 제7말나식과 제8아뢰야식이다. 제8아뢰야식은 심리학에서 의식과 무의식을 비유할 때 자주 사용하듯 빙산처럼 둥둥 떠 있는 구조가 아니라, 화산 뿌리에서는 땅에 붙어 있다는 점을 일단 잘 기억해 놓기 바란다. 우리는 각자 하나의 활화산이고, 중생 수만큼 무수한 활화산들은 땅덩어리를 밑에서 함께 공유하고 있다. 이 부분은 뒤에 아뢰야식을 별도로 다루는 항목에서 자세히 설명하도록 한다.

　이제 하나의 일상적 사례를 가지고 여덟 개의 식(識)이 돌아가는 상세한 프로세스를 보기로 한다. 우리 심리의 움직임이 각각의 식과 어떻게 연동되는지를 알 수 있는데, 표층부터 심층까지 식의 흐름을 속속들이 볼 수 있도록 에피소드를 다소 극적으로 설정한 점은 고려하기 바란다. 드라마 〈부부의 세계〉의 유식 버전이라고 생각하면 된다.

남편에게서 낯선 스킨향을 맡다.

• 아내 : 남편의 세 번째 외도로 깨질 뻔했던 가정을 추스르고 가까스로 일어선 1년 뒤 어느 날, 퇴근한 남편이 현관을 들어서는 순간 코를 훅 스치는 낯선 스킨향. 시더우드의 묵직한 향이 코 깊숙이 들어온다. 후각으로 인해 마음이 움직이기 시작한다. 남편의 팔을 살짝 잡으면서 다가서서 다시 향을 감지해 본다. 〈제3비식(鼻識) + 제5신식(身識)〉

• 남편 : 평소 귀가 시간보다 늦어질까봐 후다닥 샤워를 하고 급히 스킨을 두드리고 서둘러 집으로 향한다. 1년 만에 다시 만난 앳된 그녀가 아쉬운 듯 바라본다. 집 현관에 들어서면서 아내 기색을 살핀다. 아내가 팔에 살짝 손을 얹으며 다가선다. 〈제1안식(眼識)+ 제5신식(身識)〉

● ● ●

• 아내 : '어, 이건 뭐지? 낮에 사우나를 갔었나? 주중 낮엔 사우나 안 가잖나?' 현재의 후각 경험과 과거의 기억을 비교하고 해석한다. 남편 등에 대고 묻는다.

"낮에 목욕 갔어?" "아니. 왜?" "그냥. 얼굴이 좀 훤해 보여서….."

다시 한 번 현관에 남은 잔향을 들이쉬어 보고 중문을 닫는다. 마음이 요동친다. '설마 또? 아니겠지. 내가 너무 민감한 거지', 방어기제도 작동한다. 현재의 감각 정보와 과거 경험의 연관성을 토대로 판단을 시작한다. 〈제6의식〉

• 남편 : 아내가 등 뒤에서 묻는다.

"낮에 목욕 갔어?" "아니, 왜?" "그냥. 얼굴이 좀 훤해 보여서….."

중문을 닫는 아내가 숨을 깊이 들이켜 냄새를 맡는 낌새가 느껴진다. '아차차, 스킨!!'

'또 들킨 걸까. 아니겠지. 내가 민감한 거지', 방어기제도 작동한다.

"당신 기분이 좀 다운된 거 같아. 무슨 일 있어? 어디 아파?"

아내는 고개를 가로 저었지만 웃음기가 없다. 창백해 보인다. 아무래도 뭔가 싸한 이 분위기. 아내로부터 온 감각 정보와 대화와 과거 경험을 토대로 현재 상황을 판단하기 시작한다. 〈제6의식〉

• • •

• **아내** : '혹시 남편이 다른 여자를 만나고 거기 있던 스킨을 쓴 거 아닐까.' 의심이 형성되기 시작한다. 집착과 불안과 의혹이 동시에 덮친다. 두통과 손바닥에 흥건한 땀. '만약 맞다면 나는 어떡해야 하지? 이제 더는 못 사는데. 그럼 애들은? 난 이제 뭘 먹고살지? 암에 우울증에 몸은 만신창이. 힘들어도 남편과 애들만 보고 여태 살아온 나한테 이럴 수가 있는 건가. 나 없이 어떤지 자살해서 복수할까?' 절망, 배신감, 분노, 증오, 집착이 해머처럼 가슴을 두드려대고 번뇌가 온 마음을 칭칭 조여 온다. 〈제7말나식〉

• **남편** : 일단 이렇게 선수 쳐서 기선을 제압해 본다. "혹시 날 의심하는거야? 아무리 내가 또 그러겠나. 내가 지난 날 다 속죄하고 있잖아. 이 사람아, 일체유심조라잖아. 다 마음먹기 나름인거야." 하지만 속으로는 이런 생각을 한다. '이번에 들키면 끝인데. 어떻게 가라앉히지? 혹시나 이미 뭘 알고 그러는 건 아닐까? 누구를 붙였나? 소송으로 나오면 어쩌지? 내가 뭔가 먼저 선수 쳐야 하는 거 아닐까? 주변엔 뭐라

하지? 아내가 극도의 의부증이라서 못 견뎠다고 할까? 아니면 이번에
아예 정리하고 걔랑 살아? 암 치료 중인데 혹시 어떻게 안 될라나?'
〈제7말나식〉

> **여기서 잠깐** 제7말나식이란?
>
> 제7말나식은 자기애와 자아 집착, 즉 아집을 일으켜 업을 짓
> 게함으로써 윤회의 바퀴에서 빠져나오지 못하게 하는 장본인, 카
> 르마의 주체이다. 말나식(末那識)은 산스크리트어 마나스(manas)
> 에서 왔는데, 마나스란 '생각하다'라는 동사 'man'에서 나왔다.
> 영어에서 사람을 가리키는 man도 바로 여기서 파생됐다.
>
> 그런데 뭘 그리 생각하기에 제7식에 이런 이름을 붙였을까.
> 제7말나식은 오로지 자기중심으로 자기에게 유리하게 생각한
> 다. 전5식과 제6의식을 통해서 들어온 외부 정보는 제7식의 렌
> 즈나 프리즘을 통과하여 아집에 맞춘 방식으로 굴절된다. 말나식
> 은 이런 굴절을 바탕으로 4번뇌를 만들어내는데, 4번뇌란 아치,
> 아견, 아만, 아애로, 결국 모두 아(我)의 문제이다. 말나식이 없으
> 면 아집과 번뇌도 없어서 업을 짓지 않게 된다. 따라서 번뇌를 털
> 어낸 아라한부터는 제7말나식이 없다. 아라한을 '살적(殺賊)'이라
> 고도 하는데, 살적이란 도적을 죽였다는 뜻이다. 도적이란 번뇌
> 를 말하고, 번뇌는 우리 본래의 청정한 자성(自性)을 훔쳐갔던 도
> 둑놈이다.[20]

. . .

• **아내** : 10년간의 경험으로 인해 만들어진 마음의 경향성, 또는 더 나아가서 전생에 겪었던 유사한 상황에서 만들어진 업종자가 스킨향의 경험과 결합한다. 스킨향으로 촉발된 집착과 불신은 새로이 저장되면서, 마치 업종자 파일에 덮어쓰기 하듯 그 경향성은 한층 강해진다. 또 한편으로는 전생에서 애욕과 집착으로 행했던 악업의 종자가 현생의 인연과 맞아떨어져 발현되어 고통스러운 관계를 과보로 가져온 것일 수도 있다. 〈제8아뢰야식〉

• **남편** : 애욕, 거짓말, 악의, 증오는 10년 간 반복되면서 마음의 경향성이 되어 저장되는 동시에 강화되므로, 현실에서 발현될 때마다 강도가 점점 세어진다. 또한 애욕, 집착, 기만, 증오는 악업의 종자가 되어 적절한 인연을 만나게 되는 때에 괴로운 과보로 나타난다. 과보가 오는 시기는 현생일 수도 있고 다음 생, 그다음 생일 수도 있지만, 대충 넘어가는 법은 결코 없다. 〈제8아뢰야식〉

 여기서 잠깐 제8아뢰야식이란?

제8아뢰야식은 요가 수행자들이 선정에 들어 마음의 가장 밑

---

20 "여러 다른 모습을 하면서(윤회) 살아가는 범부들이 대상을 보고서 좋다, 나쁘다, 그저 그렇다 라고 마음을 일으킬 때에는 항상 아집이 함께 한다. 그리하여 만약 말나식이 없다면 저 아집도 없어서 업을 짓지 않게 된다."『성유식론』권제5

바닥까지 침잠하여 찾아낸 근본식이다. 요가승들은 무상정이나 멸진정 같이 마음과 인식활동이 모두 단절되는 선정에 들어갔을 때에 조차도 어떤 미세한 식이 활동하고 있다는 것을 발견했다. 이러한 수많은 심리 체험과 심리 분석을 축적하여 아뢰야식의 존재를 찾아낸 것이다.[21]

아뢰야는 산스크리트어 '알라야(ālaya)'[22]에서 왔는데, 알라야는 창고나 저장을 뜻한다. 설산(雪山)인 히말라야 산이 히마 Hima(눈)+ 알라야alaya(저장)인 구조와 같다. 아뢰야식은 한 찰나도 쉬지 않고 우리의 생각, 말, 행동 일체를 실시간 CCTV로 녹화해서 자료로 저장한 뒤, 저장한 자료를 다시 의식 쪽으로 보내기도 하고, 다음 생으로 넘기기도 한다. 제8아뢰야식은 윤회의 주체이며, 카르마의 법칙은 이뢰야식의 법칙에 의거하여 작동한다. 아라한이 되면 제8식은 남아있지만, '아뢰야'라는 명칭은 버린다.[23] 아뢰야는 아집이 남아있는 사람들에 한해서 붙여진 이름이기 때문이다.

설명을 위해 극단적으로 설정한 위의 에피소드와 유사한

---

21 가츠라 쇼류 외, 『유식과 유가행』 p.174
22 현장은 'ālaya'로 맨 앞의 아를 장음으로 표기했고, 진제는 아의 단음 'alaya'로 표기했다. 서로 의미가 다르다.
23 세친, 『유식삼십송』

실제 사례가 인터넷에 올라온 것이 있었다. 그 실제 사례에 달린 댓글 가운데 통찰이 돋보이는 인상적인 글이라서 캡처해 놓은 댓글이 하나 있다. 그 댓글 내용은 다음과 같다.

"20살부터 만나 결혼한 남편의 외도. 영구적 장애 수준의 PTSD가 남을 만했고, 영혼이 화형당한 느낌이겠다. 매트릭스가 별 거냐. 내가 믿었던 세상이 다 거짓이라고 생각이 들면 그게 매트릭스지."[24]

이 댓글을 쓴 분은 아마도 직관적으로 유식의 원리를 아는 사람이겠다. 그런데 말마따나 왜 매트릭스이겠는가. 우리 모두는 출구는 없고 창문만 다섯 개인 전셋집에 살고 있기 때문이다. 우리 각자는 각자의 아뢰야식 속의 세계에서 1인 1우주로 살고 있기 때문이다.

---

24 출처 : 네이버뿜의 베스트뿜. 알*스님의 댓글.

03
출구는 없고
창문만 다섯 개인 전셋집에서 산다

우리 각자가 1인 1주택으로 평생 살고 있는 그 집 창문은 왜 굳이 다섯 개이고, 또 왜 하필 전셋집일까? 출구는 왜 없는 건가?

우선 집 구조를 보도록 한다.

집 정면에는 다섯 개의 창이 나있고, 창문 안쪽으로는 이중창이 통유리로 되어 있다. 통유리 안쪽으로는 전면 블라인드가 쳐져 있다. 실내 반대쪽 벽면에는 대형 거울이 붙어 있다. 이 집은 평생 전세이고 출구가 없어 평생 외부로는 나가지 못하며, 오로지 두 가지 기회로만 이 전셋집에서 나갈 수 있다. 즉 죽거나 깨닫거나, 둘 중 하나다.

다만 죽으면 이번 전세 보증금을 받아서 다른 집에 다시 전세로 들어가야 하고, 깨달으면 이 집도 저 집도 모두 한 주먹거리로 자취도 없이 부숴버릴 수 있다.

왜? 그게 환(幻)이었다는 걸, 거대한 꿈이었다는 걸 깨달은 것이니까. 전세 탈출은 곧 거대한 꿈에서 깨어나는 것이자 윤회의 괴로운 수레바퀴를 영원히 청산하는 해탈을 의미한다. 깨달은 자를 각자(覺者), 붓다라고 하는 이유는 깨어났기 때문이고, 우주의 거대한 꿈에서 깨어났기 때문이다. 오늘도 명상에 잠겨있는 모든 수행자들의 목표이겠지만, 우리는 보통 잠에서 깨기도 성가신데, 우주의 거대한 잠에서 깨어난다는 것이 그리 쉽진 않겠다.

고려말 선승인 나옹선사(1320-1376)의 가송(歌頌) 가운데 〈환암(幻菴)〉이라는 제목의 시가 있다. 나옹선사는 한국 고승(高僧) 가운데 사리가 가장 많이 나온 스님으로 다비 터를 파 보아도 사리가 계속 나왔다고 하는 기록이 있는[25] 대단한 선승이다. 〈환암〉이라는 시에 나오는 '여섯 창문'은 육근[26]을 말하며 마지막 행에 '잠차거'는 잠시 빌려 사는 집을 말한다.

---

25 종범스님 법문에서 인용.
26 안·이·비·설·신·의(眼耳鼻舌身意)의 여섯 가지 인지기관을 말한다. 전셋집 비유에서는 창문 다섯 개와 통 유리창까지를 말한다.

바로 이 전셋집을 말한다.

> 허공 속의 꽃과 같아 그 실체를 찾을 곳이 없는데
> 여섯 창문에 비쳐드는 바람과 달은 맑으면서 텅 비었네.
> 없는 속에 있는 듯하나 그것이 실체는 아니니 영롱한 네
> 벽을 잠시 빌어 사노라.

> 體若空花無處覓
> 六窓風月包淸虛
> 無中似有還非實
> 四壁玲瓏暫借居

– 나옹화상 〈환암(幻菴)〉

우리의 아파트 전셋집에서 다섯 개 창문부터 통유리, 블라인드, 거울의 의미는 무엇일까.

창문 다섯 개는 오감(五感)을 말한다. 앞에서 봤던 유식의 화산 그림에서 맨 꼭대기 전(前)5식이라고 하는 것이 바로 이것인데, 가장 전방에서 외부 세계와 접촉하는 창구이므로 앞 전(前)자를 썼다. 시각, 청각, 후각, 미각, 촉각의 오감은 우리가 세계를 받아들이는 창문과도 같다. 눈은 마음의 창이라고들 말하지만, 콧구멍도 귓구멍도 모두 마음의 창이다.

하지만 창밖으로 보이는 것들은 모두 실제로 존재하는 우

주가 아니다. 우리의 마음, 우리의 아뢰야식에 저장된 종자
가 보내주는 영상일 뿐이다. 마치 아뢰야식에 영사기가 있
어서 우리 오감을 스크린으로 삼아 쏜 영상과도 같은 가유
(假有)[27]이다. 〈매트릭스〉의 숟가락처럼 모두 우리 마음의 작
용이다. 오감은 우리가 생각했듯 정보가 들어오는 입구가
아니라, 사실은 그것이 출구인 것이다. 저장된 종자의 내용
들이 어느 시기에 인연과 맞물리면 오감을 붓으로 삼아 각
자의 세상을 그려내는 것이다. 『화엄경』 사구게 가운데 이런
것이 있다.

'마음은 마치 화가와 같아서 능히 세상사를 다 그려낸
다'[28]

오감이 느끼는 것은 모두 거울에 비친 듯한 가유(假有)라
는 것에 대해 나옹화상은 눈앞에 보이는 것, 귀에 들리는 것
이 모두 거울속 일이라는 것을 알라며 답답한 듯 외친다.

---

27 유식학에서 가유(假有)는 실제로 독립적이고 실체적으로 존재하지 않
지만 우리의 식(識) 활동을 통해 나타나는 허상들을 가리킨다. 모든
사물과 현상은 인식의 결과로 나타나며, 실체가 없는 상태에서 인식
에 의존하여 존재한다고 본다. 유식에 앞서서 형성된 용수의 공(空)사
상에서의 가유는 공성(空性)과 인연에 더 중점을 두기는 하나, 가유를
실체 없는 존재로 보는 것은 유식학과 동일하다.
28 『대방광불화엄경』 「야마천궁게찬품」. 心如工畵師 能畵諸世間

주인공아 주인공아

이목전에 보는것이 낱낱이도 거울이요

귀끝에서 듣는것이 낱낱이도 거울이니

못듣는가 주인공아 못보는가 주인공아

- 〈승원가(僧元歌)〉[29]

　나옹화상이 애타게 '주인공'을 부르고 있는데, 여기서 주인공이란, 우리가 앞에서 본 영화 주인공 키아누 리브스나 레오나르도 디카프리오를 말하는 것이 아니다. 이 '주인공'이란 감각적 파도에 흔들리지 않는 참된 본성을 말한다. 1980년 경봉스님이 통도사 극락암으로 친견을 온 조용필에게 "야야, 네가 꾀꼬리구나. 네 안에 있는 꾀꼬리의 참 주인을 찾아보거레이."라고 했을 때, 저 꾀꼬리가 바로 '주인공'이다. 조용필은 참 주인을 찾다찾다 못 찾았는지, 결국 '못 찾겠다 꾀꼬리'를 불렀다.

　'주인공'은 선불교 공안(公案)[30]에 자주 등장하는데, 화두

29　〈승원가〉는 이두문자로 쓰였고 전체 405구로 이루어져있다.

30　공안이란 선불교에서 스승이 선(禪)을 수행하는 제자가 깨우침을 얻도록 이끌기 위해 제시하는 화두를 말한다. 현재 전해지는 공안은 모두 1,700개인데, 1,700공안이 표현은 모두 달라도 궁극적인 답은 같다. 즉, 본래 마음, 자성을 보는 것이다.

모음집인 『무문관』[31]에도 보면 제12칙에 '암환주인(巖喚主人)'이라는 에피소드가 나온다. 서암언이라는 스님이 매일 자기에게 "주인공아!"라고 부르고는 자기가 자기에게 "네!"라고 대답했다는 내용이다. 여기서 주인공이란 자신의 본래 면목, 자성(自性)을 말한다. 앞의 〈승원가〉에서 나옹선사는 "네가 지금 눈과 귀로 들어오는 감각에 빠져 거울 속 영상을 보고 있구나. 본래 주인공아 어디 가있느냐."라며 안타까워하는 것이다.

본래의 나 자신인 주인공을 만나는 길은 우리가 감각과 인식의 족쇄를 풀고 쇼생크 탈출처럼 전셋집을 탈출해서 만년 세입자 신세를 면하고 '집 주인'이 되는 길을 말한다. 근데 그게 그리 쉽나. 로제와 부르노 마스의 노래 〈아파트〉를 고개 까딱거리며 따라 부를 때, 그런 감각의 향연을 우리는 쉽게 놓지 못한다. 전셋집에서 못 나가는 것이 아니라 우리는 그 감각이 너무 즐거워 안 나가는 것이다.

---

31 『무문관(無門關)』은 선종 5가의 하나인 임제종의 선승 혜개(慧開. 1183-1260)가 간행한 공안 모음집으로 총 48개의 에피소드로 이루어졌다. 『벽암록』,『종용록』과 함께 중요한 공안 모음집이다. '개에게도 불성이 있는가', '마른 똥 막대기' 등 우리에게 익숙한 화두들이 모두 여기 수록되어 있다.

창문 다섯 개가 오감이라면 그 안쪽의 통유리 이중창은 제6의식을 상징한다. 통 유리창은 감각을 통해 들어온 정보를 종합하여 해석하고 판단한다. 5감이 외부 세계와 맞닥뜨리는 최전방 부대라면 제6의식은 전투부대로서 우리의 모든 생각과 판단의 실전이 거기서 이루어지며, 저 뒤쪽 후방부대인 제7말나식이 보내는 아집(我執)과 법집(法執)[32]의 완강하고 집요한 통신 메시지에 늘 영향을 받고 있다. 제7말나식의 오염작용으로 인해 안·이·비·설·신·의(眼耳鼻舌身意), 이 여섯 가지의 식은 때로 육적(六賊)이라고도 불린다. '여섯 명의 도둑놈'이라는 뜻이고 번뇌를 상징한다. 가지산 석남사 강선당의 벽화에 보면 포대화상과 여섯 명의 동자가 놀고 있는 그림이 있고, 이런 글이 쓰여 있다.

포대화상 시육적

---

32 아집은 고정된 실체인 '나'가 있다는 집착이고, 법집은 객관적인 외부 현상세계가 실재한다는 집착이다.

장래의 미륵불 포대화상은

육근이 육적임을 보여주시네

눈귀코 혓바닥 몸과 뜻으로

오욕의 불길은 끊이질 않네

육근이 죄의 근본 깨달으소서

- 〈포대화상 시육적(布袋和尙 示六賊)〉

통유리 앞에 처있는 블라인드는 제7말나식을 의미한다. 블라인드는 들어오는 빛의 양과 각도를 조절하며, 빛을 한 방향으로 왜곡하여 특정 각도로만 보이게 제한할 수 있다. 의식적 필터 격인 이 블라인드는 앞 6식의 정보를 왜곡하여 자아 중심적으로 해석하는 제7말나식의 작용을 상징한다.

제7말나식의 또 한 가지 작용은 자아에 대한 집착인데, 이는 실내에 있는 대형 거울로 상징된다. 제7말나식의 거울은 블라인드로 1차적으로 왜곡된 이상을 지속적으로 비추면서, 실재하지 않는 자아를 고정된 실체로 착각하고 집착한다.

이렇게 창문과 통유리와 블라인드와 거울을 거치면서 우리 각자는 존재하지 않은 자아를 만들어내고 그것을 '나'라고 강하게 인식한다. 다음의 이 카니자 삼각형[33]의 메커니즘

---

33 카니자의 삼각형(Kanizsa triangle)은 이탈리아 심리학자 가에타노 카니자(Gaetano Kanizsa)가 제시한 착시 도형으로, 실제로는 존재하지 않는

과 실체가 없는 아(我)를 만들
어 집착하는 메커니즘이 놀랍
게도 동일하다.

카니자삼각형

이 그림에는 픽맨 3개와 V
자 세 개뿐이다. 그런데 삼각
형이 보인다. 있지도 않은 선
이 삼각형을 만들고, 심지어는
같은 종이 위인데도 그 삼각형
은 더욱 하얗고 또렷하다. 저 삼각형은 우리 뇌에만 존재하
지 실재하지 않는다. 또한 실재하지도 않는 주제에 원 바탕
보다 되레 더욱 희고 또렷하고 강력하다.

우리가 8식 전체의 작용으로 만들어내는 아상(我相)이 바
로 이런 것, 이런 메커니즘이다. 『금강경』에서 귀가 닳도록
나오는 아상, 인상, 중생상, 수자상이다. 카니자 삼각형에 실
재하는 삼각형은 없듯이, 우리에게도 실재하는 자아는 없다.
현타가 오고 뭔가 허탈하고 기분 나쁜 것은 어쩔 수 없다.

___

삼각형이 주변 도형 배열만으로 경계선이 있는 것처럼 지각되는 현
상을 말한다. 이는 게슈탈트 심리학에서 다루는 대표적 착시 사례로,
시각적 정보를 뇌가 능동적으로 보완·해석하여 일종의 가상 윤곽을
만들어 낸다는 점을 보여 준다. cf. Kanizsa, G. (1976). *Subjective contours*,
Scientific American, 234(4), 48 - 52.

현타가 와서 기분 나쁘고 있는 그 '나'가 없다고 하지 않는가. 모든 게 다 뇌의 장난질인 것이다.

다시 전셋집으로 돌아가 보자. 창문 다섯 개와 이중 통유리창과 블라인드, 그리고 거울을 가지고 있는 이 집 전체는 제8아뢰야식을 상징한다. 아뢰야식은 전기, 수도, 보일러, 가스, 에어컨 등을 모두 장악하고 집 전체를 관리한다. 그런데 왜 출구 없는 전세인건가.

출구가 없는 이유는 우리가 이런 진실을 깨닫지 못하는 한, 다시 말해서 〈매트릭스〉의 파란 알약을 먹고 멍 때리는 한, 거기에서 나갈 방도가 없기 때문이다. 실재하지도 않으면서 찰싹 살갑게 달라붙기는 또 왜 그리 달라붙는 건지 모르겠는 가아(假我)에 갇혀서 번뇌만 자꾸 두터워지고 업장만 쌓이니 속수무책이다. 죽으면 끝날까 싶지만, 그 상태로 윤회의 고리 안에 갇혀서 끝없이 태어나고 죽고 태어나고 죽고를 반복할 뿐이다. "개똥밭에 굴러도 이승이 좋다"는 말은 우주적 루저의 자기 위안일 뿐이다.

전셋집인 이유는 현생은 마치 전세처럼 영구적으로 소유하는 것이 아니라 한정된 시간만을 거주하는 일시적 머묾, 무상성(無常性)의 끊임없는 흐름 속의 일순간이기 때문이다. 무상하다는 것을 허무하다는 것으로 잘못 알고 있는 사람들이 많은데, 무상(無常)이란 모든 것은 일시적이고 찰나찰나 생멸하므로 영원히 존재하는 것은 없다는 의미이다. '인생 무상'은 인생의 덧없고 허무함에 대한 염세적·감상적 토로가 아니라, 실은 우리 삶의 양태를 보여주는 객관적이고 중립적인 용어일 뿐인 것이다. 석가모니가 이렇게 말한다.

> 브라만이여, 모든 것을 휩쓸며 거침없이 계곡을 흐르는 강물과 같다. 강물은 어느 한 순간도 쉬지 않는다. 끊임없이 흘러갈 뿐이다. 인간의 삶도 이와 같다.
>
> – 『앙굿따라 니까야』 1

전세 계약이 끝나면, 즉 현생의 삶이 마무리 되면, 아뢰야식에 저장된 종자들은 다음 생으로 넘어가면서 새로운 전세 계약이 시작된다. 이러한 과정이 끊임없는 윤회의 흐름 속에서 반복되면서 우리는 육도(六道) 여기저기에서 전셋집 둥지를 튼다. 지옥, 아귀, 축생 3악도에는 그 전셋집 형편이 처참하기 이를 데 없을 것이다.

윤회를 의미하는 산스크리트어의 삼사라(saṃsāra) 자체가 '빙빙 돈다'는 뜻이고, 한자 '윤회'에서 윤(輪)은 바퀴 윤, 회(廻)는 빙빙 돌 회이다. 티벳에 바바차크라(Bhavachakra)라는

바바차크라

벽화나 탕카가 있는데, 바로 이 윤회의 수레바퀴를 형상화한 그림이다. '삼사라의 바퀴'라고도 불리는 수레바퀴 중심에는 수탉, 뱀, 돼지가 탐·진·치 삼독을 상징하고 있고, 그 바깥쪽 바퀴는 카르마, 또 그다음 바깥쪽 바퀴는 육도 윤회를 나타내고 있다. 육도 윤회의 기본 동력이 바로 탐·진·치 삼독임을 알 수 있다. 수레바퀴를 잡고 있는 무서운 귀신이 보이는데, 머리에 해골을 다섯 개 두르고 있다. 이 귀신은 죽음의 신 야마를 나타내기도 하고 무상(無常)을 나타내기도 한다. 윤회도 무상하고 일시적인 것이라는 메시지이기도 하다. 탱화 가장 위쪽에는 새하얀 달이 두둥실 떠있고 그 달을 석가모니가 손가락으로 가리키고 있다. 달은 존재의 해방이며, 석가모니는 윤회로부터의 해탈이 가능하다는 것을 중생들에게 가르쳐주고 있는 것이다.

출구도 없는 이 서글픈 전셋집 창밖에선 나만의 태양이,

달이, 뭇별이 뜨고 진다. 그 우주는 내 마음이 만들어낸 우주이다. 『담배가게 성자』로 유명한 니사르가닷따 마하라지도 이렇게 말했다.

세상 안에 당신이 있는 것이 아니다.
세상이 당신 안에 있다.
그것은 오로지 의식의 결과일 뿐이다.[34]

전셋집 창가에 처량하게 앉아 강을 내려다본다. 석양빛에 물비늘이 반짝인다.
그래서 우리더러 어떻게 하라는 건가….

---

[34] 니사르가닷따 마하라지, 『I Am That』. 20세기 인도의 성자 니사르가닷따 마하라지(1897-1981)의 가르침을 제자인 모리스 프리드만이 기록하고 영역하여 출간한 책이다.

04
일체유심조 vs 거북이 빙고

❧

그래서 우리더러 어떻게 하라는 건가….

카니자 삼각형을 만들어낸 그 마음을 찾는 수밖에 없다. 그런데 어디에 있는지를 모르는데 어떻게 찾겠는가. 일단 그걸 찾아내야 번뇌도 끝내고 카르마도 끝내고 전세방 전전하는 신세도 끝낼 수 있다. 하지만 석가모니가 먼저 해보고는 "이거다!" 하고 바바차크라 위에 뜬 둥근 흰 달을 분명히 가리키고 있건만, 우리는 2500년째 결가부좌 하고 있어도 상기(上氣)만 되고 다리만 저리다. 오죽했으면 달마대사가 "심심심난가심(心心心難可尋)"[35]이라며 탄식했을까.

왜 마음을 찾는 것이 힘든가?

---

[35] "마음 마음 하는 그 마음 찾기가 어렵도다." 보리달마, 『혈맥론』

"눈은 스스로를 보지 못하고, 손가락은 스스로를 가리키지 못하며, 칼은 스스로를 베지 못하듯이"[36] 마음은 대상을 인식하는 역할을 하는 그 자신이므로 자신을 대상화할 수 없기 때문이다. 대상화되면 그건 이미 마음 그 자체가 아닌 것이다.

이것을 서양 논리학이나 철학적 개념으로 보면, 자기 참조적 한계와 유사하며 러셀의 역설이나 괴델의 불완전성 정리와도 맥이 닿아있다.[37] 이 개념들은 모두 자기 자신을 포함한 체계를 설명하려 하면 모순에 직면하는 것을 보여준다. 즉, 마음이 스스로를 인식하려는 순간 본래의 마음에서

---

36 『해심밀경』
37 〈러셀의 역설〉은 '자기 자신을 원소로 갖지 않는 모든 집합'을 하나의 집합으로 묶으면, 그 집합이 자기 자신을 포함하는지 여부에서 모순이 발생한다는 점을 보여준다. 이로써 단순한 집합론 체계가 자기 자신을 완전하게 포함해 설명하기 어렵다는 사실이 드러났다. 〈괴델의 불완전성 정리〉 역시 "충분히 복잡한 공리적 체계는 스스로의 참·거짓을 완전히 증명할 수 없다."고 주장한다. 즉, 그 체계가 무모순적이라면 반드시 증명 불가능한 명제가 존재하고, 동시에 자기 자신이 무모순임을 체계 내부에서 증명할 수도 없다는 것이다. 이 두 사례는 모두 자기참조적 한계를 보여 주며, '어떤 체계가 자신을 온전히 증명하거나 완벽히 해명할 수 없다'는 원리를 함축한다. 이는 '마음이 자기 자신을 온전히 인식하기 어렵다'는 설명과도 유사성을 지닌다. 예컨대 '눈이 자기 자신을 직접 볼 수 없다'는 비유처럼, 자기 자신을 '대상화'하기에는 구조적 제약이 따른다는 것이다.

벗어나는 것처럼, 어떤 체계도 스스로를 완전히 증명하거나 설명할 수 없다는 점에서 유사한 논리이다.

팔만대장경 전체를 쥐어짜면 마음 심(心) 한 글자로 압축된다고 할 정도로 마음 심(心)은 불교의 가장 중심 코어인지라, 우리나라 스님들도 '삼성반월(三星半月)'이 뜨는 날을 유독 마음에 뒀다. 연초에 딱 하루, 그믐달을 중심으로 왼편에 별 하나, 오른편에 별 두 개가 크게 빛나는 날이 있다. 바로 달과 별 세 개가 모여 마음 심(心) 자를 이루는 밤이다. 이 형상을 '삼성반월(三星半月)'이라고 부르는데, 양산 통도사에 가보면 삼성하반월교라는 다리도 있다. 하반월(下半月)은 그믐달을 말한다. 이 다리의 표지석은 유명한 선사이던 경봉스님이 직접 친필로 썼다. 깊은 산사 추운 밤하늘에 명징하게 빛나는 심(心)자를 바라보면서, 옛적부터 많은 스님들이 많은 생각을 했을 듯싶다. 참선에 진전이 왜 없을까, 화두 타파가 왜 안 될까, 언젠가 되기는 하는 걸까. 그러면서 설핏 속세에 두고 온 아픈 인연들도 생각했다가도 이내 접었겠다.

서기 600년 대, 신라의 밤에도 삼성반월이 떴을 것이고, 하늘에 그려진 그 마음 심(心)자를 원효스님과 의상스님도 보았을 것이다. 이 두 고승(高僧)은 당나라 현장(玄奘)이 인도에서 19년을 머물다가 645년에 중국으로 귀국하여 한창 불경 번역에 몰두하던 시기에, 현장의 문하로 둘이 함께 들어가 공부할 계획을 세웠다. 현장은 당시 중국 유식 법상종을 창시했고, 원효는 훗날 우리나라 유식의 최고의 논사[38]가 되는 중요한 타이밍에 우리가 와 있으니, 현장과 원효의 연결고리를 조금만 더 상세히 보도록 한다.

원효 진영

경·율·본(經律論) 삼장에 모두 능통하여 삼장법사라고도 불리는 현장(玄奘 602-664)은 『서유기』에 등장하는 바로 그 삼장법사이다. 중국 4대 기서(奇書)의 하나인 『서유기』는 삼장법사가 손오공과 저팔계, 사오정을 이끌고 천축국(인도)에 가서 불경을 구해오는 천신만고의 여정을 그리고 있다. 방영된 지 30년이 넘은 지금에도 신나게 따라 부를 수 있는

---

38 물론 신라의 유식학자로 원측(圓測. 613-696)도 있으나, 원측은 15세 (627)에 당나라로 유학을 떠나 그곳에서 평생을 살면서 유식 법상종의 맥을 이었고 당나라에서 입적했다. 유식 논서로 『해심밀경소』 등이 있다.

'치키치키 차카차카 초코초코 초'로 기억에 생생한 〈날아라 슈퍼보드〉[39]에도 삼장법사가 긴 얼굴의 순둥이 스님으로 묘사되어 나온다. 현장법사는 영화나 애니메이션으로 만들어진 이미지로 인해서 어느 정도 위신이 깎인 부분이 있는데, 실제로는 역사상 손꼽히는 대단한 고승(高僧)이자 대(大) 역경가로 현재 우리가 보고 있는 거의 대부분의 주요 불경들은 현장이 인도에서 가져와 번역한 것이다. 현장이 번역한 불경은 총 1,338권에 달한다. 그런데 애초에 현장이 인도로 가서 공부할 결심을 한 이유는 유식학에 대한 갈망이었다. 유식학을 완벽히 깨치겠다는 서원이 현장의 구법(求法)의 원동력이었던 것이다.

현장은 627년(또는 629년)부터 645년까지 인도에 머물었는데, 초반 5년은 역사상 최대의 승가대학이던 나란다 대학에서 공부했다. 나란다 대학은 대승불교 초기에 공(空)사상을 펼쳤던 용수 나가르주나가 공부한 곳이기도 하다. 현장은 나란다 대학의 학장이자 당대 대학자였던 계현법사(인도 이름: 시라바드라)의 문하에서[40] 유식을 공부했는데, 현장 전기

---

39 허영만 작가 원작의 애니메이션.
40 『중국상하오천년사』, 네이버지식백과

(傳記)에 보면 이 두 승려가 만나는 장면이 인상적이다.

현장이 나란다 사원에 도착하여 무릎으로 기어가 계현 법사에게 예를 갖추고 삼배를 올리자, 당시 106세의 계현 법사가 물었다.

"어디서 왔는가?"

"저는 현장이라 하옵고 당나라에서 왔습니다. 스승님께 『유가사지론』[41]을 배우고 싶어 사막을 건너고 물을 건너 3년 걸려 여기까지 왔습니다."

계현 법사는 현장의 말을 듣고 눈물을 흘렸다.

"내가 3년 전에 풍병의 병세가 심해지고 고통이 커져 그만 육신을 떠나려고 했다. 그날 밤 꿈에 미륵, 관음, 문수 세 분의 보살이 나타나 '지금 중국에서 『유가사지론』을 배우고자 한 비구가 출발했다. 법사는 때를 기다려 그에게 불법의 요체를 전수해야 할 것이다'라고 말했다."

서로 날을 맞춰보니 계현 법사가 꿈을 꾼 날이 현장 법사가 출발한 날이었다. 계현 법사는 유식철학의 정통 직계로, 세친의 제자인 호법의 제자이다. 계현 법사는 현장을 위하여 15개월에 걸쳐 『유가사지론』을 세 번 강설해 주었다.[42]

---

41 『유가론』이라고도 하는데, 유식학의 근본 논서로 미륵의 저서이다.
42 현장법사의 나란다 대학 이야기는 당나라 혜립과 언종이 688년에 저술한 『대당대자은사 삼장법사전』 제3권 (동국역경원 『한글대장경』)에 자

당시에 1만여 명의 학승들이 나란다 대학에서 공부하고 있었는데, 현장은 대승·소승 경전을 모두 섭렵하면서 외국인 유학생임에도 불구하고 베스트 10에 들어, 1만 명의 학승 중 "경론 50부를 해득할 수 있는 스님이 자신을 포함해서 열 명 뿐"이라는 기록이 남아 있다. 산스크리트어에도 완전 통달하여 인도 논사들과 자유자재로 논쟁을 할 수 있는 수준이 되었다. 이것이 귀국 후 1,338권의 산스크리트어 경전을 가장 적절한 한문 용어와 신조어로 번역할 수 있었던 힘이 되었을 것이다.

중국으로 19년 만에 돌아온 현장은 아뢰야식을 중추로 하는 유식의 종파인 법상종의 개조가 된다. 현장이 인도에서 세친 직계로부터 직접 유식을 배워온 고승대덕이라는 소문이 동아시아 전체에 퍼지자, 현장에게 신(新) 유식을 배우기 위해 중국 유학을 떠나려

돈황벽화에 그려진 현장. 인도에서 불경을 싣고 중국으로 귀국하는 모습을 그리고 있다.

세히 기술되어있다.

던 신라의 두 스님이 있었으니, 바로 원효 대사와 의상대사였다. 두 스님은 동문수학 한 사형사제(師兄師弟) 사이였다.

원효 34세, 의상 26세가 되던 650년에 두 스님은 함께 유학길에 올랐으나 요동에 서 첩자로 몰려 실패하고 말았고, 원효가 45세가 되던 661년 재차 유학길에 오르기 위해 당항성으로 가던 길에 그 유명한 해 골물 사건이 일어난다.

도쿄국립박물관 소장 현장 부급도(13세기)

당항성(현재 경기도 화성)은 중국 산둥반 도 동저우 항과 최단 거리 위치해 있었기 때문에 한반도에서 중국으로 건너가기 위한 최적의 관문이었다. 원효와 의상은 당항성으로 가던 길에 폭우를 피해 당항성 인근의 바위굴로 들어가 그곳에서 밤을 보내게 된다. 원효대사는 한밤중에 깨 어 목이 말라 캄캄한 동굴 속에서 더듬더듬 물을 찾았다. "옳 다구나!" 물이 담긴 튼실한 바가지가 손에 잡히자 바가지를 부여잡고 단숨에 물을 들이켰다. "카, 이거 꿀물이네, 꿀물!" 물이 밤양갱처럼 달디 달다. 그리고는 이내 잠에 빠졌다.

날이 밝아 깨어난 원효는 간밤에 마셨던 바가지의 달디 단 물이 해골에 고인 물이라는 것을 알게 된다.[43]

여기서 대오각성한 원효는 환희심에 충만해 오도송을 터뜨린다.

마음을 내면 가지가지 법이 일어나고
마음을 거두면 무덤 해골물도 다르지 않으니
삼계는 오로지 마음이요 만법은 오로지 식(識)이라
마음 바깥으로는 아무 것도 없는데 무엇을 따로 구하랴.
나는 당나라에 들어가지 않겠다. [44]

심생즉종종법생   心生卽種種法生
심멸즉감분불이   心滅卽龕墳不二
삼계유심만법유식   三界唯心萬法唯識
심외무법호용별구   心外無法胡用別求
아불입당   我不入唐

---

43 실제 기록이나 전기의 자료 간에는 동굴 속에서 일어난 일에 대한 설명이 제각각이다. 의상과 함께 마셨다는 기록도 있고, 해골물을 마셨다는 기록도 있고, 시체즙을 마셨다는 기록도 있고, 밤새 동굴 무덤 속 귀신들에게 시달렸다는 기록도 있다. 송나라 찬녕 스님이 지은 『송고승전』 권4 「당신라국의상전」 기록에서는 해골물을 마신 것이 아니라, 해골이 뒹구는 무덤 속에서 자면서 꿈속에서 귀신에게 시달렸다고 한다. 해골물은 11세기 이후 편집된 것이라는 설도 있다. 그러나 중요한 것은 해골물인지 시체즙인지 귀신인지 같은 지엽적인 것이 아니라, 원효의 깨달음이겠다.
44 贊寧, 『唐新羅國義湘傳』, 「宋高僧傳」 권4(북경: 중화서국, 1987), p.75

달디 단 해골물이 아니라 달디 단 유식의 골수를 마신 원효는 그 자리에서 당나라 유학을 포기한다.[45] 갈 필요가 없어진 것이다.

원효가 깨달은 것은 한마디로 모든 것은 마음이 만든다는 것, 즉 '일체유심조'이다. 『화엄경』 제20품 「야마천궁게찬품」에 유명한 『화엄경』 사구게[46]가 나오는데, "마땅히 법계의 성품을 관찰해야하니, 모든 것은 오직 마음이 만든 것이다(응관법계성 일체유심조 應觀法界性 一切唯心造)" 바로 여기에서 일체유심조가 나왔다.

앞에서 스킨향 남편이 외도를 의심하는 아내에게 "이 사람아, 일체유심조라잖아."라고 말한 대사를 기억할 것이다. 우리는 흔히 일체유심조를 '모든 게 마음먹기 달렸어' '모든 건 생각하기 나름이야'라는 의미로 쓴다. 심지어 '위키백과'에까지 '삶은 자신의 주관에 달려있고 해석하기 나름이라는 말이다'라고 정의를 내리면서 플라시보 효과와 일맥상통

---

45 의상대사는 그대로 당나라로 가서 유식이 아니라 화엄을 공부하였고, 발군의 신심과 능력으로 중국 화엄종 3대 조사, 우리나라 화엄종의 시조가 된다.
46 『화엄경』 사구게 전체는 이렇다. "만약 삼세의 일체 부처님을 알고자 한다면, 마땅히 법계의 성품을 관찰해야하니, 모든 것은 오직 마음이 만든 것이다(若人欲了知 三世一切佛 應觀法界性 一切唯心造)."

하는 개념이라고 부연 설명을 하고 있다.[47] 물론 '위키백과'
는 학문적으로 검증된 백과가 아니라 참여자가 자유롭게 쓰
는 글이라서 때로는 오류나 왜곡이나 과장도 있다. 하지만
일체유심조 이 항목의 설명은 오류라서 놀랍기보다는 일반
적으로 사람들이 이런 개념으로 파악하고 있다는 것을 엿볼
수 있어 놀랍다. 일체유심조는 긍정적 마음가짐도 아니고,
주관 따라 해석하기 나름이라는 의미도 아니다.

가수 거북이가 부른 〈빙고〉라는 노래가 있다. 가사 중에
이런 부분이 있다.

> 모든 게 마음먹기 달렸어 어떤 게 행복한 삶인가요
> 사는 게 힘이 들다 하지만 쉽게만 살아가면 재미없어 빙고
> (…) 이 내 삶이 끝날 그 마지막 순간에
> 나 웃어보리라 나 바라는대로

'모든 게 마음먹기 달렸어'와 '모든 것은 마음이 만든다'는
서로 방향이 반대이다. '모든게 마음 먹기 달렸어'는 내게 나
타난 현상은 고정적이지만 그것을 긍정적으로 보려는 마음

---

47 위키백과 한국어, '일체유심조'

가짐의 변화이고, 일체유심조는 통째로 거꾸로의 구조로, 현상은 고정된 실체가 있어서 내게 보여진 것이 아니라, 마음이 만들어낸 결과라는 의미이다. 이렇게 먼저 마음이 발(發)하고 나서 대상을 취하는 것을 '발식취경(發識取境)'이라고 한다.

바로 이런 구조적 차이를 설명하는 것이 6조 혜능(638-713)의 깃발과 바람 일화로, 풍번문답(風幡問答)이라고도 한다. 선종의 5조 홍인대사에게 의발을 전수 받았으나 다른 제자들의 격노로 혜능은 도망쳐 나와 광저우에 있는 법성사(현재는 광효사)로 재출가하여 행자로 들어갔다. 주지 스님의 『열반경』 강의가 있던 어느 날, 두 스님이 찰간에 달린 깃발이 바람에 휘날리는 것을 보면서 말씨름을 하고 있었다.

"저것은 바람이 움직이는 것일세."

"아니네. 저건 깃발이 움직이는 것일세."

"아니네."

"어허, 거 참, 아니라니까."

이를 듣고 있던 혜능이 말했다.

"움직이는 것은 깃발도 아니고 바람도 아닙니다. 스님들의 마음이 움직이는 것입니다."

〈매트릭스〉의 숟가락이 다시 생각난다. 스님들은 현상만을 보는 것인데, 혜능은 그것이 마음의 투사임을, 현상은 마음이 만든 것임을 얘기하는 것이다. 이 일화는 공안 모음집인 『무문관』 제29칙 비풍비번(非風非幡)에서도 다루고 있다. 비풍비번이란 바람도 아니고 깃발도 아니라는 뜻이다.

일체유심조를 '모든 게 마음먹기 달렸어'로 잘못 이해하는 것은 바람과 깃발의 흔들림만 보는 것과 같다. 마음은 먹어지는 것이 아니라, '오직 각자의 마음에서 스스로 일어난 것'일 따름이다.[48]

가수 송소희의 '밀양 아리랑[雪花]'을 듣는다. 연두색 저고리, 말간 손가락, 허공을 바라볼 때 안으로 모이는 눈동자의 묘한 매력.

정든 님, 정들은 것
가득 놓아
기꺼이 아득히 걸어가네
무심한 나의 님아
어둔 밤 사이로 기꺼이 아련히 와주면 안 되겠소

---

48 『능가경』, '唯自心所現'

아리아리랑 쓰리쓰리랑 아리랑 고개로 날 넘겨주소

날 좀 보소 날 좀 보소

동지섣달 꽃 본 듯이 날 좀 보소.

감각이 불꽃놀이처럼 터진다. 송소희가 음을 꺾을 때, 온 오감이 꺾이고 감각은 육조 혜능의 깃발과 바람이 되어 흔들린다. 민요에 가슴 저리게 반응하는 고래(古來)의 DNA도 출렁인다. 추억이 와서 합친다. 이 모든 향연이 우리 마음이 만든 꿈이라니.

세월아 청춘아 오고가지 마라

가여운 내 곁을 오고가지 마라

아리랑 고개로 날 넘겨주소.

– 〈밀양 아리랑(雪花)〉[49]

---

49 2019년에 발표된 송소희의 〈밀양 아리랑[雪花]〉은 〈실미도〉, 〈올드보이〉에서 음악을 담당했던 영화음악 감독 이지수 작곡가의 편곡이다. 대표적인 경기민요 〈밀양 아리랑〉 중간에 위에 인용한 가사가 들어 있다.

05

"성냥팔이 소녀의 재림에 접속하시겠습니까?":
꿈, 아바타, MMORPG 게임, 그리고
허공 꽃[空花]

사랑하는 누군가가 죽어서 가슴을 치며 엉엉 울다가 깨어보니 꿈이었다, 얼마나 생생하고 가슴 아픈 슬픔이었는지 베개가 눈물에 젖어있다. 모르는 어떤 사람과 삿대질을 해가며 격렬하게 싸우다가 내 고함 소리에 깨어보니 꿈이었다. 얼마나 진짜 화가 났던지 깨어서도 가슴이 쿵쾅거리고 손바닥은 땀으로 축축하다.

꿈은 깨어나야 그게 꿈이었던 것을 안다. 꿈속에서는 그 자아감과 감정과 주변 세팅 자체가 완벽히 현실적이어서 이게 꿈이란건 '꿈에도 모른다'. 하지만 깨어나 보면 그야말로 비현실적인 한바탕 꿈이었을 뿐이다.

그런데 우리 인생도 바로 그렇다. 깨어있는 지금도 이게 사실 꿈속이다. 늙은 선사(禪師)가 죽음을 앞두고 뼈저리게 말한다.

꿈, 환(幻), 허공 꽃 같은 육칠십 년의 세월
흰 새는 날아가고 물안개 걷히니
가을 물이 하늘에 닿아있네.

夢幻空花 六七十年 白鳥煙沒 秋水連天
– 〈굉지정각 선사의 열반송〉[50]

프랙탈. 우리의 밤꿈과 인생 일장춘몽(一場春夢)은 자기 유사성이 있는 완벽한 프랙탈로, 그 본질과 구조가 판박이다. 우리가 밤에 꾸는 꿈은 몽중몽(夢中夢)인 것이다. 우리가 느끼는 현상은 모두 우리들 업의 데이터가 인연과 만나 만들어낸 가유(假有)이다. 〈매트릭스〉 안의 세계가 전기적 신호로만 이루어진 완전한 시뮬레이션인 것과 동일하다.

이 모든 것은 인지적 시뮬레이션의 세계로, 플라톤도 '동

---

50 중국 송나라 굉지정각(宏智正覺 1091~1157) 선사는 조동종(曹洞宗)을 중흥시켰고 묵조선의 창시자이다. 간화선을 주장한 대혜 종고와의 논쟁으로도 유명하다.

굴의 비유'를 통해서 현상세계는 가상에 불과하다는 것을 우화를 빌어 설명했다. 동굴 안에 죄수들이 갇혀있다. 이들은 어릴 적부터 오직 맞은 편 동굴 벽에 있는 그림자만 볼 수 있도록 평생 온몸과 목이 묶여 있다. 죄수들 뒤편 장벽 위에서 사람들이 모닥불을 피워놓고 그림자 놀이를 한다. 사람, 동물, 나무, 산이 동굴 벽에 그림자로 비치고, 죄수들은 자신들이 보고 있는 그림자들이 이 세상이라고 믿는다. 그림자를 실체라고 믿는 것이다. 그러나 실은 모두 이데아의 그림자일 뿐이다.

구운몽 8폭 병풍도

서포 김만중의 『구운몽 (九雲夢)』은 인생이 한바탕의 꿈임을 파란만장한 스토리로 보여준다. 『금강경』의 소설 버전이라고 해도 좋을 정도로 공사상, 색즉시공 공즉시색의 서사화이다. 『구운몽』 마지막 부분에서 육관대사는 『금강경』의 다음 사구게를 주인공 성진에게 들려주면서 팔선녀와 더불어 깨달음을 얻도록 한다.

> 일체 현상은
> 꿈과 같고 환상과 같고 물거품과 같으며 그림자 같으며
> 이슬과 같고 번개와 같으니
> 응당 이와 같이 관할지니라.[51]

구운몽이란 아홉 구름, 즉 성진과 팔선녀 아홉 명이 꾼 꿈이라는 의미이다. 인간 자체가 무상한 구름이고 그 구름들의 움직임과 엮임 자체가 무상한 꿈이다. 성진은 꿈속에서 양소유라는 이름으로 여덟 명의 여인과 더불어 부귀영화를 누리다가 한바탕 꿈에서 문득 깨어난다. 암자에 앉아 있은 지 불과 몇 시간 되지 않는 사이에 꾼 꿈이었다. 그 사이 향로의 불은 꺼지고 창에는 달이 비추고 있는데, 머리를 만져 보니 갓 깎은 머리털이 까실하다.

꿈에서 깨어난 성진이 육관대사에게 이렇게 말한다. "제자 불초하여 인간 세상에서 윤회할 것이어늘 사부께서 자비하사 하룻밤 꿈으로 깨닫게 하셨습니다." 그러자 육관대사

---

51 『금강경』 제32 「응화비진분」, "一切有爲法 如夢幻泡影 如露亦如電 應作如是觀(일체유위법 여몽환포영 여로역노전 응작여시관)"

는 이렇게 말한다. "나비가 꿈에 장주가 된 것인가, 장주가 꿈에 나비가 된 것인가는 끝내 구별할 수가 없다. 어떤 일이 꿈이고 어떤 일이 진짜인 줄 누가 알겠는가. 성진과 양소유 중에 누가 꿈이며 누가 꿈이 아니냐."

육관대사의 이 말은 재미있게도 〈매트릭스〉에서 모피어스가 네오에게 한 말에 그대로 오버랩된다. "네오, 너무나 현실 같은 꿈을 꾸어본 적이 있나? 만약 그 꿈에서 깨어나지 못한다면? 그럴 경우 꿈속의 세계와 현실의 세계를 어떻게 구분하겠나." 프로그램 속이냐 꿈이냐의 차이이지, 네오와 성진이 겪은 것은 똑같다. 틀림없이 현실이라고 생각했던 것들이 실은 공(空)이고 가(假)라는 것이다.

특유의 서정이 넘치는 아름답고도 날이 퍼렇게 선 선시(禪詩)로 유명한 송나라 야부도천(冶父道川)도 『금강경』 해설서에서 이러한 꿈같은 현실에 대해서 이렇게 말한다.

물에 비친 달을 건져올림이요, 거울 속의 머리를 찾음이로다.
물에 빠진 칼을 찾아 뱃전에 표시함이요, 소를 타고 소를 찾음이로다.
허공 꽃과 아지랑이요, 꿈과 환과 뜬 물거품이로다.

붓으로 줄 긋기요, 쉬고자 하면 곧장 쉬도다.

- 『금강경오가해』[52]

마지막 행에 '붓으로 줄긋기'라는 것은, 옛날에는 원고를
정리할 때 삭제할 부분이 있으면 그 문장 밑에 붓으로 밑줄
을 그어 삭제 표시했던 것을 말한다. 즉 현상계라는 이 꿈은
결국에 가면 우리가 줄을 죽
긋고 삭제해야할 유위법(有爲
法)[53]이라는 뜻이다.

더욱 흥미로운 것은 위의 육
관대사처럼 『금강경』과 호접
지몽을 묶어서 게임 속 가상세
계와 합쳐놓은 장선우 감독의
영화 〈성냥팔이 소녀의 재림〉
(2002)이다. 비록 흥행에는 참

영화 〈성냥팔이 소녀의 재림〉

---

52 이 문장은 위의 『금강경』 사구게에 대한 야부선사의 해설로, 『금강경
오가해』에 들어있다. 원문은 다음과 같다. '水中捉月 鏡裏尋頭 刻舟
求劍 騎牛覓牛 空華陽 夢幻浮 一筆句下 要休便休'.
53 모든 법은 유위법과 무위법으로 나눌 수 있다. 유위법은 인연으로 조
작되어 생멸하는 모든 현상계를 말한다. 무위법은 생멸변화를 떠난
절대적이고 항상 존재하는 진리의 세계를 말한다.

패했지만, 감독의 세계관은 굉장히 독보적이고 신박했다.[54]

　주인공 주는 중국집 배달부이다. 주는 어느 날 밤거리에서 성냥팔이 소녀를 만나 라이터 하나를 사고, 무심코 라이터에 적힌 전화번호를 보고 전화를 한번 걸어본다. 그러자 들려오는 목소리. "성냥팔이 소녀의 재림에 접속하시겠습니까?" 주는 가상현실 게임에 접속한다. 클라이맥스 씬에서 게임 화면에는 '若見諸相非相 則見如來'[55]라는 『금강경』 구절이 나오고 장자 호접지몽의 노란 나비도 여러 장면에서 등장한다. 맨 마지막에 주가 나비를 총으로 쏘면서 시스템이 붕괴되고 게임은 끝이 난다.

　이 〈성냥팔이 소녀의 재림〉이 신박하고 독보적이라고 말한 이유는 우리의 인생을 꿈, 환(幻), 물거품, 그림자로 표현한 『금강경』의 공관(空觀)을 가상현실을 통해 시청각적으로

---

54 문학산 영화평론가. '21.성냥팔이 소녀의 재림', 문학산의 시네마 다르마, 법보신문, 2019.11.26. 〈10여 년 전 조계사에서 불교영화 관련 학술대회가 열렸는데 그 자리에 장선우 감독이 토론자로 참석해, 청중의 절반 이상이 스님으로 채워진 자리에서 불교에 대한 자신의 입장을 드러냈다. 그리고 발언의 말미에 "내 영화 '성냥팔이 소년의 재림'은 『금강경』을 풀어낸 것"이라고 실토했다.〉

55 若見諸相非相 則見如來(약견제상비상 즉견여래)는 『금강경』 제5 「여리실견분」에 나오는 구절로 '만약 모든 상(相)이 상이 아님을 보면 곧 여래를 보리라'라는 뜻이다.

구현했기 때문이다. 선사들의 가르침이 가상현실의 힘을 빌려 현대판 '불립문자 교외별전(不立文字 敎外別傳)'[56]으로 탈바꿈 한 듯하다.

자기의 캐릭터나 아바타가 있는 롤플레잉 게임(RPG)이 보여주는 가상현실의 세계는 용수의 공사상이 정립된 2세기 사람들로서는 도저히 상상조차 할 수 없던 세계이지만, 첨단 과학 속에서 살아가고 있는 현대인에게는 이것이 공(空)의 논리를 직관적이고 체험적으로 생생하게 이해할 수 있는 최고의 도구가 되었다.

〈성냥팔이 소녀의 재림〉만 그런 것이 아니다. 사이버 스페이스 일체가 아바타나 캐릭터와 더불어 바로 꿈-인생의 구조와 똑같다. 밤 꿈에서나 인생 꿈에서나 우리는 어차피 '아바타'이다. 겪고 있는 것들이 진짜 현실인줄 알고 열일하며 죽어라고 아이템을 모으는 아바타이고 캐릭터이다. 원래 아바타(Avatar)란 산스크리트어이고 지상에 내려온 신의 화신(化身)을 의미한다.

〈메이플 스토리〉를 보면 전사, 마법사, 궁수 등의 아바타

---

56 '불립문자·교외별전(不立文字 敎外別傳)'이란 경전이나 문자 이외의 방법으로 별도로 전해주는 진리라는 의미로 선(禪)의 특성을 가리킨다.

들이 다양한 외모에 다양한 레벨, 장비, 능력치를 가지고 가상현실 속에서 움직인다. 우리가 바로 그러고 산다.

특히 이런 〈메이플 스토리〉 같은 MMORPG 게임은 수많은 캐릭터들이 함께 움직이는 사이버 스페이스이기에 우리가 살아가는 현상세계와 더욱 닮아있다. 원래 사이버 스페이스라는 이 용어는 미국 SF 작가인 윌리엄 깁슨이 1984년에 출간한 소설 『뉴로맨서』에서 처음 등장했다. 윌리엄 깁슨은 사이버 스페이스에 대해 "수십억의 사용자들이 매일 경험하며 **공유하는 환각**. 인간의 정신이라는 허구의 공간에 펼쳐진 빛나는 선들과 별자리처럼 빛나는 데이터의 클러스터들"이라고 정의했다.[57] '공유하는 환각'이라는 이 표현은 인생이라는 꿈속에서 우리 모두가 함께 짓는 공업(共業)을 표현한 맞춤 번역만 같다.

놀랍게도 바로 똑같은 구조가 『구운몽』에도 있다. 『구운몽』에서 성진이 꾼 꿈은 혼자만 꾼 것이 아니었다. 성진과 함께 꿈속으로 들어간 각기 두 명의 아내와 여섯 명의 첩이 된 팔선녀도 모두 같은 꿈속에서 같은 경험을 한다. 꿈에서

---

57 cf. 나무위키

깨고 난 후 말을 맞춰보니 모두 같은 꿈을 꾼 것을 알고, 즉 '구운몽'임을 알고, 팔선녀도 깨달음을 얻고 삭발하여 비구니가 된다. 이것이 바로 '공유하는 환각'이자 집단 카르마, 즉 공업(共業)이다.

알고나서 보면 분노도, 원한도, 사무치는 그리움도 그저 꿈과 같은 그림자일 따름이다. 바로 그런 까닭에 "부처를 만나면 부처를 죽여라"라는 저 유명한 말을 했던 임제선사[58]가 다음과 같이 말한 것이다.

> 삼악도의 지옥이 갑자기 나타난다 해도 한 생각도 두려운 마음이 없다. 어째서 그런가.
> 삼계는 오직 마음이고 만법은 오직 의식이기 때문이다.
> 그러므로 꿈이요 환상이요 헛꽃[空花]인 것을 무엇하러 수고로이 붙들려는가.
>
> — 『임제록』 시중(示衆)

아, 그렇다! 임제 선사의 말씀이 옳긴 옳다.

그럼에도 불구하고 우리의 심정은 뭔가 아쉽고 아련하다.

---

58 당나라 임제선사(미상-867)는 중국 선불교 임제종의 시조이다.

크리스토퍼와 청하가 부른 매력적인 이 노래가 임제 스님의 할(喝) 소리에도 수고로이 우리를 붙든다. 그만큼 꿈, 환상, 헛꽃은 정 떼기가 그리 쉽지 않다.

> 긴 드레스에 맨발. 여름 밤. 황금색과 블루.
> 이 기억들은 절대 사라지지 않아.
> 오 과거의 날이 너무 멀게만 느껴지네.
> 어디로 간 걸까.
> 그 모든 밤.
>
> – ⟨When I get old⟩

06
내 카르마 패 읽기 :
제8아뢰야식과 업종자(業種子)

　'이 또한 지나가리라'라는 말이 있다. 현재의 고통도 지나 갈 것이니 의연하게 살 버티자는 의미로 주로 사용하는데, 출처는 불분명하다. 그러나 이 말은 멘탈 잡기에는 좋을지 몰라도 업의 차원에서 보면 '내 배 째라'나 다름없다.

　"이 또한 지나가리라."하면서 속수무책인 이 사람은 "이 또한, 이 또한"만 계속하면서 그때그때를 넘겨온 것이지, 도 대체 무슨 문제로 이런 일들이 내게 온 것인지를 생각해 보 지 않는다. 뭐가 또 오긴 왔지만 거기서 어떤 패턴을 읽지 못하고 있는 것이다. 그것은 돈 문제일 수도 있고 고질병일 수도 있고, 이성문제, 가족문제, 인간관계일 수도 있다.

　반복되어 나타나서 내 속을 썩이는 것이라면 그건 카르마의 패턴이다. 지나온 삶의 흐름을 잘 살펴볼 때, 내 발목을 잡아서 그것을 기점으로 나비효과처럼 다른 괴로움과 불행이 온 것이라면, 바로 그 부분이 가장 무거운 카르마이다. 가령 가난해지면 가난으로 끝나는 것이 아니다. 건강이 나빠져도 치료비가 부족하니 수명과 연결될 수 있고, 부부 사이가 나빠져서 이혼하거나 자식들과의 불화로도 이어질 수 있다. 이 연쇄고리의 맨 앞고리, 즉 가난이 이런 경우는 반드시 중한 카르마이다. 애욕이 과도하게 강한 사람은 그저 애욕으로 끝나는 것이 아니라, 부부 사이의 파탄이나 자식과의 불화나 돈의 고갈이나 사회적 평판의 문제가 연쇄고리를 만드니, 이런 경우는 애욕이 반드시 중한 카르마이다.

지금 이 순간 나는 어떤 패를 들고 있는 것일까. 영화 〈타짜〉의 기억이 선명하니 거기 나오는 섰다판의 대사들을 좀 빌어본다.

우리네 삶 갈피갈피에는 삼팔 광땡도 있겠고 망통도 있겠다. 끗발도 있겠고 밑장빼기도 있겠다. 고니와 곽철용의 대사처럼 사구 파토 패와 "묻고 더블로 가!" 같은 상황도 있겠다. 그러나 늘 기준은 '족보'인 것처럼, 카르마 패에도 읽어야 하는 기본 족보 같은 것이 있다.

스스로 체크해 볼 수 있는 카르마 패는 다음과 같다. 송학, 매조, 벚꽃 같은 화투의 형형색색의 그림처럼 형형색색의 업종자(業種子)가 제8아뢰야식의 밭에서 어떤 모습을 하고 있는지를 잘 보아야 한다. 카르마 패 읽는 방법의 세 가지 체크 리스트는 다음과 같다.

카르마 패 읽는 방법

1. 자신의 삶에서 우세한 특정 종자가 무엇인지를 파악한다.

나에게 반복적으로 나타나는 사건이 무엇인지, 반복되는 습관이나 성향이 무엇인지, 그것을 자신의 인생 지도처럼 펼쳐놓고 찾아내야 한다. 악업 종자만 말하자면 그것은 가난일 수도 있고, 이성과 색욕에 대한 과도한 집착일 수도 있고, 속 썩이는 배우자나 자식일 수도 있고, 늘 무시 받는 것일 수도 있고, 고질병일 수도 있고, 화를 잘 내는 것일 수도 있고, 시기 질투가 강렬한 것일 수도 있다. 보통 그 취약점을 본거지로 해서 좋지 않은 일들이 나비효과처럼 잇달아 이어진다.

2. 나의 총보와 별보가 무엇인지 직시한다.

총보란 총체적·종합적 과보로, 6도 가운데 어느 세계에 태어날 것인지를 결정한다. 별보는 인간이면 인간, 축생이면 축생 같은 생 안에서의 개별적이고 세부적인 조건을 결정한다. 즉 별보에 의해 성별, 신체적 조건, 용모, 전5식~제7식의 상태, 성품, 수명, 건강 상태, 그리고 더 나아가 재산 정도, 사회적 지위, 태어나는 지역, 가문, 가정환경 등이 결정된다. 가령 극단적인 예를 들자면, 인간계에 태어났으나 별보에 의해 빈천하게 살고, 축생계에 태어났으나 재벌집 품종 좋은 강아지처럼 평생 호강하며 사는 차이이다.

3. 지속적으로 훈습되어 강성해지는 종자가 어떤 것인지를 파악한다.

반복되는 생각의 방식과 행동의 경향은 훈습되어 종자로 저장된다. 습관적으로 반복되는 습기가 저장되어 종자가 되는 것을 훈습(熏習)이라고 한다. 지속적인 습관과 성향, 마음 씀씀이는 반복될 때마다 그 종자를 더욱 강화시키며, 다시 역으로 강화된 종자로 인해 그런 행동, 습관, 성향은 더욱 자주 반복된다. 게으름, 화 잘 내는 성격, 질투가 심한 성격 같은 추후에 악업과 연결되는 중요한 단서가 된다. 자신에게 걸림돌이 되는 습기가 과연 무엇인지를 정확히 파악해야 한다.

훈습의 원리와 힘을 알면 이를 역으로 이용하는 방법을 사용할 수 있다. 가령 게으름이나 화를 잘 내고 신경질이 심한 성향이 종자로 저장되어 강화되고 현행되고 있다는 것을 스스로 깨달으면, 게으름을 타파하고 화내는 성질을 의식적으로 고쳐 그 종자의 숨을 죽이고 약화시킬 수 있다. 강성한 종자를 쭉정이로 만드는 것인데, 쉽지는 않지만 이런 노력은 게으름이나 화내는 성질이 마침내 가져올 악업짓기를 사전에 차단하는 일이다.

반면에 자비나 적선이나 사랑 같은 좋은 종자는 더욱 독려해서 선업의 발판을 마련한다. 앞의 것이 종자를 쭉정이로 만드는 것이라면, 이것은 종자의 품종 개량이겠다.

07
집단 카르마[共業]

아뢰야식이 만들어내는 외부 세계에 대한 흥미로운 비유로, 일수사견(一水四見)[59]이 있다. 똑같은 강이라도 중생의 부류에 따라 네 가지로 경계로 보인다는 뜻이다. 즉 똑같은 갠지스강을 인간은 맑고 차가운 물로 보며, 천신들은 보석으로 만들어진 땅으로 보고, 물고기는 자기가 사는 집으로 보며, 아귀는 고름으로 가득 찬 강과 맹렬한 불로 본다.[60]

업에 따라 각기 다른 세상에 태어난 중생은 바깥 경계가 저마다 다르게 보인다. 독립된 외부 현상계가 실제로 있는 것이라면 이렇게 제각기 달리 보이진 않을 것이다. 모두 업

---

59 일수사견에 대해서 다루는 논서는 『유식이십론』, 『성유식론』, 『성유식론집해』, 『섭대승론석』, 『대명삼장법수』 등이다.

60 『성유식론집해(成唯識論集解)』, 7권. '鬼見是膿河猛 人見是淸泠水 諸天見是寶嚴地 魚見是窟宅'.

에 따라 아뢰야식이 만들어낸 세계, 유식무경(唯識無境)[61]일 따름이다. 그런 의미에서 일수사견은 '일경사심(一境四心)'이라고도 불린다. 하나의 경계에 대한 네 가지 마음, 네 가지 아뢰야식이라는 의미이다.

일수사견의 비유를 잘 파고 들어가 보면 의문이 하나 생긴다. 업이 다 다른데, 똑같은 강을 놓고 왜 사람끼리는 다물로, 아귀끼리는 다 고름으로, 천신끼리는 다 보석으로, 물고기끼리는 다 집으로 보이는 것일까. 세친이 이렇게 말한다.

아귀와 같은 업의 이숙이 많은 몸은 함께 모여 모두 고름 강을 본다. 오직 한 아귀만 고름 강을 보는 것이 아니다.[62]

그렇게 되는 이유는 공업(共業), 즉 공동의 업, 집단 카르마[63]가 작용하기 때문이다.

---

61 앞에서도 나왔지만 유식무경이란 유식사상의 핵심을 한마디로 축약한 말로, '오직 마음 작용일 뿐, 바깥 경계는 없다'라는 뜻이다. 불교에서 쓰는 경계라는 뜻은 '바깥 현상계'로 이해하면 된다.
62 세친이 『유식이십론』에서 꿈과 아귀의 비유를 놓고 논한 말이다. 효도 가즈오(兵藤一夫), 『유식불교, 유식이십론을 읽다』, p.101
63 공업과 불공업은 영어로 보면 의미가 더 확실히 다가온다. 공업(共業)

즉 바다가 있다고 할 때 그 바다는 각 개인이 보는 바다, 인간 전체가 보는 바다, 다른 중생이 보는 바다가 있는 것이다. 이 가운데 인간 전체가 함께 보는 바다는 인류 전체의 공업종자(共業種子: 공동의 업종자)가 만들어낸 현상이다. 이것이 바로 집단 카르마의 작용이다. 한 무리의 중생 전체가 공유하는 공동의 종자가 모두 다 함께 산, 바다, 나무 같은 일체 현상계를 만들어낸다.

앞에서 봤던 화산 그림에서 화산 각각이 개별 업[64]을 만들어낸다면 무수한 화산들이 박혀있는 거대한 땅덩어리는 집단적으로 공유하는 공업(共業)을 만들어낸다. 화산 한 봉우리 한 봉우리가 각자 고정 불변하는 '나'가 있다고 집착하는 것을 아집(我執)이라 하고, 저 땅덩어리로부터 다 함께 보이는 세상이 실재하는 것이라고 착각하는 것을 법집(法執)이라고 한다. 불교의 일차적 목표는 이 아집과 법집의 타파이고, 이것들을 타파하면 자신의 본래 자성(自性)을 본다[見]해서 그것을 견성(見性)이라고 하는 것이다.

집단 카르마는 한 무리 중생들이 공유하는 업이라고 했

은 Collective Karma(집단 카르마), 불공업(不共業)은 Individual Karma(개별 카르마)이다.

64 개별업은 공업(共業)과 대비되는 개념으로 불공업(不共業)이라고 한다.

지만, 꼭 인류 전체만을 가리키는 것은 아니다. 각각의 민족, 국가, 사회, 집단, 가정에도 공유하는 집단 카르마가 있다. 만약 내가 현재 이 가정의 일원이 아니라면, 현재 이 부모님 슬하에서 자라지 않았다면, 지금의 배우자가 아니었다면, 지금의 이 나라가 아니었다면 삶은 또 달라진다. 그 집단을 구성하는 사람들의 복잡한 카르마 계산식에 따라 그 집단이 살아가는 흐름이 만들어지기 때문이다. 국운(國運), 사운(社運), 가운(家運)이라는 개념도 이 집단 카르마와 맥이 닿아 있다.

인과응보, 자작자수(自作自受)의 법칙은 집단 카르마에서도 개인의 카르마와 동일하게 적용이 된다. 집단 카르마는 개별 카르마보다 세력이 강성하고 광범위하며, 집단 카르마와 개별 카르마의 작용은 동시적이다. 세상 돌아가는 모습을 보고 우리가 "말세다, 말세."라고 하는 대부분의 상황이 집단 카르마와 깊은 연관이 있다. 물론 인류의 집단적 노력과 선의에 의해 이룩한 과학기술, 인권, 환경보존 같은 선한 과보들도 있다. 그런데 문제는 악한 과보이다. 우리가 오늘날 생생히 보고 있는 인류의 고통, 즉 전 세계적인 역병, 환경오염과 기후변화로 인한 자연재해, 전쟁이나 테러 같은 것들이 집단 카르마의 악한 과보이다. 모두 우연히 발생한

것이 아니라 인류의 집단적 행동과 선택이 만들어낸 결과인
것이다.

　우리가 이제야 겨우 빠져나온 코로나 팬데믹도 전형적인
집단 카르마이다. 팬데믹의 팬(pan)은 그리스어로 '모두'를
뜻하는데, 모두에게 퍼진 전염병이기도 하지만 이것은 '팬
카르마(pan-karma)'이기도 한 것이다. 아닌 게 아니라, 코로나
19가 유행하던 시기에 많은 스님들이 법문을 통해서 "우리
가 겪고 있는 이 공업(共業)"이라는 말을 자주 했었다.

　14세기 유럽 총 인구의 30-60%의 목숨을 앗아감으로써
인류 최악의 팬데믹이 되었던 흑사병 역시 집단 카르마의
무서운 예이다. 잉마르 베리만 감독의 〈제7의 봉인〉[65]은 중
세에 창궐한 흑사병을 배경으로 인간의 존재에 대한 상징적
인 메시지가 뛰어난 영화이다. 여기서 '제7의 봉인'이란 성
경의 「요한계시록」 8장 1절을 가리키며, 최후의 심판과 종말
을 상징한다. '흑사병 창궐'이라는 전체 유럽의 참사는 〈제

65　1957년 개봉된 스웨덴 영화로 우리나라에서는 2012년에 개봉했다.
　　이전에는 잉그마르 베르히만 감독으로 소개됐었는데, 정확한 스웨덴
　　발음으로는 잉마르 베리만이다. 영화 역사상 가장 위대한 감독으로
　　손꼽힌다.

7의 봉인〉에서 보듯이 성경적으로는 종말과 심판을 의미하며, 불교적으로는 공업(共業)에 의한 과보로 풀이할 수 있다. 「아포칼립스(Apocalypse)」는 요한계시록의 영어명인데, 아포칼립스의 원어인 그리스어 아포카뤼시스(ἀποκάλυψις)란 '덮개를 벗기고 드러내다'라는 뜻으로 '신성한 비밀을 드러내 보여준다'[66]는 의미이다. 오늘날에 이 단어는 요한계시록에 묘사된 전쟁, 기근, 전염병, 심판 등 재앙적인 사건과 연결되어 세계의 멸망, 종말적 파괴, 대재앙이나 재난을 일컫는 말로 자주 사용된다.

아포칼립스는 대중문화에서도 상징적으로 자주 사용되어, 베트남 전쟁을 다룬 프랜시스 포드 코폴라 감독의 〈지옥의 묵시록〉(1979)[67] 등으로 영화화되기도 했다. 〈지옥의 묵시록〉 중 미군 헬리콥터 부대가 베트남의 마을을 공습하는 장면에서 사용한 음악이 바그너의 '발퀴레의 기행'[68]이다. 이 곡은 고막을 찢는 헬리콥터 소리와 공습 장면 속에 뒤섞이

---

66 요한의 계시록이나 묵시록에서 계시나 묵시가 바로 '비밀을 드러낸다'는 의미이다.
67 원제목은 〈Apocalypse Now〉이다.
68 〈발퀴레의 기행〉은 바그너의 오페라 〈니벨룽의 반지〉에 나오는 곡이다. 발퀴레(발키리)는 오딘의 발할라 궁에서 오딘을 받드는 여전사들로, 나그라로크 때 오딘의 편에 서서 싸울 용맹한 전사들을 모은다.

면서 무자비한 전쟁의 광기와 절망이라는 집단적 카르마를 잔인할 정도로 잘 보여주었다.

집단 카르마와 개별 카르마가 씨실과 날실처럼 동시에 시시각각 작용하는 시공간이 우리가 사는 현생이다. "어떻게든 나만 살고 보면 장땡이다."가 될 수 없는 이유이다. 아뢰야식의 밑바닥에서 우리는 모두 한 덩어리이기 때문이다. 일체의 업은 근본적으로 하나의 거대한 아뢰야식에서 나온다. 본질적으로 보면 사실은 모두 다 공업(共業)이고, 거기서 가지를 친 것이 우리들 각각의 업인 것이다. 거대한 강과 그 지류들, 거대한 나무와 그 가지들을 상상해 보면 된다. 근원적 동일성 속에서 집단 카르마가 생기고, 그 집단 카르마가 각각의 조건과 상황에 따라서 갈라지면서 개별업으로 다양하게 발현하는 것이다.

이것이 바로 하나와 전체가 서로를 내포하는 '일즉다 다즉일(一卽多 多卽一)'[69]이다. 유식과 맥이 닿아 있는 화엄사상

---

69 의상대사의 〈법성게〉 가운데 '일중일체다중일(一中一切多中一) 일즉일체다즉일(一卽一切多卽一)'로 표현되어 있는 통찰을 말한다. 하나와 전체가 서로 내함(內含)하는 것을 말하며, 하나[一] 속에 많은 것[多]이 포함되어 있고, 많은 것[多] 속에 하나[一]가 들어 있다는 의미로 화엄

의 핵심이지만, 똑같은 성찰이 헤르메스주의나 신플라톤주의 같은 서양 밀교에서도 나온다. 즉 '하나가 전체이고 전체가 하나이다(Omnia sunt Unum, Unum est Omnia).'

사상의 핵심적인 부분이다.

08
업보를 받는 시기

2024년 8월에 내한 공연을 가졌던 미국 3인조 팝 밴드 AJR이 부른 '카르마'라는 제목의 노래가 있다.

착하게 살았는데, 올해는 진짜 착하게 살았는데
근데 더 힘들어지기만 하네요.
정말 착하게 살았는데, 젠장 카르마란건 대체 어디 있는 거죠?
(…)그래서 카르마는 어디 있는 거죠? 이제 더 이상 못 기다리겠는데.

올해는 특히 착하게 살았는데 좋은 업보가 오지를 않아 못 참겠으니, "젠장 카르마란건 대체 어디 있는지?"를 묻고 있다. AJR은 올해 안으로 착하게 산 댓가를 받기를 원하는

데 현실은 녹녹치 않은가보다. 업보가 신용카드 결제일처럼 날짜가 정해져 있고, 특히 악한 과보는 12개월 할부도 되고 하면 오죽 좋겠나.

업의 결과가 언제 나타나는지는 크게 네 가지로 나눌 수 있는데 이번 생, 다음 생, 그 다음 생, 그리고 정해지지 않은 시기, 이 네 가지이다. 시기에 따른 이 업보를 각각 순현보(順現報), 순생보(順生報), 후순보(順後報), 순부정보(順不定報)라고 부른다.[70] 하나씩 설명하면 다음과 같다.

① 이번 생에 바로 받는다 : 순현보(順現報)
현생에 지은 업의 과보를 이번 생에 받는 것. 극히 강력한

---

70 업보의 종류에 대해 설명한 논서나 경전에는 세친의 『아비달마구사론』, 무착의 『대승아비달마집론』, 『불위수가장자설업보차별경』 등이 있다. 특히 세친의 『아비달마구사론』은 업 전반에 대한 자세한 정의와 설명으로 구성되어 있고 부파불교 간의 상이한 입장 설명도 문답식으로 잘 되어 있다. 참고로, 상좌부 불교에서는 과보가 오는 시기를 조금 다르게 정리한다. (cf. 『아비담마 길라잡이』, 대림스님, 각묵스님 역, pp.503-504). 즉 금생에 받는 업, 다음 생에 받는 업, 세 번째 생부터 받는 업, 효력을 상실한 업으로 구분했고, 특이한 것은 다음 생에 받는 업의 경우 조건을 만나지 못할 경우 소멸된다고 보는 점이다. 대승불교에서는 애초에 업보를 일으킬 세력이 되지 않는 무기업(無記業)은 있을지라도, 일단 선업이나 악업이 된 것은 소멸되는 법 없이 반드시 과보를 가져온다고 본다.

업인 경우가 순현보가 되어 이번 생을 사는 동안 바로 행복이나 고통을 가져온다.

② 제2생에 받는다: 순생보(順生報)

현생에 지은 업의 과보가 제2생, 즉 바로 다음 생에 나타나는 것. 현생에서 선행을 쌓아 다음 생에 다시 인간으로서 좋은 조건을 가지고 태어나거나, 한 단계 업그레이드되어 천계(天界)에 태어날 수도 있다. 강한 악행의 과보로는 인간으로 태어난다 해도 매우 악조건으로 살아가며, 혹은 아예 지옥, 아귀, 축생의 삼악취 가운데 하나에 태어난다.

③ 제3생에 받는다 : 순후보(順後報)

현생에 지은 업의 과보가 제3생, 즉 다음다음 생에 오는 것. 업의 성숙과 조건이 충족되어야 결과가 나타난다.

④ 기간이 정해지지 않았다: 순부정보(順不定報)

현생에 지은 업의 과보를 받을 기간이 정해지지 않고, 언제든지 조건과 인연이 맞으면 과보가 온다.

이렇게 업보가 나타나는 시기가 모두 다른 것은 업력을 지닌 종자의 성질과 인연이 모두 달라서이다. 이것은 마치 '아마(亞麻)는 심은 지 3개월 반이 지나면 그 결실을 거두지만 보리는 6개월을 지나야 비로소 결실을 거두는 것과 같기 때문이다.'[71]

석가모니의 말씀을 묶어놓은 초기 경전 『법구경』에도 악행을 짓는 순간과 그 과보가 오는 시점 사이의 시차가 있는 것에 대해 이렇게 비유하고 있다.

악한 행위는 마치 갓 짜낸 우유와 같아서 그 업이 그 자리에서 곧 굳어지지는 않는다. 그러나 그 업은 재에 덮인 불씨처럼 두고두고 타면서 그의 뒤를 따른다.

어리석은 자는 나쁜 짓을 하고나서도 그 결과가 나타나기 전에는 꿀같이 생각한다. 불행한 결과가 눈앞에 닥쳐와서야 그때 비로소 뉘우치고 괴로워한다.

– 『법구경』 제5장 「우암품(愚闇品)」

위의 ④번처럼 업보를 받는 시기가 특정되지 않는 부정업(不定業)이 아니라, ①②③처럼 과보를 받는 시기가 정해진 정업(定業)이 되는 업들은 다음과 같다.

아주 무거운 번뇌로 짓는 업, 아주 맑고 깨끗한 청정심으로 짓는 업, 계속 누적된 습관으로 행한 업, 불법승에 대한 공덕의 복전에 일으킨 업, 부모를 해치는 업이 그것이다.[72]

---

71 세친, 『아비달마구사론』, 「분별업품」, K0955

"전생에 나라를 구했나 보다" 정도면 빠른 시기에 좋은 과
보가 결정된다. 선악을 막론하고 중요하고 무거운 업[73]의 과
보가 가장 확실히 가장 빨리 온다. 현생에서 즉시 선한 과보
를 받았던 예 가운데 흥미로운 것이 하나 있어서 인용해 본
다. '마른하늘에 날벼락'보다 더 희귀한 사례 같다.

옛날 간다라국의 카니시카 왕에게 내사(內事)를 감독하는
한 황문(黃門: 내시)이 있었는데, 하루는 성 밖에서 5백 마리
도 넘는 소떼를 보았다. 그는 소몰이꾼에게서 그 소들이 곧
거세될 것이라는 말을 들었다. 내시는 오랜 전생의 악업으
로 인해 황문이 된 자신의 처지를 생각하여 소들을 모두 사
서 그들을 고난으로부터 구했다. 이런 선업력으로 말미암아
내시는 남근을 다시 회복하게 되었고 왕으로부터도 후한 재
물과 외사(外事)의 고관으로 제수 받게 되었다고 한다.[74]

이런 현생의 과보는 방생의 공덕으로 병이 치유되거나 수

---

72 『아비달마구사론』「분별업품」
73 무거운 업은 중업(重業)이라고 하며, 업력이 강하여 과보를 주는 순서
   중 첫 번째이다. 악업은 부모를 죽이는 것 같은 경우, 선업은 선을 닦
   는 것 등이다. cf.『아비담마 길라잡이』1, p.499
74 『대비바사론』권제114.

명이 늘어나는 것과 같은 이치이다. "인과응보에 시차는 있어도 오차는 없다."는 말처럼 석가모니도 이렇게 말했다.

비구들이여, 의도하여 지은 업들은 그 과보가 지금 여기 일어나거나 다음 생에 일어나거나, 그 과보를 겪지 않고는 괴로움을 끝낼 수 없다고 나는 말한다.

— 『앙굿따라 니까야』 10. 206

'업꾸라지'는 있을 수가 없고 내가 지은 만큼 되받아 탕감되어야 그 업은 끝나지만, 업이 워낙 강성해서 한 생에서의 업보로는 미진한 경우 다음 생으로 넘어가기도 한다.[75] 말하자면 '업보 떨이' 같은 것이다. 3악도에 대한 묘사가 세세하고 리얼한 『정법념처경』 지옥편에도 그런 내용을 설명하고 있다.

---

75 『아비달마구사론』 권15. K0955. 권오민 번역. 본문에 대한 역자의 각주가 잘 되어 있어 일부 인용한다.
순현업의 경우 업보의 시작은 현생이지만 그 업력이 강성하여 다음 생까지 계속될 수 있으며, 또한 순생업이나 순후업의 경우 역시 그 업보의 시작은 다음 생, 혹은 그 다음의 생이지만 그것이 미진할 경우 계속하여 이숙의 과보를 초래한다. 결과 산출의 시기가 현생에 가까울수록 업력이 강성하며, 멀수록 경열(輕劣)하다는 것이다.

그리하여 그 나쁜 업이 썩어 무너지고 흩어진 뒤에라야 그 지옥에서 벗어날 수 있고, 혹 먼 과거의 전생에 있었던 선업이 익으면 아귀나 축생의 세계에 나지 않고, 혹 인간에 나더라도 언제나 결박을 당하고 남은 업의 과보 때문에 목숨이 짧다.[76]

업에 따라서는 지옥의 수명을 다 받게도 하고, 잠깐 지옥에 들어갔다가 곧 나오게도 한다. 윤회 자체가 우리 모두 거대한 꿈속에서 뱅뱅 돌아다니는 일이지만, 일단은 그것을 우리가 실재라고 리얼하게 느끼는 것이 문제의 핵심이니, 꿈 와중에라도 어떻게든 지옥은 피하고 최소한 인간으로는 다시 태어나야 한다. 그게 그리 쉽진 않다. 앞쪽에서는 각종 업보에 대한 것을 초기불전에 근거해서 실제 사례로 풀어봤었는데,[77] 여기서는 인간으로 태어나게 하는 업인(業因)과 외모가 추하게 태어나는 업인을 별도로 정리해 본다.[78]

인간세계의 과보를 받게 하는 열 가지 업은 다음과 같다.

---

76 『정법념처경』 권제5
77 pp.85~88 제1부 8. 카르마 자석, 업력(業力) : 진짜 끌어당김의 법칙 참고.
78 『불위수가장자설업보차별경』 k0850

1. 살생하지 않는다 2. 도둑질하지 않는다 3. 음행하지 않는다 4. 거짓말하지 않는다 5. 간사한 말을 하지 않는다 6. 이간질하는 말을 하지 않는다 7. 독하고 나쁜 말을 하지 않는다 8. 탐내지 않는다 9. 화내지 않는다 10. 삿된 소견을 내지 않는다.

얼굴이 누추한 과보를 받게 하는 열 가지 업은 다음과 같다.

1. 화를 잘 낸다 2. 원한을 잘 품는다 3. 남을 속이고 미혹시킨다 4. 사람들과 축생들을 괴롭힌다 5. 부모를 사랑하고 공경하는 마음이 없다 6. 성현을 공경하지 않는다 7. 성현의 살림이나 농사를 침노해 빼앗는다 8. 부처님 탑의 등불을 끈다(각 종교에 맞도록 이해) 9. 얼굴이 추한 사람을 보면 비방하고 천하게 여긴다 10. 온갖 악행을 배운다.

이러한 것들을 의식하고 사는 것과 되는 대로 사는 것의 차이는 매우 크다. 삶이 한바탕 꿈이고 우리는 그 꿈에서 깨어날 수준은 아직 아니지만, 카르마의 메커니즘을 이해하고 사는 한 적어도 그 한바탕 꿈이 자각몽(自覺夢)은 될 수 있는 것이다.

09
재물 카르마 : 돈복과 가난에 대하여

내가 들고 있는 카르마 패 가운데 재물 카르마의 패가 어떤 지가 단연 궁금할 것이다. 삼팔광땡인지 망통인지도 궁금하지만, 한번 든 패가 영원한 패가 아니니 뜨거운 감자패이다.

그런데 업보의 종류가 많고도 많은데, 그 가운데 유독 재물 카르마에 대해서 우리가 특히 집착하는 이유는 무엇일까. 복(福)의 대표로 옛날부터 꼽는 것이 수(壽), 부(富), 귀(貴)인데, 수명은 우리가 노력한다고 되는 것은 아니니 일단은 논외로 하고, 귀(貴)는 부(富)와 연동되는 것이고 현대에와서는 더욱 그렇다. 사실상 수명도 현대에서는 부(富)의 힘으로 어느 정도 연장이 가능하다. 그러니 핵심은 바로 '돈'이다. 세상사 가운데 우리가 집착하는 만큼 되레 저항하는 것이 왜 돈인 것일까. 돈이 있으면 귀신도 부린다고 하고, 돈이 있으면 염라대왕도 한쪽 눈을 감아준다고 하는 말이 있을 정도로, 왜 돈의 힘은 저승까지도 움직일 만큼 파워풀한 것이 되었을까.

　우선은 돈과 정반대항에 있는 가난에 대한 두려움 때문이다.[79] 빈궁한 업보가 한 세상 살아가는데 얼마나 고통스러운 것인지를 잘 알기 때문이다. 궁핍의 '핍(乏)'은 가난하다, 부족하다, 고달프다의 뜻인데, 이 한자의 원래 형태는 바를 정(正) 자를 거꾸로 한 이런 正 형태였다. 즉, 궁핍은 바른 상태가 아니라는 의미이고, 궁핍의 상황을 바른 것이 아니라고 묘사했다는 점이 시사하는 바가 크다.

　중국 세시풍속 가운데 가난귀신 궁귀(窮鬼)에게 제사 지내주고 멀리 보내는 풍속이 있었다.[80] 정월 그믐날, 찢어진 옷과 죽 그릇을 문 밖에 내놓고 궁귀에게 제사를 지내는 송궁

---

79 카너먼, 트버스키 등 심리학자들의 행동경제학(Behavioral Economics) 연구나 인간의 손실회피 성향(Loss Aversion)에 따르면, 사람들은 부의 증가보다 빈곤에 대한 공포와 불안을 더 크게 느끼며, 이미 가진 재화를 잃는 것에 매우 민감한 반응을 보인다. 이는 재물이 생존과 직접적으로 연결되어 있기 때문이다. 생존과 직결된 자원에 대한 집착은 진화심리학적으로도 설명되며, 원시 인류 시절부터 자원 확보(사냥감, 식량)는 곧 삶과 죽음을 가르는 문제였다. 현대에 와서도 재물이라는 추상적 형태로 이 식량과 자원 확보 욕구가 전환되었을 뿐, 근본 구조는 크게 바뀌지 않았다.

80 송나라 진원정이 편찬한『세시광기』에 있는 기록이다.

(送窮: 가난을 보냄)이 그것이다. 일본의 가난귀신은 빈핍신(貧乏神) 빈보오가미인데, 이 귀신은 돈을 쌓아놓고 베풀지 않는 구두쇠 집안에 들러붙어 온갖 불행을 불러 모아 그 집안이 파산할 때까지 떠나지를 않는다.[81] 이런 풍속이나 신화들은 동아시아에서의 가난에 대한 민중들의 생각을 반영하고 있다.

더욱 흥미로운 것은 석가모니도 가난을 극심한 고통으로 봤다는 점이다.

『금색왕경(金色王經)』에서 요금성을 다스리는 금색왕이 12년을 그치지 않고 내린 비로 나라의 모든 곡식이 다 떨어지고 금색왕이 먹을 밥 한끼만 남는 상황까지 가자, 천녀(天女)가 나타나서 이런 게송을 읊는다.

어떤 법을 괴로움이라고 하느냐?
이른바 빈궁(貧窮)이 이것이요.
어떤 괴로움이 가장 무거운가?
이른바 빈궁의 괴로움[貧窮苦]이라.
죽는 괴로움과 가난한 괴로움, 두 괴로움이 평등하여 다

---

81 cf. 나무위키; 가난뱅이 신

를 것이 없나니

　차라리 죽는 괴로움을 받을지언정 빈궁하게 살지 않는 것
이 마땅하리. [82]

　빈궁고(貧窮苦)를 겪느니 차라리 죽는 것이 낫다는 말이
자못 충격적이다. 하지만 『금색왕경』에서 가난의 고통을 천
녀의 게송으로까지 이토록 강조하는 이유는 경전 후반부에
금색왕이 빈궁고를 돌파한 방법을 더욱 돋보이도록 한 하나
의 장치이다. 그 방법은 조금 뒤에 보도록 한다.

　돈은 카르마의 결정체이다. 유식에서는 현상계를 기세간
(器世間)이라고 부르는데, 세상을 그릇[器]에 비유한 단어이
다. 돈은 그 그릇을 가득 채우고 세상 속에서 유동하는 용액
과도 같다. 카르마의 물질화, 가시화, 실재화가 바로 돈이다.
현재 나의 재물 상태가 곧 업의 가시적 결과인 것이다. 가난
과 돈복은 다른 어떤 업보보다 가장 직접적이고 즉각적이
고, 삶의 행복과 고통에 대한 가장 현세적인 지표이다. 그러
니 업과 업보의 매카니즘을 이해하지 못하는 한, 돈은 우리
에게 가장 저항적으로 느껴질 수밖에 없다.

---

82 『금색왕경(金色王經)』 k0370.

카르마의 물질화가 돈이라는 것을 노골적으로 보여주는 특이한 경전이 하나 있다. 『불설수생경(佛說壽生經)』이 그것인데, 영화 〈신과 함께-죄와 벌〉(2017)의 기본 모티브가 바로 이 『불설수생경』이다. 『불설수생경』은 중국에서 찬술되어 고려시대에 전래된 위경(僞經)[83]으로, 도교적 색채가 짙고 다분히 기복적인 내용이지만, 눈여겨 봐야할 대목이 두 가지 있다. 우선 『불설수생경』의 중요한 대목을 발췌해서 읽어보자.

열두 가지 띠를 따라 남섬부주 거친 세상 사람으로 태어날 때
누구누구 할 것 없이 생명줄을 이어준 돈 수생전을 빌리나니
명부에서 빌렸기에 갚아야 할 것이니라.

바로 이때 다문제자 아난다가 여쭈되 거룩하신 세존이여 남섬부주 중생들이
갚으려는 그 마음은 한결같이 있거니와 빌린 돈을 갚을

---

83 석가모니나 그 직계 제자들이 아닌 사람들에 의해 찬술된 경전을 위경이라고 한다. 『천지팔양신주경』, 『부모은중경』 등 우리 귀에 익숙한 이 경전들도 위경이다.

길이 막막하다 하나이다.

　자비하신 부처님이 금구로써 설하시되 금강경과 수생경
을 정성스레 독송하면
　생명뿌리 본명전을 갚을 수가 있느니라.

　우리가 태어날 때 명부에서 빌려 온 생명 빚이라는 마이
너스 통장을 갚으라는 것과 『금강경』을 독송하라는 것이 요
지이다. 우선 수생전(壽生錢)의 대출 상환 문제는 단순한 경
제적 비유가 아니다. 이번 생은 과거의 업을 감안하여 명부
에서 상환을 조건으로 허락해 준 생명이라는 의미가 담겨
있다. 『수생경』의 논리는 곧 생명＝돈＝카르마이다. 입을 돈
으로 환산했다는 점이 이 경전의 특색이다.

　한편, 아주 현실적인 금전적 업보 문제에 『금강경』이 개입
하는 것이 얼핏 보기에는 적당하지 않아 보이기도 하지만,
여기엔 속뜻이 있다. 『금강경』의 공(空)의 원리로 보면, 생
명 자체도 독립된 실체가 아니라 전생 업과 현생 환경이라
는 인(因)과 연(緣)의 결합으로 성립된 가유(假有)이다. 『금강
경』을 자꾸 독송함으로써 생명과 업보를 실체로 보는 무명
을 깨뜨리고 공(空)한 진리를 체득하여 업보적 조건의 속박
을 풀어보라는 의미를 강조하는 내용인 것이다. 또한 이런

공의 원리와는 별도로 『금강경』 독송이 업장 소멸에 도움이 된다[84]는 믿음도 작용했겠다.

석가모니는 빈궁고(貧窮苦)의 반대항인 재물복은 어떻게 봤을까.

일반적으로 재물을 모으는 것에 대해서 석가모니가 부정적으로 봤을 것이라고 생각할 것이다. 그런데 전혀 그렇지가 않으니 의외이다. 석가모니는 현재 삶에 나타나는 빈부의 근본적 원인이 업에 있다는 것에 방점을 찍으면서도, 건실하게 모으는 재산과 그런 재산이 주는 행복에 대해 현실적인 시각에서 긍정적으로 바라보았다. 석가모니에게 기원정사를 지어 시주한 코살라국 제일의 거상(巨商) 수닷타 장자가 석가모니에게 평범한 사람들에게 행복이란 어떤 것인지를 질문하자, 석가모니는 재물로 얻는 행복 세 가지를 꼽기도 했다.[85] 그 가운데 '빚 없는 행복[無債樂]'을 꼽고 있어서 대출의 시대를 사는 우리의 눈길을 끈다.

---

84 『금강경』 제16 능정업장분(能淨業障分)의 내용에 업장 소멸의 내용을 담고 있다.
85 『앙굿따라 니까야』. 범부의 행복을 이익락, 수용락, 무채락, 무과락의 네 가지로 꼽았고, 앞의 세 가지는 재물이 의한 물질적 행복이다. 특이한 것은 무채락(無債樂)으로, 빚 없이 사는 즐거움을 말한다.

또한 『상윳따 니까야』 「라시야경」[86]에서 석가모니는 일반 인들이 재산을 모으고 사용하는 방법을 총 10단계로 나누어 설명하고 있다. 그 기준 세 가지를 보면, 첫째 재물을 어떤 방법으로 모았는가, 둘째 모은 재산을 자신의 행복을 위해 사용했는가, 셋째 모은 재산으로 남들의 이익을 위해 사용하고 공덕을 지었는가가 그것이다.

10단계 가운데 최하위는 부당한 방법으로 폭력을 써서 재산을 모으고, 그 재산으로 자신을 행복하게 하지도 못하고, 남과 나누어 가지지도 않고 공덕을 짓지도 않은 사람들이다. 반면에 최상위는 정당한 방법으로 재산을 모으고, 그 재산으로 자신을 행복하게 하기도 하고 사람들과 나누어 가지고 공덕을 지으며, 동시에 그 재산에 홀리거나 집착하지 않고 재물의 위험함을 알고 재물에서 어떻게 벗어날 수 있을지를 통찰하면서 사용하는 사람들이다.

모은 재산으로 나 자신을 행복하고 만족하게 했느냐를 중요한 지표로 본다는 점이 우리의 기존 선입견을 깬다. 무소유라던가 '빈자일등(貧者一燈)' 설화 같이 일반에게 잘 알려진 내용을 통해서 우리가 제한적으로 불교의 재물관(財物觀)

---

86 「라시야경」(S42:12)은 석가모니가 라시야 촌장과 재산에 대해 나눈 대화의 기록이다.

에 접해 왔기 때문에, 불교가 재물에 대해 당연히 부정적이리라고 잘못 생각하고 있었던 것이다. 석가모니는 수행자의 자세와 일반 범부의 상황을 정확히 구분하고 있었다.

현재 내가 가진 재물의 양은 결국 과거에 축적한 나눔과 공덕의 양이다. 『업보차별경』에는 각 업보별로 어떤 행동이 그런 업보를 가져오는지를 세분해서 보여주는데, '중생들로 하여금 많은 재산의 과보를 받게 하는 열 가지 업'도 정리해 주고 있다. 즉 도둑질을 하거나 남을 시켜서 도둑질을 하지 않는 것, 부모에게 살림을 차려 받드는 것, 성현들에게 필요한 물품을 이바지하는 것, 남이 이익을 얻는 것을 보고 기뻐하는 것, 이익을 구하는 이를 보면 방편으로 도와주는 것, 보시를 즐겨하는 이를 보고 기뻐하는 것, 사람들의 굶주림을 보면 가엾이 여겨 도와주는 것이 그것이다.[87]

앞에서 전 국토에 마지막 밥 한 끼밖에 남지 않았던 금색왕은 그러면 어떻게 그 혹독한 가난에서 돌파구를 찾았을까. 금색왕이 마지막 절벽에 몰렸던 그 시기 즈음해서 깨우침을 얻은 벽지불[88]이 한 분 있었다. 그 벽지불은 중생에게

---

87 『불위수가장자설업보차별경』 k0850

이익되는 일을 할 생각으로 누구에게서든 음식을 공양 받을 결심을 한다. 천안통으로 금색왕의 사정을 본 벽지불은 신통으로 요금성에 나타났다. 금색왕은 자기 몫으로 남아있는 한 끼 밥을 한 치의 망설임도 없이 벽지불의 발우 안에 넣어주며 이렇게 말한다.

"이 선근으로 염부제의 일체 중생이 이제부터 내세에 이르기까지 영원히 빈궁을 끊게 되기를."

그러자 널리 사방에서 구름이 서려 일어나더니 갖가지 떡과 밥가루, 익은 팥, 깨가 비처럼 내렸다. 이어서 칠칠일 동안 갖은 곡식, 기름, 돈, 보석의 비가 흠뻑 내렸다. 이 이야기를 들려준 석가모니가 말했다. "그 금색왕이 바로 나였느니라." 금색왕은 석가모니의 전생이었던 것이다.

그런데 『금색왕경』에서 벽지불이 자신에게 공양할 사람을 찾을 결심을 하는 부분이 이상하게 생각될 것이다. 공양을 받게 되면 받는 것이지 무슨 받는 결심까지 해? 벽지불이 그런 생각을 한 이유는 보시를 받는 대상이 누구인가에 따라서 그 과보가 달라지기 때문이다. 「보시의 분석경」에서 14종류의 개인에게 보시를 했을 때 그 보답과 과보가 다 다르다는 점을 설명한다. 보시 대상에 따라 과보에 차별이 있는

---

88 독각, 연각이라고도 하며, 스승 없이 홀로 깨우침을 얻은 성자를 말한다.

것은 바로 복전(福田)의 차이에서 온다. 우선 차등을 설명하자면,

> 축생에게 보시하면 백 배의 과보
> 행실이 나쁜 범부에게 보시하면 천 배의 과보
> 행실이 바른 범부에게 보시하면 십만 배의 과보
> 감각적 욕망을 여읜 이교도에게 보시하면 천억 배의 과보
> 아라한, 벽지불, 여래에게 보시하면 무슨 말이 필요하겠는가?[89]

이런 차이는 곧 복전(福田) 또는 공덕전(功德田)의 차이이다. 불교에서는 보시를 받는 사람을 '복전(福田)', 즉 '복을 가꾸는 밭'에 비유한다. 땅(보시 받는 사람)이 기름지고 훌륭할수록 씨앗(보시하는 사람의 선업)은 더욱 더 잘 자라 풍성한 열매(과보)를 맺게 된다. 따라서 지혜와 덕행이 높은 존재일수록 그를 복전으로 삼아 행한 보시는 더욱 큰 공덕을 만들어 낸다는 의미가 되는 것이다.

모든 만남에는 이유가 있듯이, 모든 돈복과 가난과 재물의 부침(浮沈)에도 이유가 있다. 원인 없는 결과는 없다. 그

---

[89] 『맛지마 니까야』 제15장 여섯 감각장소품 중 「보시의 분석경」(M142)

원인이 멀리 있어서 우리의 눈에 들어오지 않을 뿐, 지금도 찰나마다 작용하고 있으며, 지금 이 순간에도 우리는 미래에 받을 재물의 양을 스스로 결정하고 있다.

　재물 카르마에는 공짜란 없다. 내가 맡긴 만큼 받는 것일 뿐이다. 『시크릿』 같은 끌어당김의 법칙에서 말하듯이 인간 돈자석이 되려면 내가 맡겨놓은 몫이 어디엔가 저장되어 있는 경우에만 가능하다. 내가 내 돈을 대주고 있는 것이며, 나 혼자 짜고 치는 고스톱이다. 램프의 요정 지니도, '쩐주(錢主)'도 모두 나 자신인 것이다.

10
카르마와 사주팔자

"전생에 무슨 죄를 지었길래 팔자가 요모양 요꼴인거냐."

제법 자주 듣는 한탄이다. 이 말 속에는 전생과 팔자가 인과관계로 표현되어 있다. 전생의 업과 업보의 관계는 돌아가신 할머니 무릎을 베고 옛날 얘기로 들었거나, 아니면 적어도 〈신과 함께-죄와 벌〉 같은 영화를 통해서라도 어느 정도 개념은 알겠지만, 카르마와 사주팔자의 관계에 대한 것은 미처 생각해 본 적이 없을 것이다. 카르마와 사주팔자는 어떤 관계인 것일까.

'팔자 도망은 못 간다'는 속담이 있다. 여기서 '팔자'는 엄밀한 의미에서의 사주팔자(四柱八字)라기 보다는 우리나라 사람들 사이에서 형성된 '팔자'라는 단어가 함의하고 있는 숙명성을 말한다. '독에 들어가도 팔자는 못 피한다'는 말도 있다. 하지만 우리들이 명리학(命理學)을 통해서 간명 받는 우리의 사주팔자는 어떤 수를 써도 도망 못 치는 절대적 운명론은 결코 아니다. 보통은 '점 본다'는 말로 편하게 대신하는 간명(看命)이란, 우리가 태어난 연월일시라는 네 개의 기둥[四柱]을 기준으로 여덟 개의 글자[八字]를 뽑아 그 기호의 집합으로 인생을 예측하는 방법이다. 목화토금수라는 기본 원소들이 각 사람마다 어떻게 조합되는가를 놓고 시니피앙(기표)과 시니피에(기의)[90]를 읽는 것이다. 그래서 "사주 본다."고 말한다.

간명의 산(看) 자의 글자 구성을 보면 눈 목(目) 자 위에 손[手]을 올려놓았으니, 손을 이마에 얹고[看] 사람의 명(命)을 널리 본다는 뜻이다. 명(命)을 확정 짓는 것이 아니라 이마에 손 얹고 먼 풍경을 관망하듯이, 기호의 조합이 각각 말해주는 전체적 삶의 특성과 성향과 라이프 사이클을 조망해 보고자 하는 학문이 명리학이다. 기호의 합으로써 틀과 특성을 종합하고 예측하는 것이지, 각자 가지고 태어난 지도대로만 그대로 따라간다는 운명론이나 숙명론은 아니다. 명

---

90 시니피앙(signifiant)은 기표(記表), 시니피에(signfié)는 기의(記意)로, 언어학자 소쉬르가 정의한 용어이다. 표현되는 기호가 시니피앙이고, 그 기호가 의미하는 내용이 시니피에이다.

리를 한 치의 어긋남도 없는 운명론이라고 말하는 역술인이 있다면, 기본 고서부터 다시 잡고 올바른 스승에게 공부를 다시 해야 할 것이다. 운명으로 낙인 찍는 한마디가 상담자의 삶을 파괴할 수도 있기 때문이다.

 이 말은 곧 사주로 본 내 인생과 실제 삶이 절대 같지 않다는 뜻이다. 전형적인 사업가 사주로 승승장구하며 60대까지 고속도로 탄 듯이 죽 뻗어갈 것이라고 간명을 했어도 중간에 갑작스레 지뢰를 밟아 부도가 나는 경우가 허다하고, 자녀가 영특하고 재물이 많아 나중에 큰 효도를 하겠으니 오래 살아야겠다고 했으나, 그만 꽃 같은 나이에 불의의 극단적 선택으로 부모 가슴에 대못을 박는 경우도 있다. 이제 지지리 고생은 끝났고 올라갈 일만 남았다고 해서 희망을 가졌건만, B1, B2로 내려가는 경우도 많고, 좋은 궁합으로 평생 알콩달콩 살며 토끼같은 자식들이 번창할 것이라고 했으나 배우자의 외도로 가정이 박살나고 아이들도 망가지고 병이 깊어지는 경우 또한 많다. 명리학계의 전설로 '박도사'라고 불리던 제산(霽山) 박재현[91] 선생이 말년에 병상에서 후

---

91 제산(霽山) 박재현(1935-2000) 선생은 도계 박재완(1903-1992) 선생, 자강 이석영(1920-1983) 선생과 더불어 우리나라 역학계의 3대 명인이다.

학 박청화에게 이렇게 물었다.

"청화야, 사주팔자가 다 맞더냐?"

"아니던데예."

"그렇재!"

그러니 '팔자 도망은 못 간다'는 저 속담에서 말하는 팔자
는 사주팔자를 의미한 것이 아니다. 절대 피하지 못하고 옴
팡 뒤집어쓴다는 의미로 보면, 저 속담에서 말하는 팔자는
타고난 카르마의 두려운 힘을 은연 중에 내비치고 있다는
점이 흥미롭다.

고대의 원소설(元素說)에서 볼 때 명리학의 원소 체계는 5
원소(목·화·토·금·수)이고, 불교는 4대(지·수·화·풍)이다. 동서양
철학에서는 각기 우주 물질의 기본 요소를 대부분 4원소나 5
원소로 정리했다. 그 가운데 눈 여겨 볼 부분이 바로 불교의
지·수·화·풍 사대(四大)[92]이다. 『불설비유경』에 들어 있는 안
수정등(岸樹井藤) 설화를 그림으로 그린 것을 보면 절벽에서

---

92 지·수·화·풍은 각각 구체적인 흙, 물, 불, 바람을 의미하는 것이 아니
라, 각각이 띠는 고유 성질을 의미한다. 즉 지(地)는 단단한 견성(堅
城), 수(水)는 축축한 습성(濕性), 화(火)는 따뜻한 난성(煖性), 풍(風)은
움직이는 동성(動性)을 뜻한다. 이 네 가지 성질이 우주의 어떤 물질
에든지 두루 포함되어 있고 작용의 결과가 막대하게 크다고 하여 대
(大)라고 부른다.

모악산 금산사 대장전 벽화 안수정등도

등나무를 붙잡고 매달린 남자 밑에 뱀 네 마리가 혀를 날름거
리고 있다. 뱀은 각각 갈색, 파랑색, 빨강색, 초록색[93]을 띠고
있고 이것은 사대를 상징한다. 사대를 위협적인 뱀으로 묘사
한 것은 죽으면 흩어질 사대의 무상함을 의미한다.

　불교에서 색법(色法)[94]에 속하는 이 사대는 우리 몸이나 세
상의 물질을 이루는 구성 요소만을 가리키는 것이 아니라, 바

93　불교적 '풍(風)'을 시각적으로 표현할 때 공기나 바람을 투명하게 처
　　리하거나 흰색, 회색으로만 그리기 어려우므로 초록 또는 옅은 청록
　　계열로 대신 표현하기도 한다. 가령 불화나 만다라를 그릴 때 사방(四
　　方)·사대(四大)를 표현할 때 녹색을 바람과 연결시키는 사례가 있다.
　　물론 화가의 의도나 지역·전통에 따라 색이 달라질 수는 있다.
94　현상계의 일체 물질을 포괄하는 물질론을 말한다. 불교의 물질론은
　　원시경전에서 이미 등장하고, 부파불교부터 깊이 연구된 사대론은
　　유식사상까지 이어진다. 사대에 대해서 다루는 논서는 『아비달마대
　　바바사론』, 『유가사지론』, 『성유식론』 등이다.

로 카르마의 구체적 반영이라는 점이 놀랍고 심오하고 독보적이다. 부파불교의 방대한 한 논서[95]에서 이런 질문을 한다.

"우리 몸을 비롯해서 삼라만상이 모두 사대로 만들어졌다는데, 그러면 모두 모습이 똑같아야 하지 어째서 모습이 각각 다 다르게 나타납니까?"

지금 우리라도 할 법한 예리한 질문이다. 그 답은 이렇다.

"업이 다르기 때문이고 사대의 구성이 다르기 때문이다."

업이 모두 다르므로 축생과 사람 몸이 서로 다르고, 사람마다 제각기 다르고, 축생 종류마다 제각기 다르다는 뜻이다. 서양철학에서 학파마다 4원소론이나 5원소론으로 인간의 기질이나 몸의 상황을 분석하기는 했지만, 왜 애초에 각자마다 그런 구성비가 되었는지 근본적 원인에 대한 유일한 답이 바로 여기에 있다.

우리 몸의 사대는 언제 어떻게 구성되는 것일까. 정자와 난자 그리고 제8아뢰야식 세 가지 요소가 결합하면서 생명체가 형성되는데,[96] 이 아뢰야식은 업을 가지고 윤회하는 주

---

95 설일체유부의 『아비달마대비바사론』. 불교 논서들의 특징은 질문, 반론, 대답, 해설 등으로 구성된다.

96 『맛지마 니까야』 M38, 「갈애 멸진의 긴 경」. "비구들이여, 어머니와 아버지가 교합하고 어머니가 월경이 있고 간답바[識]가 있어서, 이와

체이다. 이때 업력에 따라서 사대의 구성이 달라지기 때문에 사람마다 생김새와 성향이 다르게 된다. 앞서 봤듯이 총보(總報)에 의해서 인간으로 온 것은 이미 결정된 것이고, 별보(別報)에 의해 성별, 신체적 조건, 용모, 정신 상태, 성품, 수명, 건강 상태, 재산 정도, 사회적 지위, 태어나는 지역, 가문, 가정환경 등의 세부적 조건이 세팅되는데, 그 가운데 사대에 따라 결정되는 부분은 우리 몸과 성향에 관한 부분이다. 이러한 기본 세팅에서 출발하여 살아가는 동안에는 그때그때의 인연에 따라서, 또한 업이 익음에 따라서 다양한 형태의 과보가 끊이지 않고 온다.

그 가운데 사주로 볼 수 있는 부분은 별보(別報)의 일부 사항, 그리고 그 여덟 글자가 시간의 좌표 위에서 만드는 삶의 큰 흐름이다. 따라서 사주는 카르마라는 거대한 판의 부분 집합이고, 거꾸로 말하면 사주는 카르마의 일부를 가늠할 수 있는 작은 창구이다. 비록 작은 창구이기는 하지만, 인간이 카르마를 알아볼 수 있는 공식을 만들었다는 것만으로도 프로메테우스의 불이다. 사주가 맞지 않는 이유는, 역술

같이 세 가지가 만날 때 수태가 이루어진다." 여기서 '간답바'는 금생 최초의 마음인 재생연결식을 의미한다. 이후 이 개념을 유식사상에서 진일보시켜 제8아뢰야식으로 설명했다.

인의 실력 문제라는 요소는 논외로 할 때 카르마라는 훨씬 큰 힘의 작용 때문이다. 업의 성숙과 연(緣)에 따라 삶의 중간 중간에 돌발적으로 올라오는 업보를 사주로는 읽을 도리가 없다. 사주 본 것이 자주 잘 안 맞는 사람은, 이 역시 역술인의 실력이나 실수나 컨디션 문제는 논외로 할 때 반드시 자신의 카르마 패를 자세히 들여다 볼 필요가 있다. 그 반대로 선업의 과보가 많은 사람 역시 사주가 잘 맞지 않는다.

　카르마, 삶의 실제 흐름, 사주, 이 세 요소 간의 역학 관계를 도표화하면 다음과 같다. 〈카르마 만다라〉이다.

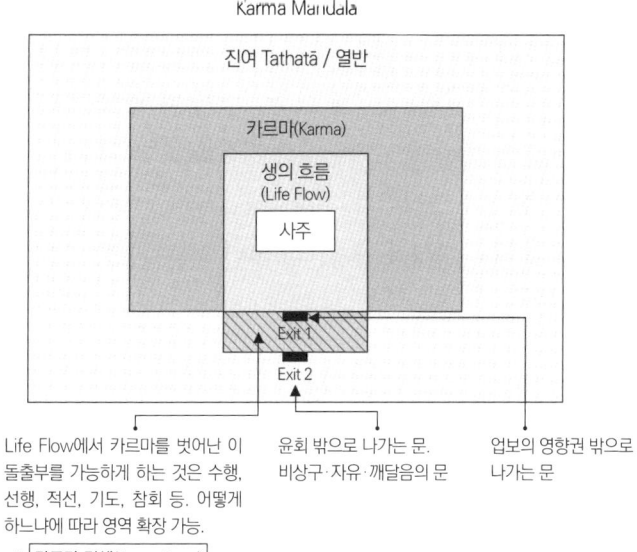

Karma Mandala

진여 Tathatā / 열반

카르마(Karma)

생의 흐름
(Life Flow)

사주

Exit 1

Exit 2

Life Flow에서 카르마를 벗어난 이 돌출부를 가능하게 하는 것은 수행, 선행, 적선, 기도, 참회 등. 어떻게 하느냐에 따라 영역 확장 가능.

➡ 카르마 리셋(Karma Reset)

윤회 밖으로 나가는 문. 비상구·자유·깨달음의 문

업보의 영향권 밖으로 나가는 문

현생의 삶의 흐름(Life Flow로 표시) 전체는 카르마의 영향권 안에 있고, 사주로는 삶의 흐름의 일부분에서 적중한다. 삶의 흐름이 카르마의 영역을 벗어난 부분을 빗금으로 표시해 놓았는데, 이 부분은 업력을 벗어난 부분이다. 이러한 돌출부를 가능하게 해주는 것은 수행, 선행, 기도, 참회 등으로, 바로 다음 제3부 카르마 리셋에서 구체적으로 다룰 부분이다. 빗금 영역 밑에 작은 쪽문이 있는데, 이 문이 바로 자유, 해탈, 열반, 깨달음으로 나가는 비상구이다. 희귀한 그 문 밖은 카르마도 윤회도 사라진 진여(眞如)의 영역이다. 약간의 뉘앙스 차이는 있지만 정광명(淨光明)의 영역이라고 해도 좋다.[97]

우리가 지금 이 순간에 저 도표 어디에 한 점으로 서있다. 하지만 이 카르마 만다라에서 가장 중요한 핵심은 도표 안 네모 상자의 구성비가 시시각각 달라진다는 점이다. 카르마의 법칙이 절대적 결정론이 아닌 것은, 지금 이 순간 내가

---

97 진여나 정광명이나 '본래 청정하고 참된 실재' 혹은 '근원적 진실, 근원적 마음'을 나타낸다는 점, 깨달음의 지혜, 모든 번뇌가 사라진 근원적 청정함을 지칭한다는 점에서 공통적이다. 차이는 진여가 본질·본체적 측면에 무게가 실린다면(철학적, 이론적), '정광명'은 그 본체가 발하는 청정한 빛이라는 작용적 측면(체험적)을 담고있다.

새로 짓고 있는 카르마 때문이다. 이 순간에 새로 짓는 새로운 카르마로 인해 도표의 전체적 역학관계가 끊임없이 유동한다. 각 네모의 영역이 찰나에 줄었다가 늘었다가, 빗금 친 돌출부가 없다가 생겼다가 늘어났다가 줄어들었다가 하는 것이다. 바르게 생각하고 바르게 말하고 바르게 행하고 선하게 행동하라는 동서양 모든 성현과 선지식들의 공통적인 충고가 도덕적 고인물의 빤한 소리가 아니라, 우리의 노력만으로는 극복이 힘든 괴로움에 처한 상황에서 우리가 잡을 수 있는 거의 유일한 동아줄인 이유이다. 저 조그만 비상구를 우리도 언젠가 찾게 될 그날까지는 그 방법 밖에는 없다.

부산의 한 고기집 간판에 이런 글이 쓰여 있다.

"인생은 어짜피 고기서 고기다."

틀린 철자까지 가세하여 엄청 재치 있는 드립을 보고 뿜기는 했지만, 과연 인생이 거기서 거길까. 전혀 그렇지를 않다. 그 키(key)를 나 자신이 잡고 있다.

11
죽음과 다음 생(生) 사이,
거기선 무슨 일이?

새벽별을 보고 깨닫던 날 밤, 석가모니는 윤회의 원인을
마침내 찾아내고 감격의 오도송을 터뜨린다.

> 수많은 삶, 윤회 속을 헤매며
> 집 짓는 자를 찾았지만 찾지 못하여
> 계속해서 태어남은 괴로움이었네.
> 오, 집 짓는 자여!
> 이제 그대를 보았으니
> 그대는 더 이상 집을 짓지 못하리라.
> 서까래는 부서졌고 대들보는 뿔뿔이 흩어졌으며
> 마음은 열반에 이르러
> 갈애의 소멸을 성취했노라.
>
> ─『담마빠다』[98]

이 오도송에서 '집'은 사대(四大)와 오온(五蘊)[99]으로 이루어진 몸을 말하고 '집 짓는 자'는 갈애(渴愛)[100]를 의미한다. 이제는 더 이상 집을 짓지 못한다는 것은 더 이상 몸을 받지 않는다는 것, 즉 윤회가 끝났다는 뜻이다. 번뇌의 불을 훅 불어 껐으니,[101] 얼마나 무한한 환희 그 자체였을까. 하지만 범부(凡夫)인 우리 사정은 이렇다.

팔십 세에 저 세상에서 날 데리러 오거든

아직은 쓸만해서 못 간다고 전해라(…)

백세에 저 세상에서 날 데리러 오거든

좋은 날 좋은 시에 간다고 전해라

아리랑 아리랑 아라리요

아리랑 고개를 또 넘어간다.

---

98 『담마빠다(Dhammapada)』는 빨리어로 쓰였고, 그것을 한문으로 번역한 것이 『법구경』이다. 위 오도송은 제11장 「늙음의 장」 제153-154절에 있다.

99 『아미달마구사론』에 따르면, 오온(五蘊)이란 색(色), 수(受), 상(想), 행(行), 식(識)의 다섯 가지이다. 생멸변화하는 모든 것, 즉 인간과 세계를 구성하는 유위법의 다섯 가지 기본 요소이다.

100 갈애(渴愛)란 갈증으로 애타게 물을 찾듯이, 색욕, 재물욕, 식욕, 명예욕, 수면욕의 오욕(五慾)에 애타게 집착하는 것을 의미한다.

101 열반, 즉 니르바나의 본래 뜻은 '불을 훅 불어서 끈다'는 의미이다. 번뇌의 불꽃을 말하는 것이다.

한때 고속도로 차트 1위였던 이애란의 '백세인생' 가사이다. 누구라도 결국은 죽음을 받아들여야 하는 서글픈 심정과 더불어 "아리랑 고개를 또 넘어간다."는 대목은 생의 한 고개를 이렇게 또 한 번 넘기고 있다는 의미로 들려 가슴이 서늘하다. 고개를 넘을 때마다 "떡 하나 주면 안 잡아먹지" 하는 호랑이를 만나는 건 아닌지. 행여 호랑이를 만나면, 시커먼 고물이 더덕더덕 붙어있는 악업 떡 하나 "옛다!"하고 던져주기를.

그런데 이런 윤회에 대해서 보통은 『바가바드기타』에서도 말하듯이, 헌 옷을 벗어버리고 새 옷을 갈아입는 식으로 받아들인다. 그렇게 받아들이면 이해하기는 편하다. 고정 불변의 '나'가 있고, 그 '나'가 태어났다 죽었다 하면서 여러 종류의 몸을 받아 지펴를 잠갔다가 내렸다가 하는 것이다. 이것이 힌두교의 윤회론이다. 『우파니샤드』에서도 풀잎 위를 기어다니는 벌레가 풀잎 끝에 다다르면 몸을 죽 뻗쳐 다른 풀잎 위로 옮겨가듯, 아트만[我]이 자신의 경험을 그대로 가지고 이 육체에서 또 다른 육체로 옮겨 간다고 보았다.[102]

반면에 석가모니는 윤회론은 받아들이면서도 무아(無我)를 핵심 기치로 삼았다. 무아(anātman)라는 단어 자체가 '아

---

102 「브리하다란야카 우파니샤드」 정창영 역, p.197

트만이 아니다(부정 접두사 an + ātman)'라는 뜻이다. 옷을 갈아입는 주체가 없다는 것, 즉 그 유명한 '무아 윤회'이다. 석가모니는 고정불변하는 개아(個我)가 옷을 갈아입어 가며 윤회하는 것이 아니라, 폭포수 같이 계속 흐르는 업(業) 에너지가 윤회한다는 것을 깨달았다.[103] 마치 '새[鳥] 없는 비행(飛行)'[104]과도 같다.

  무아(無我)이면서도 전생의 모든 업을 저장하고 과보를 내면서 윤회하는 에너지인 제8아뢰야식을 쉽게 이해하려면, 구글 드라이브나 드롭박스 같은 클라우드 데이터를 생각해 보면 된다.

  클라우드 데이터의 무형성과 연속성은 아뢰야식의 역할

---

103 '바라문 수행승이여, 중생들은 업이 바로 그들의 주인이고, 업의 상속자이고, 업에서 태어났고, 업이 그들의 권속이고, 업이 그들의 의지처이다.'『맛지마 니까야』「업 분석의 짧은 경」M135
  석가모니 사후, 부파 불교에서는 그러면 이 업은 대체 어디에 저장되었다가 다음 생까지 상속(相續)되는 것인지를 탐구하기 시작했고 윤회의 주체를 부파별로 정리함으로써 불교의 윤회사상에 큰 이바지를 했다. 이어서 업을 짊어지고 업력에 따라 옮겨다니는 윤회의 당체(當體 bhava)를 제8아뢰야식이라고 찾아낸 것이 바로 유식학파인 것이다.

104 이거룡, 「우빠니샤드와 초기불교에서 업과 윤회」, 불교학 연구, vol.29. p.34, 2011.

과 매우 유사하다. 클라우드에 저장된 데이터는 사용자의 파일, 사진, 문서 등으로 이루어져 있고, 이 데이터들은 컴퓨터나 스마트폰 등 개인 기기에 저장되는 것이 아니라 클라우드 저장소에 저장된다. 기기(신체)는 매개체일 뿐, 데이터 자체(업)는 클라우드(제8아뢰야식)에 저장되어 기기가 바뀌어도(윤회) 데이터의 연속성이 유지되는 것이다. 고정된 것이 아니라 데이터가 끊임없이 유동하며 변화하는, 외곽은 빠지직거리고 속에서는 뭉글뭉글거리는 이 역동체에 대해, 전기도 아직 없었던 그 당시에는 '폭류'[105] 같다는 말 외에는 달리 뾰족한 비유가 없었을 듯 하다.

윤회는 삶과 죽음으로 끝없이 이어지기 때문에 생사윤회라고도 한다. 그런데 죽음을 겪고 그 다음 생명을 받기까지 그 사이의 중간 단계가 있는 것일까, 아니면 죽는 즉시 다음 생으로 바로 이어지는 것일까.

불교에서는 윤회하는 순환 단계를 넷으로 나누어, 생유(生有), 본유(本有), 사유(死有), 중유(中有)의 4유(四有)로 구분했

---

105 『해심밀경』에 아뢰야식의 종자를 폭류에 비유하는 석가모니의 유명한 게송이 나온다. "아타나식은 매우 깊고 미세하며 **일체 종자는 폭류와 같도다.** 나는 범부와 어리석은 무리에게는 열어 보이지 않으니 그들이 그것을 '나'라고 분별하고 집착할까 두렵기 때문이니라."

다.[106] 유(有)란 '존재'라는 의미이다. 생유는 정자와 난자가 결합하는 그 찰나를 말한다. 바로 그 순간에 제8아뢰야식이 수정란으로 들어간다. 제8아뢰야식이 DNA도 모두 접수한다. 본유는 수정된 순간 이후부터 세상으로 나와 죽는 때까지이고, 사유는 죽는 그 찰나를 말한다. 여기까지가 보통 생물학적인 생사이다. 죽는 순간 다음에 이어지는 것이 중유(中有), 또는 중음(中陰)이라는 단계이다. 상좌부 및 몇 부파만 중유 단계 없이 죽으면 곧바로 다음 생으로 이어진다고 주장[107]했고, 나머지 모든 부파와 대승불교는 중유의 실재를 인정했다. 석가모니도 이런 말을 했다.

바라문이여! 그대는 지금 성년을 지나
노쇠에 이르고 염마왕(焰魔王)과 가까운데
앞길을 가고자 하여도 자량(資糧)이 없으니
중간에 머무를 곳 더 이상 없구나.[108]

---

106 4유설을 다룬 대표적인 논서에는 세친의 『아비달마구사론』, 그리고 역시 인도의 논사로 세친과 함께 설일체유부에 있던 중현의 『아비달마순정리론』, 중국 영명연수 선사의 『종경록』 등이 있다. 그리고 용어는 다르지만 동일한 개념을 다룬 티벳의 『바르도 퇴돌』(티벳 사자의 서)도 있다. 위 본문에서는 이 네 가지 책의 내용을 정리했다.

107 중유의 실재성을 부정하는 이들 몇 부파에 대해 『대비바사론』, 『이부종륜론』에 기록이 있다.

108 『별역 잡아함경』 권제5

'중간이 머무를 곳'이 바로 중유를 의미한다. 석가모니가 위 게송의 바라문에게 중유가 없다고 한 이유는 이 바라문은 악업이 꽉 차서 중간 단계에 머물 필요 없이 곧바로 악도로 가기 때문이다. 자량이 없다는 것은 선도(善道: 인간계나 천계)로 갈 선업, 보시, 지계 등 쌓아놓은 공덕이 없다는 뜻이다. 극도의 악업과 극도의 선업의 경우는 중유를 거치지 않고 바로 다음 세상으로 빨려 들어간다.

이와 유사한 사례에 대한 내용이 『중아함경』에도 기록되어 있다.

옛날 갈낙가손타 부처(구류손불)가 지원이라는 이름의 시자와 함께 걸식할 때였는데, 도사마라(악마)가 소년의 모습으로 변하여 시자에게 돌을 던져 그의 머리에서 피가 나게 하였다. 이에 길낙가손타 부처가 나무라자 그 말이 채 끝나기도 전에 도사마라는 바로 무간지옥에 떨어졌다.[109] 도사마라는 악업이 너무 강성했기 때문에 중유 없이 곧바로 무간지옥으로 떨어진 것이다.

---

109 이름은 조금씩 다르지만 동일한 내용이 『중아함경』, 『항마경』, 『대비바사론』에 나온다.

중유에 머무는 존재를 중음신(中陰身)이라고 한다. 귀신의 '신(神)'자로 자주 오해들 하는데 몸 신(身)자이다. 누가 돌아가셨을 때 49재를 드려드리는 존재가 바로 이 중음신이다. 중음신에 대한 내용은 고대 인도에서나 중국에서나 티벳에서나 거의 유사하다는 점이 매우 흥미롭다. 특히 티벳의『바르도 퇴돌』, 즉『티벳 사자(死者)의 서』는 중음신이 겪는 여러 가지 현상에 대해 날짜순으로 자세히 기술하고 있는데, 바르도 퇴돌에서 '바르도(Bardo)'가 바로 중유(中有)를 뜻한다. 또 한번 놀라운 것은 이『티벳 사자의 서』가『이집트 사자의 서』와 거의 유사하다는 점이다.

모든 기록에 공통적인 것은, 중음신은 키가 5, 6세 정도 어린아이의 키이며, 태어나는 방법은 우리처럼 태(胎)를 거치는 것이 아니라, 곧바로 불쑥 태어나는 화생(化生)이다. 이 화생에 대해 티벳 스님들이 말하기를 "마치 강물 위에서 숭어가 불쑥 솟아오르는 것 같다."는 기록이 있다.

중음신들은 같은 곳에 태어날 중음신끼리만 서로 보인다. 예를 들어 축생으로 태어날 중음신끼리만 서로 보이고, 다른 취(趣: 세계)에 태어날 중음신들은 바로 앞에서 왔다갔다 해도 보지 못한다. 영화 〈식스 센스〉의 그 유명한 반전씬에서 '유령 끼리'라서 보였던 것도 다소 비슷한 맥락이겠다. 중음신은 몇 가지 신통을 가지고 있는데, 영화나 임사체험에서도 가끔 묘사되듯 물체를 통과하거나 생각하는 장소로 즉시 갈 수 있는 등의 신통이 있다. 이런 신통은 업의 신통이라서 '업통(業通)'이라고 부른다.[110] 중음신은 오로지 향기만 먹으며 그래서 '건달바'[111]라고도 불린다.

중음신이 중유에 머무르는 기간은 얼마나 될까. 위에서 말했듯이 직통으로 천(天)이나 지옥으로 가버리는 극악과 극선을 제외한 경우, 다음 생의 인연이 올 때까지 특정된 기간이 없다고 보는 대덕의 설[112]이 일반적이고, 존자 세우(世友)는 "최대한 7일이고, 만약 태어날 연과 화합하지 않았다면 여러 번 죽었다 살아났다 한다."고 했다.[113] 7일마다 죽었다 깨어나는 것을 반복하는 것은 『티벳 사자의 서』에도 나와있는데, 우리가 천도재를 7일 간격으로 일곱 번 지내는 이유이기도 하다. 중음신들은 모두 삶을 간절히 구하기 때문에, 전체적으로는 최대 49일 안에는 다음 생유로 간다고 본

---

110 세친, 『아비달마구사론』, 제9권 분별세품
111 인도 신화에서 건달바, 즉 간다르바(gandharva)는 향기를 먹고 사는 음악의 신이다.
112 세친, 같은 책.
113 『아비달마구사론』, 제3분별세품. cf. 『보광의 구사론기에 의한 아비달마구사론』, 김윤수 역, p.87

다. 49일이 지나고도 다음 생을 못 받는 중음신들은 그러다가 소위 우리가 말하는 '구천을 떠도는 귀신'이 된다.

중음신은 자신이 태어날 태(胎)[114]를 어떻게 만나게 되는 것일까. 즉 우리와 부모의 인연은 어떻게 만들어지는 것일까. 보통 생각하듯 부모가 아기를 끌어당기는 것이 아니라, 중음신이 부모를 선택한다. 아니, 선택이라기보다는 중음신의 업력이 그렇게 하도록 세게 끌어당긴다. 공간을 돌아다니던 중음신은 업력에 의해 자신의 업과 인연에 맞아떨어지는 부모를 보면, 마치 아름답고 화려한 궁전을 보는 듯 행복하고 흡족해서 들어가지 않고는 못 배기게 된다. 인연의 측면으로 보면, 자식은 부모에게 은혜를 갚으러 오거나 원한을 갚으러 온다. 이 역시 과보이다. 부모의 정혈과 중음신의 아뢰야식이 결합해 응결하는 동시[115]에 중유는 소멸하고 본유가 시작된다.[116] 이렇게 해서 우리가 지금 이 시간, 이 공간, 이 자리에 살아 서있다. 무수히 죽어도 봤지만 기억은 못한다.

다만 이번에 다시 한번 죽음과 마주할 때, 그것이 통곡의 벽이 되지 않기만을 바라본다.

---

114 태(胎)를 통해서 태어나는 태생에 해당되는 것은 인간과 축생이다.
115 이 순간이 생유(生有)이다.
116 『유가사지론』 제1권

12

일심(一心)과 홀로그램 우주,
그리고 월인천강(月印千江)

　다음 제2장 〈카르마 핵심 22칙〉에서 카르마 법칙을 번호 순으로 총정리하고 나면, 이 책의 가장 핵심부인 제3부 〈카르마 리셋〉으로 곧 들어가게 된다. 〈카르마 리셋〉은 내 카르마의 재설정이자, 어떻게 해야 우리가 업장을 최대한으로 줄이고 선한 과보를 꽃피워 좀 더 행복하게 살 수 있는지를 가이드 하는 카르마 경영 실전론이다.

　카르마 리셋을 가능하게 하려면, 다음 세 가지를 반드시 미리 알고 있어야 한다.

　첫째, 현실은 가유(假有)라는 것을 이치상으로나마 이해해야 한다. 이것은 곧 공(空)의 이해이다. 우리가 경험하는 현상들은 우리가 밤에 꾸는 꿈과 똑같은 구조이다. 꿈은 깨어나야 꿈이었던 것을 알고, 꿈 속에서는 모든 것이 그대로 생생한 실재이다. 삶이라는 꿈에서 깨어나는 것이 해탈이지만, 먹고 살아야 할 범부인 우리는 해탈을 목표로 수행을 할 수 있는 여건이 되지 않는다. 하지만 적어도 우리가 오감으로 인식하고 있는 이 세계가 과연 진짜인 것인지, 이게 다 꿈속인 것이라면 지금의 이런 방식으로 탐진치 삼독에 끌려다니며 살 이유가 있는 것인지에 대해 끊임없이 돌이켜본다.

둘째, 제8아뢰야식의 작용을 이해하고 업과 윤회의 작동 원리를 이해해야 한다. 제8아뢰야식에 심기는 업종자의 작용과 그 업을 동력으로 과보를 안고 다음 생으로 넘어가는 윤회의 원리를 이해한다. 그러나 근본적으로는 윤회 자체도 꿈임을 이해한다.

셋째, 우리 각자의 아뢰야식의 심층에는 우리 모두를 하나로 묶는 궁극적인 하나의 근원적 차원이 있다는 것을 이해해야 한다. 우주적 무의식이라고 부를 수 있는 '일심(一心)'이 그것인데, 화산의 기저부 아뢰야식의 저 심층에서 우리는 함께 거대한 하나의 땅덩어리이다. 사랑하는 사람도 철천지 원수도 모두 다 거기 함께 있다. 카르마 리셋의 원리를 알려면 이 부분을 반드시 이해해야 한다. 바로 이것이 진짜 〈시크릿〉이기도 하다.

1항과 2항에 대해서는 여태 함께 본 바 대로이고, 3항 우주적 일심(一心), 홀로그램 우주, 우누스 문두스에 대한 것을 마지막 결론 삼아 살펴보고, 제3부 카르마 리셋으로 넘어가기로 한다.

• • •

다음 세 개의 글은 모두 바다와 파도의 관계를 말하는 글이다. 시대도, 나라도, 공부도 모두 다른 세 개의 글이 각각 손가락을 들어 같은 달을 가리키고 있다는 점이 몹시나 흥미롭고 신기하다.

1. 범부는 지혜가 없으나 장식(藏識)이 거대한 바다와 같고 업상(業相)이 파도와 같음을 비유로써 통하게 하도다.
– 〈능가경〉[117]

---

117 『능가경』 권1 「일체불어심품」

2. 모든 중생들을 금빛 성품바다에 바람 없이 금빛 파도가 스스로 뛰노는 거품으로 관찰하면서 (…) 다시 저 한량 없고 끝없이 맑은 마음세계와, 청정하고 충만한 성품바다와, 물 거품 같은 중생들을 공空과 성품性과 현상相이 본래 다르지 않고 한결 같다고 관찰하면서(…)

– 〈금타대화상〉[118]

3. 밤하늘의 별을 바라볼 때 우리는 보통 우리가 보는 대상은 저 별들이고 우주 공간은 그 배경이라고 생각하지만, 밤하늘은 또 다르게도 볼 수 있습니다. 우주 공간을 배경이 되는 빈 공간으로 보는 것이 아니라 무한히 '충만한' 공간으로 보고, 공간 사이이 별들, 즉 물질은 광대한 바다의 작은 거품 같은 것으로 보는 겁니다.

– 〈양자 물리학자 데이비드 봄〉[119]

첫 번째 글은 『능가경』[120]의 한 구절이고, 두 번째 글은 청

---

118 금타대화상(1898-1948), 『보리방편문』, 청화 큰스님 번역. cf. 금타대화상, 청화스님 해설, 배광식 편저, 『금강심론 주해』, p.108
119 데이비드 봄(1917-1992), 양자 물리학자. 2020년 제작된 다큐멘터리 〈무한한 잠재력, 데이비드 봄의 삶과 사상〉
120 유식유가행파의 소의 경전 가운데 하나로 400년 경에 성립됐다. 여래장 사상을 담고 있으며, 특히 초기 선종에서 매우 중시된 경전으로, 달마대사가 2조 혜가에게 각별히 전한 경전이다.

화 큰스님의 스승인 금타대화상의 글이고, 세 번째는 양자 물리학자 데이비드 봄이 했던 말이다. 각자 동떨어져 있던 사람들이 어떻게 이렇듯 같은 비유를 쓸 수가 있다는 말일까. 거대한 바다와 파도 거품으로써 우리에게 전하고 싶은 말은 무엇이었을까.

이 글들은 온 우주와 현상(파도)이 단일한 마음 작용(바다)에서 비롯된다는 것, 모든 다양한 현상도 결국 하나의 거대한 심적 근원에 응축되어 있음을 말하고 있다.

데이비드 봄은 위와 같은 생각을 기반으로 홀로그램 우주론을 주장했다. 영화 〈스타워즈〉에서 로봇 R2D2는 주인공 루크에게 리아 공주의 3차원 영상을 허공에 광선으로 쏘아 보여준다. 홀로그램 영상이다. 또한 홀로그램 필름은 작은 조각으로 잘라도 전체 이미지 정보가 똑같이 담겨 있다. 이런 홀로그램처럼 우리가 보는 세상은 하나의 영상이며, 세상도 전체가 부분 안에 들어있고 부분이 전체를 드러내며, 표면의 물질 세계는 근본 정보의 투영이다.

크리스토퍼 놀란 감독의 영화 〈인터스텔라〉의 마지막 부분에 나오는 일명 '책장 씬'이 홀로그램 우주를 은유적으로 잘 보여준다. 블랙홀 내부에서 주인공 쿠퍼가 경험하는 5차원 공간은 '테서랙트(Tesseract)'라고 불리는데, 이 테서랙트 장면에서 시간과 공간이 납작한 '정보층'처럼 보이는 연출은 홀로그램의 원리와 유사하다. 데이비드 봄은 자신과 같은 철학을 펼치고 있는 있는 크리슈나무르티[121]에게 크게 감명을 받아 25년간 만남을 이어가면서, 한때는 "물리학을 그만두고 크리슈나무르티의 제자가 될까?"라고 했다고 한다.[122]

그런데 이 홀로그램 우주라는 개념은 그 용어만 쓰지 않았을 뿐, 이미 중세 유럽의 신비주의 비밀결사인 장미십자회의 격언인 "옴니아 압 우노(Omnia ab Uno)", 즉 "모든 것은 하나로부터"에도 똑같은 원리로 담겨 있다.

또한 '하나의 세계'라는 뜻의 우누스 문두스(Unus Mundus)는 고대 그리스 철학이나 동양철학에서 이미 있었던 개념[123]

---

121 지두 크리슈나무르티(1895-1986): 20세기의 가장 훌륭한 철학자이자 구루로 평가 받는 명상가이자 인도 철학자.

122 다큐멘터리 〈무한한 잠재력, 데이비드 봄의 삶과 사상〉

123 고대 철학자들이 사용한 용어는 'Unus Mundus'와는 다를 수 있지만, 그들이 묘사한 개념은 근본적으로 유사하다. 즉, 플라톤의 '이데아', 플로티노스의 '일자(The One)', 헤라클리토스의 '로고스', 동양철학에서의 '무극(無極)', '태극(太極)'과 같은 개념들이 그것인데, 이러한 개념들은 각각의 철학적 체계에 따라 표현은 다르지만, 결국모두 하나의 통합된 근원적 실재를 탐구하며, 물질적 세계와 정신적 세계의 분리가 아니라 통합을 강조하고 있다는 점에서 공통적이다.

이다. 그러한 전래의 개념들을 재조명하면서 분석심리학자 카를 융과 노벨 물리학상을 수상한 양자물리학자 볼프강 파울리(Wolfgang Pauli)가 함께 '우누스 문두스'라는 용어를 사용했다. 융과 파울리는 물리적 세계나 정신적 세계 모두 하나의 근본적인 현실에서 비롯된다고 보았고, 특히 융은 이 개념을 가지고 유명한 '동시성'을 설명했다.

이 홀로그램 우주의 불교적 표현이 바로 일심(一心)이다.

앞에서 개별적인 업은 근본적으로 하나의 거대한 아뢰야식에서 나오며, 아뢰야식의 밑바닥에서 우리는 모두 하나의 땅덩어리라고 말했었다.[124] 우리의 화산 그림을 다시 소환하자면, 무수한 화산이 무시 이래로 솟았다가 사라졌다 하는 사이에도 거대한 땅덩어리는 변함없이 화산들의 '근본 바탕'이다. 개개의 아뢰야식의 가장 심층에서 작용하는 우주적 무의식[125]이 바로 이 땅덩어리 깊숙한 근원 자리에 있는 일심(一心)이다.

일심(一心), 홀로그램 우주, 우누스 문두스, 그리고 장미십

---

124 p.176, 제2부 7. 집단 카르마(共業) 참고.
125 한자경, 『유식무경』, p.12

자회의 옴니아 압 우노(Omnia ab Uno), 이 모든 것에 공통적으로 흐르는 사유를 아름답고 간명하게 전달해 주는 용어가 하나 있다. 바로 월인천강(月印千江)이다.

월인천강(月印千江)이란 '하나의 달이 천 개의 강물에 각각 비친다'는 의미이다. 하나의 궁극적 진리가 마치 도장 찍히듯 수많은 개별적 현상 속에 드러난다는 것을 달과 물의 아름다운 정경으로 보여주는 불교적 상징이다. 달은 하나이지만, 천 개의 강물마다 똑같이 그 달빛을 머금는다. 월인천강에서 '달'은 부처님의 진리를 가리키는 것이기도 하지만, 일심(一心), 궁극적 실재, 근원적 정보장을 상징하기도 한다.

또한 강물은 흐르고 출렁이면서 물결과 때깔이 시시각각 모두 달라서 그 속에 비친 달의 모습도 조금씩 다르게 왜곡되거나 흔들린다. 하지만 어디까지나 그것은 하나의 달에서 나온 달빛의 투영일 뿐이다. 이것은 아뢰야식에 저장된 업종자가 조건에 따라 다채로운 현상을 만들고, 홀로그램 우주의 근본 정보층의 정보가 조건에 따라 다양한 현실을 펼치며, 하나의 근에서 나온 무한한 가능성이 상황에 따라 다른 모습으로 드러나는 과정과 그대로 상응한다. 본질적 하나는 불변하지만, 나타난 모습은 조건에 따라 변화하는 연기적(緣起的) 원리 또한 담겨 있는 것이다.

이제 우리도 비록 출렁일지언정 한줄기 강이 되어 밝은 달을 품고, 그치지 않는 객진번뇌의 이 괴로운 출렁임을 고요히 가라앉히러 같이 한번 가보자.

삼라만상은 한 법(一法)의 나타남이다.
백 개의 강이 비록 넘친다 하나 어찌 큰 바다가 널리 받아 들이는 것을 방해하겠는가.

– 『종경록』[126]

---

126 『종경록』k1499, 제1권 표종장(標宗章). 森羅及萬像 一法之所印. 百川雖潤 何妨大海廣含

제2장

카르마 핵심 22칙

카르마 22칙(則)에서는 지금까지 에세이 형식을 통해 하나씩 짚어왔던 카르마의 법칙을 한 눈에 볼 수 있도록 넘버링하여 핵심 요약을 했다. 모든 칙(則)들은 초기 경전, 대승경전, 아비달마 주석서, 대승의 각종 주석서, 석가모니 이래 많은 고승(高僧)들의 논서, 티벳불교의 경전과 주석서에 철저히 근거하여 쉽게 이해할 수 있도록 일괄 정리했다.

제1칙 자작자수의 법칙

자작자수(自作自受)란 '자기가 짓고 자기가 받는다'는 뜻이다. 자기가 카르마를 짓고 자기가 업보로 받는다. 하늘이 심판하고 염라대왕이 심판하는 것이 아니라, 자기 자신이 바로 자기 자신의 서슬 퍼런 판관(判官)인, 자율적 인과론이다.

제2칙 작업(作業: 업을 지음)의 법칙

카르마를 짓는 것은 몸, 말, 생각을 통해서 매 순간 이루어진다. 먼저 의도가 일어나고, 말이나 행동과 마음을 통해 구체적으로 표현된다. 표면적으로는 같은 행동으로 보여도 의도가 다르면 업보도 다르다. 카르마의 종류는 선업, 악업, 무기업으로 나뉜다. 무기업은 악하지도 선하지도 않은 카르마이다. 과보를 내는 것은 선업과 악업이고 무기업은 작용이 없다.

제3칙 업력(業力)의 법칙

　과보를 초래하는 힘인 업력(業力), 즉 카르마 에너지란 업이 가진 거대한 힘, 또한 그 힘이 작동하는 방식을 말한다. 업력이라는 이 힘은 각자의 선악의 행위로 인해 만들어진 특유한 에너지이다. 이 에너지는 마치 자기력(磁氣力) 같아서 딱 맞는 과보를 끌어다 붙이기도 하고, 딱 맞는 다음 생의 유형을 향해 자동으로 달려가 딱 달라붙도록 한다. 자석처럼 달라붙는 것은 부귀영화일 수도 있고 빈천·병액·단명일 수도 있으며, 다음 생에 가게 될 삼악도(三惡道)나 삼선도(三善道)일 수도 있다.

제4칙 선인낙과 악인고과(善因樂果 惡因苦果)의 법칙

　선한 원인은 선한 결과, 즉 행복과 즐거움을 과보로 가져오고, 악한 원인은 악한 결과, 즉 고통과 괴로움을 과보로 가져온다.

제5칙 카르마 차별의 법칙

　인간 사이의 불평등, 모든 생명 사이의 불평등의 이유는 카르마이다. 누구는 부자이고 건강하고 장수하고 용모가 출중하고 높은 지위까지 오르고 가족은 화목한데, 누구는 가난으로 허덕이고 병이 많고 단명하며 용모가 추하고 사회

밑바닥에서 살고 가정은 불화인지의 차별은 바로 카르마의 차이이다.

제6칙 선근(善根)의 법칙

선근(善根)이란 선한 과보를 받을 수 있는 원인을 말한다. 악한 사람인데도 잘만 살고 있고 착한 사람인데 힘들게 사는 이유는, 악한데 잘 사는 사람은 앞서서 쌓아놓았던 선업의 결과를 급속히 축내고 있는 중이고, 선한데 힘들게 사는 사람은 현재 선업을 바지런히 쌓아가고 있는 중이기 때문이다. 또한 같은 악업을 지었는데 어떤 사람은 무거운 과보를 받고 어떤 사람은 가벼운 과보를 받는 이유는 앞서 쌓아놓은 선근의 차이이다. 같은 소금 한 줌을 컵에 넣는 것과 강에 넣는 것의 차이와 같다.

제7칙 업보 분리의 법칙

선업과 악업이 섞여 있는 경우, 가령 예를 들어서 도둑질을 하면서도 부모님 봉양을 잘 하는 경우, 카르마끼리 상쇄가 되는 것이 아니라, 과보가 분리되어 선업에는 선과가 악업에는 악과가 별개로 온다.

제8칙 업보 시기의 법칙

업보는 업의 중함과 연(緣)에 따라, 이번 생에 바로 업보가 오는 현생보, 제2생 즉 다음 생에 받는 순생보, 제3생 즉 다다음생에 받는 순후보, 그리고 기간이 특정되지 않고 나타나는 순부정보가 있다. 아주 중한 업이라서 한 생의 업보로 미진한 경우 다음 생으로 이월된다. 업보를 받지 않고 그냥 사라지는 선악업은 결코 없다.

제9칙 카르마 에너지 불변의 법칙

신구의(身口意)로 지은 업은 결코 소멸되지 않고 잠재적 카르마 에너지로 제8아뢰야식에 축적된다. 제8아뢰야식은 일체의 경험을 빠짐없이 녹화하여 업종자(業種子)로 저장한다. 아뢰야식이라는 이 거대한 CCTV에 사각지대란 없다. 저장되었던 카르마 에너지는 업의 경중과 인연에 따라 적당한 시기가 되면 현실로 현행된다.

제10칙 총보와 별보의 법칙

태어날 때의 근본 조건을 결정하는 것은 총보와 별보이다. 총보(總報)에 의해 6도(천, 인, 아수라, 축생, 아귀, 지옥) 가운데 어디에 태어날 것인지 큰 틀이 결정된다. 총보로 큰 윤곽이 결정되고 어떤 세계의 생명으로 태어날 것인지가 결정되면, 그 안에서의 복과 고통은 별보(別報)가 담당한다. 성별, 신체적 조건, 용모, 정신 상태, 성품, 수명, 건강 상태, 부모, 가문, 재산 정도, 사회적 지위, 명성, 국토와 지역과 기후, 가정환경, 주변 인간관계 등이 결정된다.

제11칙 공업과 불공업의 법칙

공업(共業)은 집단 카르마, 불공업(不共業)은 개별 카르마로 개인에게 카르마가 작용하듯, 인류, 국가, 사회, 지역, 집단, 가족에게는 소속된 사람들의 총체적 업의 발현인 집단 카르마가 작용한다. 팬데믹, 전쟁, 테러, 기후 변화, 조직의 흥망, 가문의 성쇠 등은 모두 집단 카르마에 의한 업과 과보에 속한다. 공업과 불공업은 새끼 꼬기처럼 동시에 일어나기는 하지만, 전체적인 모습은 마치 큰 나무에서 갈라진 수없이 많은 가지와 같이 공업이 본부이고 불공업은 지류이다.

제12칙 카르마 패턴의 법칙

대부분의 경우는 인생에서 가장 주도적인 카르마가 있다. 주도적인 카르마는 곧 현생에서 가장 강성한 업종자이고, 반복적인 패턴을 보이는 것이 특징이다. 지나온 삶의 흐름을 보면 반복적으로 내 발목을 잡아왔던 어떤 문제가 있다. 가령 돈 문제, 이성 문제, 건강 문제, 구설 등이 반복적인 패턴으로 나타난다면 그것은 훈습된 업의 작용이다. 또한 이런 문제들과는 별도로 특정 성향면에서 우세한 종자가 있는데, 가령 화 잘 내는 성향, 질투가 심한 성향, 게으른 성향 등도 패턴을 이루면서 카르마를 형성한다. 이와 같이 반복 패턴을 보이는 카르마들은 나비효과처럼 연쇄적 문제를 일으키며 나이가 들수록 그 문제는 더욱 깊어진다.

제13칙 카르마 성숙의 법칙

아뢰야식에 저장된 선업과 악업이 무르익어 현실에 나타나는 순서는 가장 무거운 업이 가장 먼저 성숙하고, 선악의 경중이 비슷하면 임종 시 일어나는 마음에 따라 성숙하고, 이것이 비슷하면 습관이 큰 것부터 성숙하고, 이것이 비슷하면 먼저 행한 것이 먼저 성숙한다.

제14칙 중유(中有)의 법칙

사람이 죽으면 제7말나식까지는 흩어져 사라지고, 오직 윤회의 주체인 제8아뢰야식만 남아서 카르마를 지니고 다음 생으로 넘어간다. 죽는 순간부터 입태 직전까지의 시기를 중유(中有), 바르도(Bardo)라 하며, 중유에 머물고 있는 중생을 중음신(中陰身)이라고 한다. 중음신은 업력에 따라 자신의 업과 가장 맞는 조건의 생(生)을 찾아간다. 일반적으로는 49일 이내에 생(生)의 인연과 화합한다. 49일인 이유는 중음신은 7일마다 죽었다가 깨났다가를 반복하기 때문이며, 누가 돌아가신 뒤에 49재를 7일마다 지내는 이유도 이 때문이다.

제15칙 윤회의 법칙

윤회는 카르마의 이동을 말한다. 카르마는 마치 클라우드 데이터에 저장된 데이터처럼 전생의 모든 업을 저장하고 윤회하면서 과보를 만들어내는 에너지이다. 그 데이터가 업과 연(緣)에 따라 새로운 몸을 만나면 그 안에 깃든 식(識) 의해 다시 '나'라는 개념이 생긴다.

제16칙 재물 카르마의 법칙

부유하고 풍족하게 살도록 하는 과보를 가져오는 카르마는 이익, 물품, 보시, 적선과 밀접한 관계가 있다. 재물의 과보는 보시가 가장 중요하며, 세부적으로는 도둑질을 하지 않는 것, 부모에게 살림을 차려 받드는 것, 남이 이익을 얻는 것을 보고 기뻐하고 돕는 것, 사람들의 굶주림을 보고는 가엾이 여겨 도와주는 것 등이 그것이다. 특히 복전(福田)의 힘이 강해서 과보가 몇 배로 돌아오는 성현, 성직자, 스님에 대한 보시가 풍부한 재물을 가져다 준다. 반대로 사람들에게 인색하고 보시하지 않고 도둑질하고 사기를 치면 가난을 면치 못한다.

제17칙 수명 카르마의 법칙

장수하느냐 단명하느냐의 과보를 결정하는 것은 살생, 해침, 자비와 관계가 있다. 단명하는 사람은 잔인하고 죽임과 해침을 일삼고 뭇 생명에게 자비롭지 않다. 장수하는 카르마는 살생하지 않고 뭇 생명에게 자비로우며 두려워하고 근심하는 이들을 가엾이 여기는 마음을 낸다. 살생을 많이 하는 사람은 죽은 뒤 고통스럽고 비참하고 험난한 곳, 지옥에 태어나며, 만약 사람으로 태어난다면 수명이 짧다.

제18칙 건강 카르마의 법칙

병은 후천적인 환경과도 관련이 있다고 석가모니가 말했지만, 병이 과보로 오는 경우는 해코지, 괴롭힘, 구타 등과 관계가 있다. 병이 많고 허약하고 고질병이 있는 사람은 때리기를 좋아하고 흉기로 해코지하며, 사람들은 괴롭히거나 부모를 괴롭혀 근심하게 하고 사람들이 괴롭힘 당하는 것을 보고 즐기며, 원수가 병으로 고통 받는 것을 보고 좋아한다. 건강한 과보를 받는 사람은 중생을 때리거나 해코지 하거나 괴롭히지 않으며, 부모나 병자들을 잘 보살피고, 병으로 고

생하는 중생들을 가엾이 여기고 좋은 약을 구해준다.

제19칙 용모 카르마의 법칙

아름다운 외모를 주는 과보는 화냄, 원한, 짜증, 신경질 등 주로 성품과 관계 있다. 추한 용모를 가진 사람은 화를 잘 내고 원한을 잘 품고 벌컥 흥분을 잘하며, 조금만 비난을 받아도 화를 내고 동요하고 짜증을 내고, 얼굴이 추한 사람을 보면 놀리고 비방한다. 단정하고 아름답고 멋진 외모를 가진 사람은 화를 잘 내지 않고 흥분하지 않으며, 비난을 받아도 화를 내거나 동요하거나 짜증 내지 않는 원인을 짓는다.

제20칙 금수저 카르마의 법칙

좋은 가문과 보잘 것 없는 집안, 금수저와 흙수저를 결정하는 과보는 존경심, 공경심, 겸손함과 관계가 깊다. 보잘 것 없는 집안에 태어나는 사람은 존경해야 할 사람을 존경하지 않고 부모와 스승과 스님(성직자)을 공경하지 않으며 완고하고 거만하다. 좋은 집안에 금수저로 태어나는 사람은 거만하지 않고 완고하지 않고 양보하며, 존경받을 만한 사람을 존경하고, 부모와 스승과 스님(성직자)을 공경하고 잘 섬긴다.

제21칙 카르마 증장의 법칙

각각의 업인(業因)에 대응하는 업보와 별도로, 업보의 영향력을 증폭시키는 카르마들이 있다. 즉 성현, 부모님, 스승, 병자, 곤경에 처한 사람에게 행한 행동은 보통 카르마보다 과보가 크며, 우러나온 마음에서 행한 카르마는 보답이 무거우며, 강한 증오와 탐욕은 카르마의 영향력을 증폭시킨다.

제22칙 카르마 비(非)숙명론의 법칙

지난 모든 생에서 지은 숙업(宿業)의 영향이 현생에 한 치의 오차도 없이 반영되지만, 새로운 업을 어떻게 짓는지에 따라서, 또한 숙업의 업력에 대치할 수 있는 수행, 선행, 기도 등의 다양한 선업공덕에 따라서, 업장을 소멸시키거나 약화시킬 수 있다.

이상이 카르마 핵심 22칙(則)이다. 카르마의 법칙들이 작용하는 원리를 알아야 카르마의 업장(業障)을 줄일 수도 있고 자기 변혁도 가능하다. 『화엄경』에 보면 석가모니를 의왕(醫王)에 비유했다.[1] 이 의왕(醫王)에 대해 『잡아함경』에서는

---

1 『화엄경』 51권. "마치 뛰어난 의술을 지닌 어떤 의왕(醫王)이 만약 병자를 보기만 해도 모두 병이 치유되듯이, 비록 죽을 목숨이지만 몸에 약을 발라, 그 몸의 작용을 병이 있기 전과 같이 하네. 가장 뛰어난 의왕

이렇게 말한다.

> 네 가지를 갖추면 위대한 의왕(醫王)이라 부를 수 있다.
> 무엇이 그 네 가지인가?
> 첫째는 병의 증상을 잘 아는 것이요,
> 둘째는 병의 근원을 잘 아는 것이요,
> 셋째는 병을 치료하는 방법을 잘 아는 것이요,
> 넷째는 병이 치료된 뒤에 다시 도지지 않게 하는 것을 잘
> 아는 것이다.
>
> — 『잡아함경』

바로 이것은 그대로 우리가 카르마를 대하는 태도와 같다. 알아야 리셋도 할 수 있고 변혁도 할 수 있다. 망망한 업의 바다[業海]에 잠겼다 떴다하면서, 무겁고 축축한 카르마로 인해 우리가 현재 겪고 있는 고통들에 대해 우리 스스로가 셀프 의왕(醫王)이 되어 보는 것이다.

역시 이와 같아, 모든 방편과 일체지를 구족하고 묘행(妙行)으로 부처의 몸을 나타내어, 중생들을 보기만 해도 중생들의 번뇌가 없어지네.”

역풍이 불더니 순풍으로 바뀌는가
쇠(鐵) 눈과 구리(銅) 눈알로 어찌 감히 엿볼 수 있으랴
만고의 푸른 못에 비친 허공 달
두 번 세 번 건져보고 나야 비로소 알리라.

逆風吹又順風吹 鐵眼銅睛爭敢窺
萬古碧潭空界月 再三撈摝始應知

석원묘 〈송고 31수〉[*]

---

[*] 송대 승려 석원묘(釋原妙)의 〈頌古三十一首〉중의 하나.

제3부
카르마 리셋

제1장

카르마 리셋이
어떤 원리로 가능한가

01
카르마 리셋이 가능한 이론적 근거

"머리 검은 짐승은 거둬주는 것이 아니다."라는 옛 말이 있다. "사람은 고쳐 쓰는 것이 아니다."라는 요즘 말도 있다. 살다보면 이 말들이 정말 옳다고 느껴지는 쓰라린 순간도 허다하다. 하지만 다시는 돌아보지도 말아야 할 그 싸가지 없는 머리 검은 짐승이 다름 아닌 나 자신이라면 어떻게 할 것인가. 나 자신인데도 거둬주지 말아야 할까. 고쳐 쓰지 말고 '기왕 버린 몸' 나머지 생도 그대로 진창 속에서 질퍽거리며 살게 내버려둬야 할까. 그 정도로 자신을 포기할 수 있는 것이라면, 그렇게 놓아버릴 줄 아는 마음의 힘을 진작에 아집과 탐욕에 대해 활용했더라면 이런 괴로움이 오지 않았을 것 아닌가.

사바세계의 이 징글징글한 둑카(dukkha. 苦)에서 어떻게든 벗어나고 싶다면, 우리는 비록 스님들처럼 수행에 전념할 '상팔자'나 '중팔자'는 아니지만, 어떻게든 행복하게 살 길을 모색해 봐야 한다. 과연 카르마를 정화하고 변성시키고 더 나아가서 소멸시킬 수 있기는 한 것일까. 정업난면(定業難免)이라고, 즉 정해진 업은 면하기 어렵다고 석가모니도 말씀했는데, 무슨 수로 면한다는 말인가.

『밀린다팡하』[1]에서 그리스의 메난드로스 1세가 고승(高僧) 나가세나 존자에게 백 년 동안의 악행이라도 선업을 지으면 천상에 태어날 수 있다는 말을 믿지 못하겠다고 말한다. 그러자 나가세나 스님은 이렇게 되묻는다.

"대왕이여, 어떻게 생각하십니까? 조그만한 돌을 물 위에 띄울 수 있습니까?"

---

1 밀린다팡하((Milinda Pañha)란 밀린다 왕의 물음이라는 뜻이다. 메난드로스 왕의 빨리어 발음이 밀린다 왕이다. 『밀린다왕문경』, 또는 『나선비구경』으로도 번역되는 이 경은 기원전 2세기 인도 북서부를 지배하던 그리스의 메난드로스 1세와 당시 불교의 고승 나가세나와의 문답을 정리한 대론(對論)이다. 서양인의 입장에서 나올 수 있는 합리적이고 이성적인 질문들에 대해 나가세나 스님이 석가모니의 가르침에 철저히 근거하되 서양인의 사고방식을 설복시킬 수 있는 절묘한 비유들로 답을 한다. 메난드로스 1세의 질문은 불법에 대해 현대를 사는 우리들이나 서양인들에게서 나옴직한 2200년 전의 질문이다.

"그럴 수 없습니다."

"대왕이여, 백 대의 수레에 실을 만큼 많은 바위라도 배에 싣는다면 물 위에 띄울 수 있습니까?"

"그렇습니다. 물 위에 띄울 수 있습니다."

"대왕이여, 선업(善業)은 이 배와 같습니다."[2]

문제는 이 원리의 근거가 무엇인지이다.

우리의 과보를 결정하는 기본 원칙은 인과응보의 법칙이다. 선한 원인을 지으면 선한 과보를 받고 악한 원인을 지으면 악한 과보를 받는 법칙, 콩 심은 데 콩 나고, 팥 심은 데 팥 나고, 복 심은데 복 나는 원칙이다. 이것이 철두철미한 '진짜 끌어당김의 법칙'이라고 앞서서 말했고, 여기까지는 우리도 이제 잘 알고 있다.

그런데 여기서 반전이 온다. 놀랍게도 원인의 성질과 다른 결과를 내는 종자가 있다는 것이다. 이를 이숙종자[3]라고

---

2 김현준 편역, 『밀린다왕문경』, p.89

3 이숙종자와 등류종자에 대해서 7세기의 유식논사 규기는 『성유식론술기』에서 이렇게 말했다. "자기와 같은 성질의 직접적 원인을 등류종자라고 하고, 다른 성질을 불러오는 것을 이숙종자라고 이름한다."
기타 참고 : 이만, 『성유식론 주해』, p.92. 오형근, 『신편 유식학 입문. 불교심리학』, pp.168-170, 한자경, 『성유식론 강해. 아뢰야식』, pp.80-83

부르며, 이숙(異熟)은 다르게 익었다는 뜻이다.[4] 이것은 그냥 듣기에는 이치에 맞지를 않아 보이는데, 어떻게 다르게 익길래 원인과 다른 결과가 나온다는 것일까.

우리의 6식[5]은 중단 없이 움직이면서 선, 악, 무기(無記)[6]의 업을 끊임없이 제8아뢰야식에 실시간으로 저장한다. 이미 아뢰야식 안에 다른 선업과 악업의 종자들이 보존되어 있는 상태에서, 새로운 업력이 기존 업력에 덮어쓰기를 하면 기존 업력의 성질을 변화시킬 수 있다. 가령 도둑질하던 악업의 업력이 저장되어 있다 해도 새로이 하는 보시의 행동은 기존의 독한 업력을 중화시키기 시작하고, 선행을 지속하면 악한 업력이 약화되고 변성되고 마침내는 사라지기도 한다. 당연히 악한 과보를 초래할 악업이건만 악과(惡果)를 초래하지 않는 것은 물론이고 되레 선과(善果)를 초래할 수도 있는

---

4 '이숙(異熟)'이라는 용어는 여러 가지 의미로 사용되기 때문에 맥락을 잘 파악하여 이해해야 한다. 이숙에는 시간적으로 변화하고 성숙하는 것, 공간적으로 변화하고 성숙하는 것, 과보의 성질이 변화하고 성숙되는 것 등 세가지 의미가 있다. 윤회하면서 총보와 별보를 받는 것도 이숙에 들어가고, 현생에서 새로운 업력을 조성해서 기존 종자의 성질을 바꾸는 것도 이숙이다. cf. 오형근, 『신편 유식학 입문. 불교심리학』, p.154

5 안식, 이식, 비식, 설식, 신식의 전(前)5식과 제6의식까지의 6식(識)을 말한다.

6 선하지도 악하지도 않은 성질의 업. 무기업은 과보를 만들지 않는다.

것이다. 이것은 나쁜 씨앗이 좋은 흙과 비료를 만나 좋은 열
매를 맺는 이치와 같다. 반대로 선한 업력이 저장되어 있으
나 새롭게 악한 업력이 계속 얹히면 선한 과보도 서서히 변
성되다가 사라진다. 이렇게 다르게 익는 인과의 법칙이 바
로 '이숙(異熟)'으로 매우 심오하고도 오묘한 진리이다.

이 이숙의 법칙은 이미 악업을 지은 사람은 늘 악인으로
남아있고 선한 사람은 무슨 짓을 해도 늘 선하기만 할 수밖
에 없는 결정론적인 인과의 법칙에 대한 중요한 탈출구가
된다. 자승자박하던 카르마의 오랏줄을 풀 수 있다는 뜻이
다. 석가모니도 당대를 함께 살았던 6사외도(六師外道)[7]의 한
사람인 막칼리 고살라[8]의 숙명론과 결정론을 강하게 비판했
었다. 이 이숙의 법칙에 따라, 우리는 각자의 카르마를 비록
완전히 공장 초기화까지는 못하겠지만, 자유의지로써 순간
순간 카르마를 리셋하여 상황 변혁과 자기 변혁을 꾀할 수
있는 것이다. 앞에서 보았던 〈카르마 만다라〉[9]에서, 카르마

---

7 기원전 5세기경 고대 인도에서 활동하던 자유사상가 6명을 말한다.
8 Makkhali Gosāla. 기원전 5세기경 석가모니 시대의 사상가로 자이나교
   의 마하비라와 함께 수행했다. 인간은 자유의지 없이 처음 결정된 대
   로 840만 대겁을 윤회한다는 결정론을 주장했다. 『디가 니까야』에도
   이 막칼리 고살라에 대한 일화가 나온다.
9 pp.205-206 참고

의 영역에서 벗어나는 빗금 돌출부가 가능해지는 이유가 바로 이 오묘한 이숙의 원리 때문이다.

'정업난면(定業難免)', 즉 정해진 업은 면하기가 어렵다라는 석가모니의 이 말씀을 자세히 들여다보면, 면하기가 어렵고 힘들다[難免]이지 면할 수 없다[不免]가 아니다. 미묘한 틈새가 있는 것이다. 이 미묘한 틈새가 바로 카르마 리셋이 가능한 우리의 비상구이다. 깨달음으로 가는 긴 여정을 하근기의 사람들이 따라할 수 있는 방법부터 상근기까지 체계적으로 이끌어 주는 뛰어난 안내서인 『보리도차제광론』[10]에 이 부분에 대한 답이 정확히 나와 있다. 수행, 선행 등을 하지 않은 경우에만 정업난면이라는 말이 유효하다는 것을 여러 차례 명확히 강조하면서 '부정적인 쪽의 힘을 누르는 대치법(對治法)'[11]에 대해 자세하게 설명하고 있다.

그런데 다시 질문 하나 더. 기존 업력을 변화시키는 희한

10 『람림』이라고도 하며 티벳 쫑카파(1357-1419) 대사(大師)의 저서이고 그 실질적 연원은 인도에서 티벳으로 넘어와 티벳 후기 불교의 중흥조가 된 아티샤(980-1052) 존자로 거슬러 올라간다. 2023년에 작고한 탁월한 불교학자 동국대학교 김성철 교수는 생전에 최고의 불교서적 단 하나를 꼽으라면 이 『보리도차제광론』을 꼽는다고 말한 바 있다.
11 쫑카빠, 『보리도차제광론』, 박은정 역, p.192

한 이숙종자가 있다는 것은 이제 이해했지만, 제8식에 이숙종자를 훈습시키려면 대체 어디서부터 뭘 어떻게 시작해야 하는 걸까. 어디 있는지도 모르는 심층 마음 제8아뢰야식에 어떻게 진입해야 하는 것일까.

카르마 리셋으로 가기 위한 진입로가 어디인지에 대한 중요한 부분에 우리가 와 있다. 그 실마리가 유식의 핵심 논서인 『성유식론』[12]에 나와 있다.

> 이숙습기는 6식 중의 선과 악에 의지하여 훈습되어 생기고 증장하게 한다.[13]

오감과 생각, 즉 안이비설신의(眼耳鼻舌身意) 6식이 그 진입로라는 뜻이다. 즉 지금까지 꿈 속의 가아(假我)라고 폄하했던, 지금 여기서 느끼고 생각하는 '나'가 바로 유일한 진입

---

12 『성유식론(成唯識論)』은 세친의 저술인 『유식 30송』에 대하여 호법을 포함한 인도의 10대 논사들이 지은 방대한 주석서를 현장이 중국으로 가져와 취사선택하여 하나의 논장으로 편집한 책으로, 유식학의 핵심 논서이다.

13 『성유식론』 권제2, '異熟習氣由六識中有漏善惡熏令生長' 원래 문장에 있는 '유루의 선악' 같은 복잡한 개념은 번역에서 잠시 제외했다. 우선은 불교를 모르는 일반인들이 이 문장의 핵심 요지를 쉽게 이해를 쉽게 할 수 있도록 하기 위해서이다. cf.이만, 『성유식론 주해』, p.91, 한자경, 『성유식론 강해. 아뢰야식』, p.80

로인 것이다. 수행하는 것도, 삼매에 드는 것도, 기도하는 것도, 선행하는 것도, 그리하여 덮쳐온 업장에서 벗어날 수 있는 것도 이 6식을 통하지 않으면 불가능하다.

　한바퀴 빙 돌아서 제자리로 왔다. 그러나 그 제자리는 이전의 제자리와 질적으로 다르다. '산이고 물이다'에서 출발하여 '산도 아니고 물도 아니다[空]'라는 180도를 거쳐, '산은 산이요 물은 물이다'로 360도를 돌아온 것이다.[14] 색즉시공 공즉시색(色卽是空 空卽是色)이 색(色)[15]에서 시작하여 한바퀴 돌아 다시 색(色)으로 돌아간 바로 그 이치이다. 의상대사 말마따나 "행행본처 지지발처(行行本處 至至發處)"[16], 가고 가봐도 본래 그 자리요, 이르는 데마다 출발한 바로 그 자리더라.

14　우리나라에서는 성철스님이 청원유신(靑原惟信)선사의 글을 인용한 것을 장영자가 다시 인용해서 유명해진 문장이다. 송나라 임제종 황기파의 선승인 청원유신(靑原惟信) 선사는『오등회원』에 실린 법문에서 '산시산 수시수(山是山 水是水: 산은 산 물은 물)'라고 했다.『경덕전등록』,『속전등록』에 수록되었고, 나중에 진각국사 혜심의『선문염송』에도 수록되었다.

15　색(色)이란 유형의 만물을 의미한다.

16　의상대사는 방대한『화엄경』을 210자로 축약한 법계도(법성게)를 만들었고, 이를 한마디로 요약하면 '행행본처 지지발처 行行本處 至至發處'가 된다고 했다.

02
카르마 리셋의 작동 원리 :
마곡사 삿자리 앉은뱅이 처사

2020년 이후로 유튜브는 물론 K-팝까지 영향을 미칠 정도로 대중 속으로 파고 들어간 끌어당김의 법칙은 실제로는 '법칙'의 이름만 빌었을 뿐이지 현란한 수사(修辭)만 무성하다. 하지만 그 화려한 수사와 현란한 과학적 오컬티즘이 헛헛한 대중의 심리를 가스라이팅하고, 종교가 멀어져 가는 이 시대에 현대판 지푸라기가 됐다. 끌어당겨 부자되자는 유튜브에 자신의 소원을 적어 올리는 댓글이 줄을 잇고 있으니, 이것은 일종의 '인스턴트 종교'가 되었다. 그런데 이상하게도 성취됐다는 사람을 본 적이 거의 없다. 희귀하게 성취가 된 사례도 그것이 과연 끌어당김의 법칙에 의한 것인지는 알 수가 없는 일이다.

끌어당김의 법칙이 누구에겐 먹히고 누구에겐 먹히지 않는 이유는 무엇인지, 성취된 사람은 왜 성취가 된 것인지, 이 답을 찾는 길 끝에 바로 카르마의 법칙이 있다. 흑백 돌을 뒤집는 오델로 게임처럼, 끌어당김의 법칙의 돌을 뒤집어놓으면 카르마 법칙의 돌이 된다.

앞서서 카르마와 사주(四柱)와의 관계에서 보았던 〈카르마 만다라〉를 끌어당김의 법칙에 적용하면 다음과 같다.

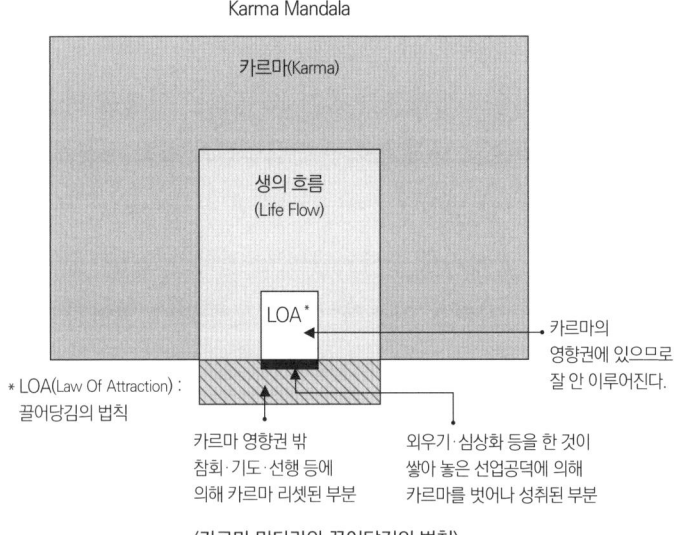

Karma Mandala

〈카르마 만다라와 끌어당김의 법칙〉

끌어당김의 법칙(LOA)을 나타내는 네모를 보면, 훨씬 더 큰 네모인 카르마의 부분집합이다. 즉 끌어당김의 법칙(LOA)

은 온전히 카르마의 영향권 안에 있다. 이 말은 곧, 끌어당김의 법칙이 성취되는지의 여부는 이미 쌓아놓은 선업과 악업에 따라 철저하게 좌우된다는 의미이다. 그런데 LOA는 빗금 영역과의 경계선 쪽으로 치우쳐 붙어 있다. 끌어당김의 법칙에도 나름으로 뭔가를 리셋하려는 의도(돈을 끌어당겨야지, 건강을 끌어당겨야지 등등)는 있으니 경계선에는 근접해 있으나 실제로는 카르마 밖으로 나가지는 못한다.

여기서 문제는, 빗금 영역으로 아주 미세하게 나가있는 LOA 부분은 과연 무엇인가이다.

이 부분은 선업을 쌓아 놓아 좋은 과보를 받을 조건이 되는 사람이 끌어당김의 법칙에서 하는 외우기, 염원하기, 심상화, 시각화 등을 통해 자기도 모르게 '기도의 방법'을 썼다는 것을 말해준다.

이는 굉장히 중요한 부분이다. 카르마의 법칙은 불교에 국한된 법칙이 아니라, 교리적 표현과 비유만 다를 뿐 모든 종교에 공통적으로 나타나는 법칙이다. 기도 방법 역시 각 종교 나름의 언어 체계로 번역된 것일 뿐, 어느 기도나 원리는 똑같다. 끌어당김의 법칙에 성공한 사람이 있다면, 그것은 바로 카르마의 법칙과 기도의 원리 두 군데 모두에 자신도 모르게 발을 담근 사람인 것이다. 결국 종교의 유무나 종

류와 무관하게 모든 소원 성취의 핵심은 쌓아 놓은 선업이
있는가의 여부와 효율적이고 간절한 집중적인 염원 방법이
다. 거기에 신심(信心)까지 있다면 커다랗고 아름다운 날개
를 갖춘 셈이겠다.

마곡사 삿자리[17] 앉은뱅이 처사의 이야기로 이 원리를 설
명해 본다. 마곡사에 계시던 노장 큰스님으로부터 한참 전
에 들었던 실화이다.

조선 후기, 공주 마곡사 인근에 앉은뱅이 김 처사가 살고
있었다. 장애인으로 태어나 어릴 적부터 수없이 놀림을 당
하고 많은 설움을 겪으면서 자신을 그렇게 낳은 부모님을
깊이 원망하기도 하고, 자유롭게 걷고 뛰는 사람들을 보면
서 부러움이 북받치면 혼자 울기도 어지간히 울었다.
그러던 어느 날, 김 처사는 소문을 듣고 마곡사 주지스님
의 법문을 들으러 갔다. 난생 처음 업보에 대한 법문을 들은
김 처사는 가슴 깊이 깨닫는 것이 있었다.

---

17 지금도 마곡사 대광보전에 이 삿자리가 깔려있다. 다만 보존을 위해
현재는 그 위에 카페트를 깔아놓았는데, 구석에 가서 카페트를 들춰보
면 삿자리가 보인다. 참나무 껍질을 약 1센티미터 폭으로 길게 다듬어
씨줄 날줄로 빈틈 없이 촘촘하게 엮은 돗자리이다.

'아, 이게 내 업보인거구나. 내가 잘못해서 내가 받은 거구나…'

김 처사는 법당을 나가는 스님을 붙잡고 여쭈었다. "아이구 스님요, 스님요, 제가 어찌하면 다음 생에는 이런 업보를 받지 않을지 부디 가르침을 주십시오." 스님은 마음을 다해 원을 세우고 부처님께 지극하게 기도를 올려보라면서 기도 방법을 가르쳐주었다. 돗자리를 잘 짜는 김 처사는 법당 전체 바닥에 돗자리를 짜서 공양을 올려도 되겠는지를 여쭙고 허락을 받았다.

며칠 뒤 대광보전 비로자나불 앞에 합장하고 선 김 처사는 이런 발원을 올렸다.

"부처님, 제가 이전에 무언가를 잘못하여 이렇게 앉은뱅이로 태어난 것을 이제야 알았습니다. 제가 잘못한 것이 기억나지 않지만 오늘 여기서 깊이 참회합니다. 오늘 부처님께 백일기도를 시작하면서 발원 올립니다. 부디 이 어리석은 놈을 굽어 살피시어, 부처님께 지극정성으로 드리는 기도와 공양의 공덕으로 다음 생에는 부디 온전한 몸을 갖추고 태어나도록 가피 내려 주시옵소서."

김 처사는 백일 동안 하루도 거르지 않고 세 시간씩 일념으로 기도를 올리고, 기도가 끝나면 얇게 쪼개어 잘 다듬은 참나무를 가로세로로 엮어 촘촘하게 삿자리를 짜서 33평 되는 법당 안쪽부터 정성을 다해 메워 나갔다. 한 줄 한 줄 엮을 때마다 사무치도록 간절한 염원을 담았다. 그렇게 백일이 다 되어가자 삿자리도 법당을 거의 메웠고, 백 일째 되는 마지막 날 법당 문가 부분 마지막 삿자리를 엮기 위해 법당 문 밖으로 기어나가려던 순간이었다. 무릎이 쭉 펴지면서 벌떡 일어서지는 것이 아닌가.

생전 처음 느끼는 세상의 높이, 처음 딛은 발바닥을 눌러오는 대지의 무게, 쏟아지는 뜨거운 눈물! 현증가피였다.

이 실화에는 카르마 리셋에 필요한 최대 구성요소, 즉 업보에 대한 인식, 진정한 참회, 지극정성으로 드리는 기도, 공양의 선업 공덕, 간절한 발원, 선한 과보에 대한 믿음, 그리고 신심(信心)이라는 핵심 구성요소들이 모두 들어있다.

현실에서 즉각 직통으로 오는 가피를 현증가피(顯證加被)라고 한다. 이와 똑같은 원리가 카르마 리셋의 작동 원리이다.

제2장

실전 카르마 리셋

우리에게 현재 필요한 것은 〈카르마 만다라〉에서 EXIT 1로 나가는 방법이다. 참선, 명상, 염불선 등 정식 수행은 EXIT 2로의 길이고 이 책에서 다룰 주제는 아니다. 요즘은 수행이 욕망과 집착이 되는 경우도 있고, 명상의 세계적 유행의 흐름을 타는 경향도 있고, 그 속에서 자신이 어디쯤 헤매고 있는지도 모르는 암증선(暗證禪)도 많지만, 일단 우리의 일차적 목표는 선정을 얻기 위한 수행이 아니니 여기서는 정식 수행법에 대해서 논의는 하지 않기로 한다.

여기서 우리가 다루는 것은 먹고 사는데 매여 수행할 심신의 여유도 없고 발심도 힘든 평범한 사람들이 최대한 조속히, 최대한 확실하게 업장(業障: 업으로 인한 장애)을 누름으로써 원하는 바를 이룰 수 있는 실천적 방법들이다. 제대로 수행하는 분들의 입장에서 보면, 이런 것은 아마도 기복(祈福)이고 세속적 성취이겠지만, 현생의 복과 세속적 행복이 '아직까지는' 우리에게 있어서 이 혹독한 사바세계를 견디면서 앞으로 나아갈 수 있게 하는 소중한 도구이다. 그러다가 보면, 언젠가 때가 되어 우리에게도 EXIT 2라는 대해방의 출구에 가까이 가는 날도 오리라고 본다.

실전 카르마 리셋에 들어가면서, 미리 이해해야 할 몇 가지 중요 사항을 정리하면 다음과 같다.

1. 카르마 리셋이라는 실천적 방법은 불교적 접근법을 대표적인 예로 들어서 설명을 하는 것이지, 불교에만 국한된 방법은 전혀 아니다. 종교가 다르다고 해도 그 이치를 각자의 종교 방식에 대입해서 활용하면 된다. 즉 어느 종교에나 있는 기도와 참회, 적선(積善)에 대한 가르침을, 여기서 철저한 이론적 근거를 기반으로 설명하는 기도법, 참법(懺法), 선업공덕 짓는 법의 공통적 근본 원리를 이해하여 각자의 종교 방식대로 적용하면 되는 것이다. 다만 불교가 좀 더 유리한 것은 다양한 수행법이 워낙 발전되어 있어 실참(實參) 사례가 훨씬 풍부하다는 점이다.

2. 지금부터 공개할, 업장을 소멸하고 카르마를 리셋할 수 있는 방법들은 철저하게 초기불교, 부파불교, 대승불교, 티벳불교까지를 포괄한 각종 경전과 주석서, 논서, 고금(古今)의 큰스님들의 다양한 저서, 우리나라 큰스님들의 법문을 근거로 면밀하게 구성하였다. '카더라 자료'나 '민속신앙적 자료'가 아닌 정법(正法) 자료를 기반으로 한 방법론이다. 더불어서 오랜 세월에 걸쳐 이런 가르침을 적용하면서 지난한 삶을 헤쳐 온 필자의 공부, 개인적 수행, 경험, 성찰의 결과도 반영하였다. 특히 기도법의 경우 필자가 운영하는 740만 뷰[1]의 블로그 〈바닐라 젠의 탐구생활〉을 통해 수많은 구독

자에게 6년 간 〈바닐라 젠 기도법〉을 지도해 준 뒤에 들어온 다양한 사례별 피드백이 어디에서도 얻지 못할 소중하고도 생생한 참고자료가 되었다.

3. 카르마라는 내 속의 집적된 에너지를 움직이고 변화하게 하려면, 앞서서 마곡사 삿자리 앉은뱅이 처사의 사례를 가지고 원리를 풀어서 설명했듯이, 나의 업과 업보에 대한 인식, 이 삶의 괴로움과 지금 당면한 문제에 대해 밑돌 빼서 윗돌 고이는 식의 임시 처방이 아니라 근본적으로 대처해 보려는 진지하고 간절한 마음, 여러 종류의 리셋 방법의 실천에 있어서 정성과 집중을 다하는 자세가 반드시 필요하다.

4. 이 방법들은 먼 미래나 다음 생만을 위한 굼뜨고 속터지는 방법이 아니며, 속는 셈 치고 한번 해보자는 방법도 결코 아니다. 동서양의 성인들과 선지식들이 인류사를 통해 입을 모아 삶의 괴로움에서 벗어나기 위한 방법으로 제시하고 강조했던 방법들을 현대적으로 재해석한 실용 매뉴얼이다. 각자의 업의 양상에 따라서 다르기는 하지만, 실천하는 즉시즉시 변화가 오는 경우가 매우 많았고, 인생 전반에

---

1 2025년 7월 기준

대해 리셋 방법을 적용하는 경우라면 1-2년 내로 전반적인 흐름의 변화는 반드시 나타난다. 물론 피상적이고 습관적인 실천이 아닌 경우이다. 이 실천법들은 '넣으면 끝나는' 기계적인 패스워드나 자판기가 아니기 때문이다. 이 실천법을 패스워드나 자판기 같은 개념으로 대한다면, 램프의 요정 지니를 내세웠던 끌어당김의 법칙으로 다시 되돌아가 버리는 길일 것이다. 그런 때 카르마는 꿈쩍도 하지 않는다.

※ 다음의 실전 카르마 리셋에 들어있는 각종 기도법은 필자가 수십 년 간 스님들로부터 수집하고 실제로 정진하여 많은 가피를 경험한 방법이며, 블로그 〈바닐라 젠의 탐구생활〉의 독자들을 통해서도 〈바닐라 젠 기도법〉으로 영험함이 증명된 기도법이다. 같은 기도법에도 여러 버전이 있는데, 여기에서는 일반인이나 불교 초심자가 접근하기 쉬운 기도법 위주로 정리했다.
이하에 소개하고 있는 모든 기도법은 진묵당 진성스님의 엄격하고 꼼꼼한 감수를 통해 재차 확인을 거쳤다. 진묵당 진성스님은 불교 의식에 있어서 현재 최고의 대가로 손꼽히는 큰스님으로, 다른 스님들께도 자문을 해주시는 분이다. 진묵당 진성스님께 이 자리를 빌어 감사의 말씀을 올린다.

01
실전 리셋 Ⅰ
최고의 카르마 디톡스 : 참회

참회는 사람으로서 마땅히 했어야 할 도리를 못했거나 누 군가에게 상처와 괴로움을 준 악업에 대한 진심의 뉘우침이 다. 『법구경』에서는 이 악업을 쇠를 파먹는 녹에 비유했다.

마음에 악이 생기어 도리어 제 몸을 부수는 것은 마치 저 쇠에서 녹이 생겨나 도리어 그 몸을 파먹는 일과도 같네.[2]

이 녹을 제거하고 반짝이고 맨질맨질한 쇠의 본디 모습으 로 회복하려는 것이 참회이다.

---

2 『법구경』, 제18 「진구품(塵垢品)」 240. 惡生於心 還自壞形 如鐵生垢 反 食其身

나의 카르마가 내게 가져오는 고통, 즉 업장을 완전히 소멸시키는 네 가지 힘을 4대치력(四對治力)이라고 한다.[3] 업력(業力)이라는 무서운 힘에 대치할 수 있도록 해주는 힘들을 말한다. 대치(對治)란 어떤 힘에 대해 역작용이 되는 상반된 힘으로 타격을 주는 것을 말한다. 즉 장애가 되는 악업이라는 원인에 타격을 주어 그것이 장래에 고통이라는 결과를 일으키지 못하도록 만드는 힘이다.[4]

　다음의 4대치력 항목 가운데, 우리의 카르마 리셋 방법으로도 공통적으로 쓸 수 있는 대치력은 ①, 그리고 ② 중에 ❶❸❺❻, ③의 일부이다. ③은 ①의 결과로 이루어지는 것이므로 참회와 밀접한 관계가 있다. 4대치력 전체가 우리의 실용·실천적 카르마 리셋 방법으로 다 쓰이지는 않지만, 알아두면 앞으로 도움이 될 특별한 방법들이라서 여기에 짧게

---

3 쫑카빠, 『보리도차제광론』 2, p.187. 티벳불교, 즉 금강승(金剛乘)에서 정리한 업장소멸 방법이다. 책 발간 시기는 15세기 무렵이지만, 이 책이 다루고 있는 내용의 실질적 연원은 아티샤(980-1052) 존자이다. 아티샤 존자는 대승불교의 핵심 두 축인 용수의 공 사상과 미륵의 유식 사상을 통합하였고, 인도에서 티벳으로 넘어가 티벳 후기 불교의 중흥조가 되었다.
4 박은정, "사대치력에 의한 업장소멸에 대하여", 한국교수불자연합학회지, 2022. 28권 2호, p.68

정리해 놓는다.

① 참회의 힘

② 대치행의 힘 여섯 가지 : ❶ 반야부 경전[5]의 이해·암기·독경 ❷ 공성(空性)의 이해·수행 ❸ 진언·다라니의 수지 독송 ❹ 불상·불탑의 조성 ❺ 공양 ❻ 염불

③ 십악(十惡)을 제어하겠다는 다짐과 개심의 힘 : 십악, 즉 십불선업(十不善業)이란 살생, 도둑질, 음행, 거짓말, 이간질, 욕설·저주, 무의미한 잡설, 탐욕, 분노, 어리석음, 사견(邪見: 요사스럽고 바르지 못한 견해)[6]의 열 가지로, 이 불선업들을 제어하겠다고 스스로 결단하는 힘.

④ 대상의 힘 : 대상이란 삼보[7]와 일체중생이라는 특별한 대상을 말하고, 이들을 기반으로 이루어지는 복전(福田)의 힘. 불법승 삼보에 귀의하고 중생제도를 위해 보리

---

5 『금강경』이 대표적인 반야부 경전이고, 이 내용을 최대한 압축한 것이 〈반야심경〉이다.

6 『아미달마구사론』. 십악, 또는 십악업(十惡業)은 산스크리트어로 다샤쿠샬라 카르마니(daśakuśala-karmāni)이다. 십악은 십선(十善)을 지키지 않는 것으로, 업이 되어 반드시 그 결과를 남기기 때문에 부파불교에서는 십불선업도(十不善業道)라고 불렸다.

7 삼보(三寶)란 세 가지 보물이란 뜻으로 불, 법, 승을 의미한다. 불은 부처님, 법은 그 가르침, 승은 선지식들과 수행자들을 포함하는 승단을 말한다. 다른 종교는 이에 해당하는 대상으로 바꾸어서 생각하면 된다.

심(깨달음을 얻고자 하는 염원)을 닦는 것을 말한다.[8]

　　그런데 이 가운데 참회하는 힘을 제일 처음에 넣은 것을 의미있게 보아야 한다. 참회는 여러 방법들 가운데 가장 어렵다. 참회는 다른 카르마 리셋 방법인 보시, 기도, 방생, 인욕 등과 달리 수행의 방향성이 다르다. 참회가 어려운 이유는 외부로 향하는 방향성을 가진 다른 실천법과는 달리 자기 자신과의 내밀한 일대일의 대면이기 때문이다. 자신의 다크 사이드와 직면해야 한다는 것은 본능적으로 회피하고 싶은 상황이기 때문에, 당연히 죄책감, 부끄러움, 불편감, 거부감을 동반한다. 에고의 심리적 저항[9]을 극복해야만 진정한 참회가 가능하다. 기독교 신학에서 일반적으로 '회개'로 번역하는 '메타노이아(metanoia)'의 그리스어 원뜻이 마음·관점·방향의 전환[10]을 의미하는 바로 이 맥락이고, 이슬람교에서 참회를 뜻하는 '타우바(Tawbah)' 역시 '돌이켜서 돌아간다'

---

8 『보리도차제광론』 2, p.191
9 사람은 누구나 "나는 괜찮은 사람"이라고 믿고 싶어한다. 그런데 참회를 하려면 "나는 이런 잘못을 저질렀다"라고 인정해야 하므로, 심리적인 불편감이 강하게 올라온다. 이 불편함을 피하고자 하는 심리가 강하기 때문에, 참회는 자연히 내면에서 저항을 불러일으켜 부정, 합리화, 투사 등 다양한 방어기제가 발동한다.
10 Wikipedia

는 뜻인 것도 같은 맥락이다.

심리적 저항에 직면한다는 이런 문제 때문에, 일반적으로 보면 참회는 보통 뭉그적거리고 미루다가 맨 끝에 가서야 하게 된다. 진짜 급해야 하게 된다는 뜻이다. 온갖 악사(惡事)가 이미 본격적으로 시작된 뒤에, 또는 다른 업장소멸 방법을 다 써 본 뒤에 비로소 참회로 눈을 돌리는 것이다.

그러나 참회는 업장 소멸의 여러 방법 가운데 제일 먼저 하는 것이 가장 좋다. 참회는 최고의 카르마 디톡스, 최고의 카르마 해독제이므로, 물을 맑히는 작업과 같기 때문이다. 여의주 종류 가운데 청수주(淸水珠)[11]라는 구슬이 있다. 탁하고 오염된 물에 넣으면 맑고 투명한 물로 바꿔준다는 구슬이다. 참회도 이 청수주처럼 제8아뢰야식 전체를 맑히는 힘이 있어서, 단독으로도 큰 위력이 있지만 다른 실천 방법들이 빠르고 원활하게 진행될 수 있도록 하는 선제적 정지 작업이기도 하다.

참회하는 방법을 불교에서는 참법(懺法)이라고 한다.

---

11 법장의 『화엄경탐현기』 중에 여의주에 대한 진제 삼장의 말을 인용한 부분이 있다. 정수주(淨水珠), 정수보주(淨水寶珠)라고도 하며, 『태평광기』 같은 도교 계통의 설화에도 등장한다.

참고로 잠시 다른 종교의 참회법을 보면, 기독교에서도 스콜라 신학 이래로 참회가 매우 중요시되었다. 움베르토 에코의 소설 및 영화『장미의 이름』에서도 보듯이 중세 수도사의 고행 같은 극단적 방식도 있었고, 재의 수요일이라고도 불리는 사순절의 참회 등 여러 방식의 참회가 있다. 이슬람교에도 '이스티그파르(Istighfar)'[12]라고 불리는 참회 낭송과 '두아(Du'ā)'라고 불리는 참회기도가 있다.

불교에서의 참회는 초기불교부터 빨리어 율장을 중심으로 마음의 정화라는 실천적 측면이 강조[13]되었고, 이것이 훗날 대승불교의 다채로운 참법으로 발전하였다. 육조 혜능도『육조단경』에서 참회에 대해 언급했고, 천태지의(天台智顗) 대사는『법화삼매참의』를 저술했으며, 당나라 오달국사는 무릎에 난 사람 얼굴 모양의 기이한 종기를 삼매의 물로

---

12 이스티그파르(Istighfar)란 "아스타으그피룰라(استغفر الله, '알라의 용서를 구합니다')"를 반복 낭송하며 죄를 뉘우치고 용서를 비는 참회법을 말한다.

13 대표적인 것이 포살(布薩)과 자자(自恣)이다. 우포사타(布薩)는 매달 보름과 초하루 등 특정한 삭망일(朔望日)에 승단이 모여 빠띠모까(계율)를 낭독하고, 그간의 잘못을 공적으로 고백하는 의식이다.
만일 계율을 어긴 경우, 이 모임에서 스스로 잘못을 인정하고 해당 처벌을 받는데, 이것을 '자자(自恣)'라고 하며, 잘못을 은폐하지 않고 승가 공동체 앞에서 털어놓음으로써 마음의 짐을 덜고 다시금 청정한 수행자로 돌아간다는 의미를 지닌다.

치유하고 참회한 뒤 〈자비수참(慈悲水懺)〉을 지었다. 신라 경덕왕 때의 고승인 진표율사[14]는 온몸을 땅바닥에 부딪치는 박참법(撲懺法)[15]으로 고행참회를 하면서 민간을 위해서는 참회법회인 점찰법회를 주도하여 대단한 교세를 형성했었다.[16] 원효대사는 초심자들을 위한 적극적인 참회법으로『대승육정참회』를 저술했다. 육정(六情), 즉 안이비설신의 6근을 통해 세상에 접근하고, 거기서 맺히는 번뇌나 업(業)을 공(空)의 깨달음을 통해 참회한다는 것이 핵심이다.[17]

---

14 진표율사는 유식의 한 학파인 법상종을 금산사에서 개종했다. 참회 중심의 법회인 점찰법회를 주도하여 대단한 교세를 형성했다.

15 망신참(亡身懺)이라고도 한다. 〈삼국유사〉 권4, 진표진간에 보면 "7일 밤을 기약하여 5체를 돌에 두드려서 무릎과 팔이 다 부서지고 피가 바위절벽에 비 오듯 쏟아졌으나"라는 대목이 있다.

16 점찰법회는 189개의 간자를 이용해 삼생의 과보를 점치고 참회하는 과정을 포함하고 있다. 7세기 후반에서 8세기 초반의 당시 신라 불교계가 학문 불교 중심이었던 데 비해 진표는 점찰법과 참회행을 실천함으로써 불교계의 새로운 흐름을 형성하였다고 평가된다. 나무를 깎아 만든 목륜으로 과보를 점치는 방법은 현재에도 행해지고 있다.

17 원효의 참회법은 한국불교의 일심(一心)사상을 중심으로 한 이참(理懺)이다. 원효의『대승육정참회』에 있는 안정(眼情)참회, 이정(耳情)참회 등 각각의 6정에 대한 참회는 천태지의 대사의 법화삼매참법에서 참회안근(眼根), 참회이근(耳根)과 틀은 똑같으나, 참회로 이끄는 이론적 기반은 각각 다르다. 참회의 근본 기조에는 사참(事懺)과 이참(理懺)이 있는데, 사참은 카르마 리셋 방법의 참회 같은 실용적 참회이고, 이참은 참회의 근본 원리를 깨닫는 근본적 접근법이다.『대승육정참회』는 최종적으로는 이 모든 것이 공(空)하다는 것을 깨달으면

이제 카르마 리셋을 위한 실전 참회법으로 들어간다.

실전 참회

(1) 참회는 어떤 때에 하나?

① 일과 인간관계가 계속 꼬이고 악운이 지속될 때

② 특별히 마음에 걸리는 일이나 사람이 있어서 심적으로 괴로울 때

③ 중대사를 앞두고 업장 소멸을 함으로써 일의 성공을 거두고 싶을 때

④ 소원성취 기도가 더욱 잘 성취되도록 할 때

⑤ 나름 열심히 한다고 하는 기도가 잘 이루어지지 않는 것이 반복될 때 : 축적된 악업이 많으면 기도 성취가 잘 안 됨

⑥ 변변치 못하고 무기력한 삶의 차원을 전반적으로 변혁하고 싶을 때

그것이 진참회라는 이참이다. 원효대사는 이 참회문에서 악업도 본래 무생임을 깊이 깨닫고 일심의 원천으로 돌아가서 본각과 합일하는 것이 진정한 참회라고 설파했다. 『대승육정참회』는 참회 사상을 이론적으로 체계화시킨 것 중 가장 심오한 것으로 평가받고 있으며, 이 참회문의 이론적 근거는 『대승기신론(大乘起信論)』에서 찾을 수 있다.(한국민족문화대백과)

⑦ 전생이나 현생의 악업이 업보 형태로가 아니라 원친채
주(冤親債主) 형태로 왔다고 스스로 느껴질 때

(2) 참회 대상

① 늘 가슴에 걸리는 일이나 사람. 과거를 돌아봤을 때 깊
은 후회와 반성과 안타까움이 일고 그날을 다시 돌이
킬 수만 있다면 다시는 그렇게 하지 않으리라고 생각
되는 일이나 사람.

참회나 회개에 공통적으로 들어가는 회(悔)의 한자를
보면, 마음 심(忄 = 心)과 매(每)가 결합한 형태이다. 매
(每) 자는 비녀를 꽂은 어머니를 뜻하므로,[18] 이 뉘우칠
회(悔)는 어머니의 은혜에 보답하지 못한 것에 대한 회
한을 의미한다. 부모님에 대한 참회는 누구에게나 공
통된다는 의미이기도 하다. 특정할 수 있는 일이나 사
람에 대한 참회는 타겟성이라서 성취가 빠르고 분명하
게 악업이 소멸된다. 가장 좋기는 참회와 더불어서 해
당되는 사람이 살아있다면, 직접 진심을 다해 사죄하
고 용서를 받는 것이 가장 좋다. 지었던 잘못을 낱낱이
드러내는 이러한 참회를 발로참회(發露懺悔)라고 한다.

---

18 신동윤 『한자로드(路)』

② 현생에서 지은 악업에 대한 참회 : ①번처럼 참회 대상을 확실하게 알고 있는 것보다 어렵다.

③ 여러 전생을 걸쳐 지어온 악업에 대한 참회 : ②번의 현생 악업에 대한 참회보다 더욱 어렵다. 하지만 현생에 오는 업보의 80% 이상이 전생에서 오는 것이므로 적극적으로 참회해야 한다.

④ 원친채주(冤親債主) : 원친채주란 전생 혹은 과거에 맺은 악연, 또는 너무 사랑하고 친밀했었기에 도리어 원한이 된 인연이 빚을 받을 채주(債主)가 된 영혼을 말한다. 여자가 한(恨)을 품으면 오뉴월에도 서리가 내린다는 속담과도 맥락이 닿아 있는 내용이다. 원친채주는 그 빚을 받기 위해 따라다니면서 예기치 않은 재난이나 갑작스러운 질병, 사업 실패, 심신의 고통을 불러 일으킨다. 중국과 대만의 불교 및 도교에서 나온 개념으로, 불교의 카르마의 개념과 도교의 신명사상이 결합한 형태이다.[19] 악업을 원혼과 연결시킨 것이다. 쉽게 말해서 전생의 원수가 원한을 품고 해코지 하는 것으로 생각하면 된다. 원친채주 참회법 독송으로 개인적

---

19 cf.『중화불교백과사전(中華佛教百科全書)』, 홍콩 및 대만의 도교문화연구소 자료. 도교에서는 원친채주를 모시는 제단이 있다.

으로 행할 수 있고, 절에서는 천도재를 지낸다. 불교에서 수자령(水子靈)이라고 말하는 낙태한 태아령도 여기 해당한다.

(3) 참법의 종류와 특성

참법의 종류는 매우 다양한데, 그 가운데 비교적 많이 알려진 참법은 다음과 같다. 많이 알려져 지금까지 내려왔다는 것은 곧 효과가 좋았다는 것을 의미한다. 종류는 많아도 핵심은 동일하다. 참회는 나를 잘 되게 해달라는 외향적 발원이 아니라, 내가 잘 되는 것을 막고 있는 악업의 뿌리를 제거하기 위해 내가 나를 향해 쏘는 조준사격이다. 아뢰야식에 깨알 같이 뿌려져 있는 악업 종자를 향한 정조준이다. 내가 했던 살생 악업에, 내가 했던 배신에, 내가 부린 탐욕에, 내가 저지른 무개념에, 탕 탕 탕!!

① 양황참(자비도량참법)
② 백팔대참회문
③ 백자명진언
④ 대승육정참법
⑤ 35불참(三十五佛懺)
⑥ 원친채주참회

⑦ 삼천불명호경 참법

⑧ 금광명경(금광명최승왕경)참법

⑨ 법화삼매참법

⑩ 자비수참

⑩ 미타참법, 관음참법, 지장참법

⑪ 위와 같은 정해진 참법 없이 자유롭게 개인 기도, 독경,
　　진언 염송, 절 수행한 뒤 참회.

많은 사람들이 오랜 세월 동안 영험함을 입증해 왔던, 하나같이 훌륭한 방법들이다. 다만 이 가운데에서 일반인들이 복잡한 현대 생활을 하면서도 실천하기 좋은 방법들, 처음 시작하는 사람들도 잘 다가설 수 있는 생활밀착형 방법을 선별해서 카르마 리셋의 참회법으로 선별했다. 다른 카르마 리셋의 항목에서도 동일하지만, 이러한 선별에는 〈바닐라 젠 기도법〉을 지도 받았던 분들의 생생한 피드백과 필자 자신의 오랜 경험의 결과도 참고했다. 따라서 육시예참(하루 여섯 번 참회)을 해야 하는 참법, 길고 복잡해서 일반인으로서 꾸준히 실행하기 어려운 참법, 초심자 혼자서 하기 어려운 참법, 번역된 책을 구하기 어려운 참법, 이해하기 어려운 이참(理懺)[20]

---

20 p.271의 각주 17 참고

은 제외하고, 참법 실천 후에 스스로 여러 방식의 감응이나 효과를 실감할 수 있는 다섯 가지 방법과 그 특성은 다음과 같다.

① 양황참(자비도량참법)

❶ 개요 : 남북조시대 양(梁)의 무제(武帝. 464-549)가 죽은 황후 치씨의 참회를 위해 편집한 참법이다. 치씨가 죽은 뒤 며칠 후 침전에 큰 구렁이가 기어 올라와 사람의 말로 이렇게 말했다.

"폐하, 저는 치씨이옵니다. 생전의 죄보로 구렁이가 되어 입에 넣을 음식도 없고 몸을 감출 구멍도 없고 주리고 곤궁하여 살아가기조차 힘듭니다. 비늘 밑에 수많은 벌레들이 붙어 살을 빨아먹는데, 아프고 괴롭기가 송곳으로 찌르는 듯 하옵니다. 예전에 폐하께서 총애해 주셨던 은혜를 생각하여 이 누추한 몸으로 어전에 나타나 간청하오니, 부디 공덕을 지어 제도하여 주옵소서."

이에 무제는 눈물을 흘리고, 곧바로 스님들을 모아 여러 불경을 열람하여 불보살의 명호를 기록하고 부처님의 말씀을 가려 뽑아 총 10권의 참회문을 만들어 예참했다. 어느날 궁전에 향기가 진동하여 무제가 우러

러보니 용모가 단정한 천인(天人)이 보였다.

"저는 구렁이의 후신이옵니다. 폐하의 공덕을 입사와 이미 도리천에 왕생하였기에, 이제 몸을 나타내어 그 영험함을 증명하나이다."[21]

치씨를 위한 이 양무제의 참법이 〈양황참〉이며, 〈자비 도량참법〉이라고도 한다.

❷ 특성 : 독송과 절을 함께 하는 방식이다. 불교의 가르 침과 업보에 대한 내용이 쉽고 흥미롭게 서술되어 있 어서 초보자들이 읽기 좋다. 중간중간에 부처님들의 명호가 나올 때마다 절을 하도록 되어있는데, 전체 10 권에 걸쳐 배대(配對)되어 있는 절의 수는 총 1806배 [22]이다. 총 10권인 이유는 보살의 수행 단계인 십지(十 地)를 나타낸 것이다.

❸ 방법 : 중요한 일을 시작하기 전과 백중 때 실행하면 좋다. 총 10권을 사흘로 나누어 하는 것이 원칙이고, 시간적 상황에 따라서 하루 2권씩 닷새, 또는 하루 1 권씩 열흘을 해도 된다. 절에서 스님과 함께 할 경우 는 보통 3일 동안 하고, 개인적으로 집에서 할 경우는

---

21 『자비도량참법』, 김현준 역, pp.4-7
22 불명호를 외우며 올리는 절의 수 1729번, 기타 문장을 읽으면서 올리 는 절 77번을 합하면 총 1806배이다.

상황에 맞게 하루 독송 권 수를 조정하면 된다.

❹ 소요시간 : 한 권의 분량이 각각 다르기 때문에 일률적이지는 않지만, 한 권이 평균 40쪽 정도이다. 한 권을 절하면서 독송하는데 걸리는 시간은 초보자 기준으로 넉넉히 잡아 평균 1시간 정도 소요된다.

❺ 유의점 : 절하는 부분에서 무릎이 안 좋은 사람은 앉은 채로 합장 반배한다.

② 백팔대참회문

❶ 개요 : 저자와 제작 시기는 알려져 있지 않으나 우리나라에서 참법으로 널리 독송되어온 참회게송이다. 참회에 관련된 부처님 90분의 명호 독송이 핵심부이다. 부처님 명호 부분에서 90번 절을 하고 그 외에 절하라고 표시되어 있는 부분에서 18번 절을 하면 총 108배를 하게 되어 백팔대참회라고 한다.

❷ 특성 : 독송과 절을 함께 하는 방식인데, 그 가운데에서도 칭명하면서 계속 90참회불께 절하는 부분이 핵심 부이다. 90분 부처님 명호 가운데에는 ④번 35불참에 들어있는 참회불 35분 부처님이 모두 포함되어있다. 반면에 우리나라 사람들에게 가장 익숙한 『천수경』에 들어있는 12참회불[23]과는 중복되는 바가 없다.

❸ 방법 : 특별한 일이 닥쳐 급히 하기보다는 평소에 꾸준히 하는 것이 좋다. 다른 소원성취 기도를 하고 있을 경우에 기도 전이나 기도 후에 함께 하는 방법도 좋다. 절 자체의 공덕도 크고 명호와 함께하므로 힘이 있는 참회 방식이다.

❹ 소요시간 : 스님들의 염불 속도 정도로 비교적 천천히 하면 약 25분 소요되고, 절을 빨리 할 수 있는 사람들은 시간을 더 단축할 수 있다. 빨리하는 것이 목표가 아니고 하심(下心)과 집중과 염원을 담는 것이 관건이다.

❺ 유의점 : 무릎 관절이 안 좋은 사람은 이 방법보다는 다른 방법을 권한다. 또한 〈백팔대참회문〉이라는 똑같은 제목으로 한글로 ~를 참회합니다, ~에 감사합니다로 108가지 문장을 정리하여 절하는 방식의 기도문이 있는데, 이것도 내용이 좋기는 하나 원래의 전통적인 〈백팔대참회문〉[24]으로 하는 것이 좋겠다.

---

23 1.참제업장보승장불 2.보광왕화염조불 3.일체향화자재력왕불 4.백억항하사결정불 5.진위덕불 6.금강견강소복괴산불 7.보광월전묘음존왕불 8.환희장마니보적불 9.무진향승왕불 10.사자월불 11.환희장엄주왕불 12.제보당마니승광불

24 무비스님이 엮은 수첩 크기의 소책자가 있다.

③ 백자명진언

❶ 개요 : 〈금강살타백자명〉
이 정확한 제목이고 티벳
불교에서 대단히 중요시
하는 참법이다. 금강살타
백자명진언은『초회금강
정경』에서 설해진 진언
으로, 금강살타는 "바즈
라 사트바"라고 한다. 티
벳불교의 4대 종파인 겔

금강살타(일본·14세기)

룩파, 까규파, 닝마파, 사캬파 등 각 종파에서 필수[25]로
하는 정화수행으로 티벳 스님들에게는 최소 10만 독
이 필수이다. 전 세계적으로 잘 알려져 있고 우리나라
에서도 특별히 종파에 연연하지 않고 회통적 입장에
서 수행하는 사람들도 많이 하는 정화진언이다. 진언
의 음절이 100자라서 백자명이라고 하고 명(明)이란
진언이라는 의미이다. 금강살타가 손에 들고 있는 지
물은 오른손에 금강저, 왼손에 금강령(요령)이다. 각각

---

25 기초 4대 수행인 사가행(四加行)은 오체투지, 금강살타참회, 만다라
공양, 구루요가이다.

금강저는 방편과 자비, 금강령은 반야와 공성을 상징한다.

❷ 특성 : 진언과 관상법(觀想法)을 동시에 하는 방법이다. 관상법이란 쉽게 말해 심상화, 시각화에 집중하는 방법이다. 관상법은 대승불교에서는 아미타불 관상법이 대표적이고 티벳 금강승에서는 매우 강조되는 부분이다. 이 관상법의 이름은 〈감로강정법(甘露降淨法)〉으로, 감로로써 악업이 정화되는 것을 관상하는 방법을 말한다. 원래는 금강살타 명상법의 일부분인데, 복잡한 관상 과정을 대폭 줄여서 일반인들이 참회법으로 활용한다.

❸ 방법 : 단독으로 금강살타진언만 해도 되고, 하고 있는 기도가 있으면 기도 전이나 기도 후에 함께 하면 진언 자체의 강한 에너지와 관상의 집중이 시너지를 낸다. 진언이 입에 완전히 붙어야 진언과 관상을 자유롭게 할 수 있다. 관상은 진언 중간중간에, 혹은 7독 하고 관상하는 방식도 된다. 하루에 총 21독, 33독, 49독, 100독, 108독을 하거나, 하루 독(讀) 수를 정하지 않고 천 독이나 만 독 등 장기 목표를 정해 놓고 틈날 때마다 나누어서 해도 된다.

관상법은 다음과 같다. 금강살타의 가슴 중앙의 흰색

월륜좌[26]에 나타난 백색의 '훔(ཧཱུྃ)' 자 및 그 주위를 오른쪽으로 돌고 있는 백자진언으로부터 흰색 감로수가 흘러나와 우리 정수리혈(범혈)을 타고 흘러들어온다. 온몸이 흰색 감로로 가득하여 온갖 악업을 씻어내는 것을 관상한다. 액난, 병, 각종 장애가 시커먼 물, 피고름, 독충의 형태로 온몸의 털구멍, 항문 등을 통해서 땅 속으로 빠져나가고, 땅 속에서 염마(閻魔)[27]가 그것을 받아먹고 땅은 도로 닫힌다.

❹ 소요시간 : 진언만 하는 데에는 숙달되면 1독에 약 15초 걸린다. 관상을 함께 하는 경우 전체적 과정에 숙달되면 5분가량 소요된다. 다른 기도와 함께 하는 것이 아니고 진언만 단독으로 하는 경우는 업장이 소멸되는 징후(상황이 전환되거나 선몽을 꾸거나)가 보일 때까지 하는 것이 좋다.

❺ 유의점 : 유튜브를 보면, 티벳 스님이 하는 염송이라도 진언의 발음이 각각 다르고, 그것을 한글로 옮겨 적었을 때 발음의 정확성은 더욱 떨어지므로, 정확한 텍스

---

26 월륜좌는 백색 보름달 모양의 원이다. 금강살타의 몸과 진언이 모두 흰색인 이유는, 흰색은 악업을 정화하고 액난을 제거하는 상징이기 때문이다.
27 죽음의 신 야마

트를 구하여 되도록 정확한 발음으로 하도록 한다. 진
언은 발음이 너무 틀리면 좋지 않다. 한국의 유일한 티
벳사찰[28]인 한국티벳불교사원 광성사의 주지스님인
게시 소남 걜첸 스님의 발음과 속도를 참고하면 좋다.
검색해 보면 노래 식으로 되어 있는 유튜브 동영상도
있는데, 듣기에는 마음이 녹아들고 참으로 좋으나 혼
자 집중 염송할 때는 그 속도로 하면 안 되고 훨씬 빠
르게 해야 한다.

④ 35불참(三十五佛懺)

❶ 개요 : 참회와 관련되는 여래 35분의 명호를 부르는
방법으로, 티벳 불교권에서 널리 전승되는 방법이고
중국불교에서도 많이 실천하는 방법이다. 참회35불
은 『대보적경(大寶積經)』[29]에서 설해졌다. 티벳 불교에
서의 35불참은 『삼취정계경(三聚淨戒經 Triskandha Sūtra)』
에 근거하며, 중국의 35불참은 『관허공장보살경』에 근

---

28 '황모파'라고도 부르는 겔룩파에 속한 사원이다. 달라이 라마도 겔룩
   파이다.
29 『대보적경』은 대승방등부(方等部)에 속하는 경전이다. '대보적'이란
   법보를 한 곳에 쌓았다는 뜻이다. 이 경전이 설해진 시기는 『아함경』
   이후, 즉 초기경전 후기와 대승부 초기 사이이다. cf. 불광미디어, "대
   보적경의 구조와 중심사상"

대주성굴[30] 내부

대주성굴 외벽 입구
좌측 하단부에 참회문과 참회불이 새겨져
있다.

거하는데, 티벳의 35불과 중국의 35불은 두 분 여래를
제외하고는 순서까지 완벽히 일치한다. 겔룩파를 창
시한 쫑카파 대사(大師)가 이 수행을 매우 중시해서,
『보리도차제광론』 4대치력의 참회에 이 35불참과 위
의 참회법 리스트 ⑧번 금광명경(금광명최승왕경) 참법

---

30 대주성굴(大住聖窟)은 중국 수나라의 고명한 승려인 영유(靈裕)가 589
년에 조성한 석굴로 하남성 안양시 보산 영천사(靈泉寺)에 있다. 이
석굴에서 참회의식이 행해졌는데, 내부 벽면 세 군데에 새겨진 노사
나, 아미타, 미륵 삼존불감 좌우에 세로로 35불이 새겨져 있다(선으로
표시함). 석굴 외벽 입구 좌측 하단에는 참회문과 참회불이 새겨져 있
다. 석굴 내부·외부의 이 참회불들을 통해 관불참회, 불명참회가 이
루어졌다. 사진 출처: 김선경, "말법시대의 석굴:영유(靈裕)와 대주성
굴", 미술사와 시각문화, vol.5, 2006. p.255의 도3, p.253의 도1. 이 논
문에 인용된 사진의 원출처는 『중국미술전집 조소편』 13.

루빈 아트 박물관 소장 쫑카파 대사(15세기)

을 특히 강조했다. 『입보리행론』으로 유명한 샨티데바의 『대승집보살학론』에서도 참회를 위한 대표적인 방법으로 35불참을 강조했다. 참회35불이 그려진 탕카도 유명하다.

❷ 특성 : 명호 독송과 절을 함께 하는 방식이다. 특이한 것은 각 명호마다 얼마만큼의 죄업이, 또는 어떤 종류의 죄업이 정화되는지가 각각 쓰여 있어서, 업장이 탕감된다는 느낌이 발심을 강화한다. 가령 '나무 용맹군여래(우리나라에서는 정진군불)'에는 능정천겁지죄(能淨千劫之罪), 즉 천 겁의 죄가 능히 정화된다고 설명이 붙어 있고, '나무보월여래(우리나라에서는 보월불)'에는 오무간 지옥에 떨어질 죄가 능히 정화된다고 설명이 붙어 있다.

❸ 방법 : 단독으로 하기도 하고, 다른 소원성취 기도와 함께 해도 된다. 매 칭명마다 1배 또는 3배를 하기도 하고, 각 여래명을 사경하고 일어나서 절하면서 칭명

하기도 한다. 참회35불은 다음과 같다. 각 부처님 명호 앞에 "나무(南無)"를 붙여서 부른다.

1.석가모니불 2.금강불괴불 3.보광불 4.용존왕불 5.정진군불 6.정진희불 7.보화불 8.보월광불 9.현무우불 10.보월불 11.무구불 12.용시불 13.청정불 14.청정시불 15.사류나불 16.수천불 17.견덕불 18.전단공덕불 19.무량국광불 20.광덕불 21.무우덕불 22.나라연불 23.공덕화불 24.청정광유희신통불 25.연화광유희신통불 26.재공덕불 27.덕념불 28.선명칭공덕불 29.홍염당왕불 30.선유보공덕불 31.투전승불 32.선유보불 33.주잡장엄공덕불 34.보화유보불 35.보련화선주사라수왕불.

❹ 소요시간 : 매 칭명마다 1배를 기준으로 총 5분 30초 정도 소요된다. 35불 칭명 뒤에 있는 참회문과 회향문까지 합치면 총 7분 정도 소요된다. 다른 기도와 함께 하지 않고 이 참법만 단독으로 하는 경우는 100일 정도가 좋고, 너무 길면 삼칠일(21일) 정도도 괜찮다.

❺ 유의점 : 무릎이 약하거나 절을 안 해본 사람은 천천히 1배씩으로 시작하여 단계적으로 횟수를 늘여간다. 백팔대참회문의 90분 부처님들 리스트의 원조가 바로 이 35참회불이다. 따라서 백팔대참회를 하기에 시간적으로 여유가 없을 때 집중 참회로 하기 적당하다.

❻ 꿀팁 하나 : 백팔대참회나 35불참 같이 절과 더불어 하
는 참회의 경우, 절할 때 무수한 지난 생에 '인간이었
던'[31] '나'들이 함께 절한다고 관상한다. 효과가 좋다.

⑤ 원친채주참회

❶ 개요 : 전생이나 과거의 원한을 품고 빚을 받으러 온
영혼에 대한 참회이다. 대만의 정공법사, 성운대사, 성
엄법사, 인광대사 문도에서 자주 행하는 참회법이다.
우리나라에서는 대만 정토종의 정공법사가 만든 원친
채주 참회발원문을 텍스트로 많이 사용한다. 88불 참
회문을 독송하고 맨 마지막에 기도 공덕을 원친채주
에게 회향하는 방법으로 하기도 한다. 여기서는 정공
법사의 방법으로 정리했다. 갑작스러운 병이나 갑작
스러운 장애가 있을 때 주로 한다. 원친채주 참회는
액난 제거를 위한 일시적 해결책이 아니라, 내 마음속
습기(習氣)와 무명(無明)을 줄이는 과정이기도 하다.

❷ 특성 : 정화와 업장소멸을 목표로 하는 다른 불교참회

---

31 6도 가운데 다른 계는 제외한다. 일체 악업이 지어지는 곳은 인간계
이고, 그에 대한 참회가 가능한 곳, 수행이 가능하여 깨달음을 얻어
모든 꿈에서 깨어날 수 있는 곳도 인간계 뿐이다. 그래서 인간으로
태어나기 힘들다고 했다. 우리가 지금 중요한 시공간에 살아있다.

법과는 다른 차원이지만, 이런 부분에서 장애를 느끼는 사람들도 실제로는 제법 많다. 특이한 점은 무조건 뉘우치는 것이 아니라, 원친채주들과 진지하게 협상하면서 설득하고[32] 함께 깨달음을 얻자는 권유가 들어있다는 점이다.

❸ 방법 : 참회문을 소리내어 독송하고, 독송이 끝나면 아미타불 염불을 108번, 또는 시간이 넉넉한 경우는 15분 정도한다.

❹ 소요시간 : 참회문 독송에 15분 정도 소요된다. 급한 일이 터진 때에는 아침 저녁으로 하루 2회씩 문제가 해결될 때까지, 일반적 참회라면 하루 1회씩 21일이나 49일 동안 한다.

(4) 참회의 공덕

『대승본생심지관경』[33]에 참회 공덕 10가지를 다음과 같이

---

32 "이번 생에 나에게 보복을 하고 해친다면 인과의 법칙으로 다음 생에는 내가 원친채주가 되어 당신에게 다시 갚으러 갈 수도 있다, 그렇게 되면 계속 뒤엉켜 세세생생 둘 다 번뇌와 고통 속에 살게 되니, 누구에게도 좋을 것이 없다. 그러니 끝날 기약 없는 보복으로 둘 다 망하는 어리석은 짓을 멈추고, 함께 깨달음의 도반이 되어 대도를 찾아가자"고 원친채주를 설득해 나가는 부분이 들어있다. cf.『정토참법』, pp.183-184

말하고 있다. 전형적인 경전식 표현이라서 다소 고인물처럼 느껴지기도 하지만, 자세히 보면 거기서 번뇌 소멸, 행복, 재복(財福)과 장수라는 키워드를 읽을 수 있다. 이것이 바로 카르마 대치력(對治力)의 힘인 것이다.

참회는 ① 번뇌의 섶(땔나무)을 능히 태우고 ② 하늘에 태어나게 하며 ③ 4선락(禪樂)을 얻게 하고 ④ 마니보주를 비처럼 내리게 하고 ⑤ 수명을 금강처럼 연장하고 ⑥ 상락궁(常樂宮)에 들게 하며 ⑦ 삼계의 감옥을 벗어나게 하고 ⑧ 깨달음의 꽃을 피우고 ⑨ 부처님의 대원경(大圓鏡)을 보게 하고 ⑩ 보배가 있는 곳에 이르게 한다.

이상에서 다섯 가지 참회 방법의 카르마 리셋을 보았다. 효과가 뛰어난 참회법 가운데에서도 실천하기 좋고 대중친화적인 방법 위주로 선별했지만, 다루지 못한 다른 많은 훌륭한 참법들이 못내 아쉽기는 하다. 하지만 참회는 물론 다른 모든 기도의 가장 중요한 핵심은 형식이 아니다. 얼마나

---

33 『大乘本生心地觀經』K1385. 당나라 11대 헌종이 서문을 직접 썼다. 서문은 "즐기고 탐하는 마음이 왕성하게 일어나 육근(六根:안이비설신의)이 인연의 경계에 빠지고 칠정(七情:희로애락애오욕)이 이해(利害)의 세계에서 헤매게 되었다. 마음은 날뛰는 원숭이와 같고 몸은 미친 코끼리와 같으니(…)"라는 문장으로 시작된다. 참회에 대한 글은 「보은품」에 들어있다.

'사무치게' 나의 내면을 뒤흔드는가의 문제이다. 사무치지 않으면 늘 제자리에서 마음만 분잡한 카르마 돌려막기일 따름이다.

02
실전 리셋 II
지옥 vs 두통 : 기도의 막강 대치력

카르마 리셋을 위한 기도는 크게 나누어 다음과 같은 세 가지 기능이 있다.

(1) 현재 처해 있는 악운, 액난, 고통의 약화 내지 소멸

(2) 다가올 업보의 변동 – 선업으로 인한 다복(多福)의 과 보 업그레이드 및 앞당기기

(3) 다가올 업보의 변동 – 악업으로 인한 고통스러운 과 보의 약화, 뒤로 미루기 내지 소멸

이 세 가지 가운데 가장 오묘한 이치가 (3)번이다.

『서유기』에서 삼장법사로 등장했던 당나라 현장(玄奘)법 사가 664년 3월에 62세의 나이로 입적하기 전에 가볍게 병 고를 겪었다. 인도에서 가져온 1338권의 산스크리트어 경

전을 온 생을 다 바쳐 번역함으로써 동북아시아권 전역에 길이 남는 법보시(法布施)를 한 엄청난 선업공덕이 있었음에도 불구하고 이런 병고가 오자, 현장법사는 자신이 번역한 경전에 혹여 잘못이 있었던가 심각한 고민에 빠졌다. 그러자 한 보살이 홀연히 나타나서 이렇게 말하며 현장을 위로했다.

"그대가 전생에 지은 죄악의 과보가 이 자그마한 병고로 모두 소멸되었으니 의심하지 말라."

선업의 힘으로 인해, 무거운 업보로 받을 것을 가볍게 받는 이런 이치에 대해 인광대사(印光大師,1861-1940)[34]는 "염불 정진한 공덕으로 원래는 뒤늦게 나타날 과보가 앞당겨져 현재의 과보로 닥쳐오는 것이고 또 무거운 과보가 가볍게 바뀌어 나타나는 것이다. 앞당겨서 앓은 그 병 하나로 삼악도를 윤회해야 할 죄악이 소멸되는 것이다."라고 했다.

더욱 흥미로운 기록이 있다. 지옥에 갈 과보를 선업과 선행에 의해 금생의 두통(頭痛)으로 받는다는 동일한 내용이 각각 중국 선종과 천태종의 고승 두 분과 티벳 금강승[35]의

---

34 대세지보살의 화신이라고 불려지는 근대의 고승이다. 6년간의 무문 관 수행으로 염불삼매를 증득했다. 평생 헌 옷으로 살면서도 스스로 를 '부끄러운 중'이라며 자호를 참괴승(慙愧僧)이라 했다.

고승의 저서에 설명되어 있다. 지역도 시기도 다른 세 분의 대고승들이 동일하게 '지옥vs 두통(頭痛)'을 일례로 든 것이 무척이나 신기하다.

우선 천태종의 창시자로 동아시아 불교에 큰 영향을 미친 천태지의(天台智顗. 538-597) 대사는『마하지관』에서 참회의 중요성을 다루면서 "만약 중죄가 있더라도 두통(頭痛)으로 제거시킬 수가 있다."[36]고 했다. 두 번째는『종경록』으로 유명한 영명연수(永明延壽. 904-975) 선사가『만선동귀집』에서 말한 내용으로 다음과 같다. "경에 이르기를, 금생에 악을 행함이 적고 선행을 많이 쌓은 사람은 지옥의 중함을 돌려 현세에 미리 가볍게 받고, 반대로 선을 적게 쌓고 악을 많이 행하면 혹여 현세에서 가볍게 받을지라도 지옥에서 무겁게 받으리라. 선행을 쌓도록 한결같이 힘쓰는 사람은, 예컨대 현세에 잠시라도 두통을 앓음이 곧 백천세의 지옥업을 멸하는 것이다."

또 하나는 참회법 시작 부분에서 말했던『보리도차제광론』에서 쫑카파 대사(1357-1419)가 "악업이 어떤 식으로 닦이

---

35 금강승(金剛乘)이란 밀교를 말하며 티벳불교와 동의어로도 쓰인다. 밀교(密敎)란 비밀의 가르침이라는 뜻으로 문자로 표현된 현교(顯敎)를 초월한 가르침이다. 대승불교에 속한다.
36 혜명,『마하지관의 이론과 실천』, 경서원, p.403

는가"라며 제시한 내용이다. 중요한 대목이라서 그 부분을
인용해 본다.

　　악업이 닦이는 방식이란 이와 같다. 고통이 큰 악도에 태
　　어날 원인들이 고통이 적은 악도에 태어날 원인으로 변하거
　　나, 악도에 태어나도 그곳의 고통을 겪지 않거나, 혹은 현생
　　에서 두통(頭痛) 정도의 작은 통증을 겪는 형태로 닦이는 것
　　이다.[37]

　　바로 이것이 카르마 리셋의 힘이고, 기도의 힘이다. 『지장
경』에서 원래는 오랜 세월 악도를 떠돌 업(業)이지만, 선업
의 공덕으로 인해 현생에서의 역병이나 기근으로 미리 닦이
고, 적게는 '꿈에서 혼쭐이 나는 것'으로 닦이기도 한다는 내
용과 일맥상통한다.
　　카르마의 응보적 힘을 리셋하고 무력화시키는 이러한 기
도 및 선업 공덕으로, 중한 악업의 과보조차도 두통(頭痛)이
나 꿈 속 혼쭐 정도로 바꿀 수 있다는 것은, 우리에게는 마
치 해님 달님 오누이가 기도하며 바라던 동아줄과도 같다.
중요한 이 타이밍에 부디 『시크릿』과 일부 유튜브가 내려주

---

37 『보리도차제광론』 2, p.191

는 썩은 동아줄을 행여라도 붙잡지 말기를!

(1) 실전 기도는 어떤 때 하나

카르마는 고정된 하드웨어가 결코 아니다. 지금 내가 어떻게 하느냐에 따라서 찰나찰나 반응하면서 끊임없이 증가하거나 감소하는 거대한 유기체이다. 실전 기도로 방어는 물론 적극적인 공략이 가능하다. 즉 당장 처한 힘든 문제들을 막아내기도 하고, 닥쳐올 업장을 미리 약화·소멸시키기도 하고, 일의 성사를 위해 끌어와야 할 선업을 적극 공략할 수도 있다. 〈바닐라 젠의 탐구생활〉에 들어온 수많은 기도법 문의들을 참고하여 전체적으로 카테고리를 분류하면 다음과 같다.

빈도 수로는 재물과 관련된 여러 사항, 질병 문제, 자녀의 학업과 입시, 이성과의 괴로움이 압도적으로 많았다.

① 당장 곤란에 처해 있는 불행한 일들의 타파 : 돈 문제, 사업 문제, 질병, 수술, 재판, 부부갈등, 자녀 문제, 대인관계, 조직 내 문제, 묶여 있는 부동산 문제 등

② 중장기적으로 날짜가 특정된 중대사의 성공을 위해 복을 쌓고 싶은 경우 : 입시, 각종 시험, 계약, 취업, 승진,

선거 및 선출 등

③ 특정의 염원 사항 : 재물과 관련된 다양한 소원, 사업
의 번창, 계약, 입찰, 임신, 좋은 배우자 인연 만나기,
재회 등

④ 삶의 전반적 흐름의 전환과 전반적 업장소멸

(2) 기도 성취가 가능한 이유 : 이것이 진짜 시크릿

이 놀라운 이치가 사실상 이 책의 가장 핵심부일 것 같다.
기도법을 포함하여 카르마 리셋의 세부사항을 아는 것 보
다 이것을 아는 것이 최우선이다. 신앙적으로만 볼 때 기도
의 궁극은 신의 은총, 불보살의 가피이다. 이 은총과 가피는
초월적 존재가 우리 현실의 질서를 조정하여 우리의 소원과
염원을 들어주는 것이다. 신앙적으로는 당연히 그렇다. 그러
나 우리는 여기서 심층적 심리의 매커니즘을 다루는 것이지
신앙적 측면을 다루는 것이 아니다. 카르마 리셋이 종교에
구애받지 않고 누구나 활용할 수 있다고 말했던 이유이기도
하다. 하지만 신앙적일지라도 그것이 현실화되려면 별도의
평행우주에서 이루어지는 것이 아니라 우리의 현실, 즉 우
리의 6식(識) 안으로 들어와야만 한다.

이렇게 연결되는 그 길이 대체 어디일까.

이 결정적 순간을 위해서 앞의 내용에서 이미 몇 번에 걸쳐서 밑자락을 깔아왔다.[38] 그 핵심 키워드들을 추려 본다. 화산 그림, 집단 카르마[共業], 우주적 거대한 무의식, 일심(一心), 홀로그램 우주, 월인천강, 우누스 문두스 등이 그것이다. 해당 챕터에서 이론적 배경을 설명했으므로, 기억이 나지 않는 분들은 잠깐이라도 잠시 훑어보고 오시기를 바란다. 그만큼 '실천적·실용적 유식(唯識)'인 우리 책의 클라이맥스가 바로 여기이기 때문이다.

우리 각자는 하나의 활화산이고, 꿈틀거리는 조그마한 벌레이건 다른 계(界)의 아름다운 중생이건 비참한 중생이건, 이 모두를 포함한 중생 수만큼의 무수한 활화산이 존재한다. 그 활화산들은 뿌리부에서 거대한 땅덩어리를 다 함께 공유하고 있다. 모든 생명이 함께 공유하는 거대한 우주적 땅덩어리가 바로 제8아뢰야식이다. 그러므로 우리 각자의 개별적 심층 무의식인 제8아뢰야식을 조금 더 내려가면 중생공동적(衆生共同的) 아뢰야식으로 이어지고, 거기서 조금 더 내려가면 일체의 악업 종자가 소멸된 제8아뢰야식의 청

---

38 화산 그림이 나오는 p.118과 제2부 1장의 12. 일심(一心), 홀로그램 우주, 월인천강(月印千江) 부분(pp.224-225) 참고.

정분 또는 제9아마라식[39]으로 이어진다. 이 부분이 바로 진여, 공적영지, 불성, 정광명, 여래장 등 여러 가지 명칭으로 불리는 차원이다.

일념 집중하여 간절히 기도를 시작할 때, 제6의식이 돋보기로 햇빛 모으듯 정신을 한 곳에 몰입하면서 6식에서 출발을 시작한다. 계속 심층으로 내려가면서 제8아뢰야식에 확실한 선업 종자를 후두둑 뿌리는 동시에 저 가장 심층부에서 빛나고 있는 진여(眞如)에 순간적으로 진입한다. 이 차원으로 들어서면 본래 청정심과의 상응이 깊어지면서 업장을 근본적으로 녹여내며 거기에 선업의 힘과 청정한 발원의 힘이 보태져 인과(因果)의 흐름에 일정한 재조정이 일어난다. 이런 움직임이 홀로그램적임을 알 수 있다. 내 마음의 움직임 하나가 궁극적으로 세상의 질서에 공명을 일으키는 것이다. 그 결과 내 안의 업종자만 바뀌는 것이 아니라, 궁극의 일심(一心), 여래장 속에서 한덩어리로 얽혀 있는 타자 및 환

---

39 악업 종자가 뿌려져 있는 제8아뢰야식이 완전히 청정해진 진여식(眞如識)을 설명하는 데 있어서, 학파에 따라 제8아뢰야식을 염오분과 청정분으로 나누어 설명하기도 하고, 아예 무구청정식(無垢淸淨識)인 제9아마라식(阿摩羅識)으로 설명하기도 한다. 제10식까지 설명하는 학자도 있으나 극소수이다.

경도 이에 영향 받게 된다.

바로 이 때문에 나 자신을 위한 소원성취 기도만 가능한 것이 아니라, 다른 사람이나 공동체를 위한 기독교의 중보 기도가 가능한 것이다. 남에게 베푼 선행이 곧 내게 선한 과보로 돌아오는 것 또한 이 때문이다. 참으로 놀라운 이치가 아닐 수 없다.

이런 과정을 지속하는 것이 바로 수행이고, 수행이 깊고 깊어지면 모든 식이 전환되어 지혜로 바뀐다. 즉 그 유명한 전식득지(轉識得智: 식을 돌려 지혜를 얻음)가 바로 이것이다. 감각인 전(前)5식→성소작지(成所作智)로, 의식인 제6의식→묘관찰지(妙觀察智)로, 업의 장본인인 제7말나식→평등성지(平等性智)로, 업을 저장하는 제8아뢰야식→대원경지(大圓鏡智)로 전환된다. 우리의 목표로는 아직까지 까마득하지만 지나는 김에 단어라도 소중히 어루만져본다. 부러우면 지는 거다.

영화 〈매트릭스〉에서 모피어스가 이런 말을 한다.

네오, 너도 나처럼 알게 될 거야. 길을 아는 것과 그 길을 직접 걷는 것은 다르다는 것을.[40]

이제 우리도 그 길을 직접 걸어가 본다.

(3) 실전 기도의 종류

기도의 종류는 일반적으로 크게 다음과 같이 나눌 수 있다.

① 칭명염불이 중심이 되는 불보살에 대한 기도

② 진언·다라니

③ 독경, 간경,[41] 사경

④ 절 기도

이 가운데에서 성취가 잘 되었다고 공통적인 피드백이 들어왔던 방식은

①번 가운데 관음기도, 신중기도, 나한기도[42]

②번 가운데 신묘장구대다라니, 능엄주, 비사문천진언, 42수주 : 42수주는 단독으로 보다는 다른 기도 뒤, 42개 주문

---

40 "There's a difference between knowing the path and walking the path."

41 독경(讀經)은 소리 내서 읽는 낭독이고 간경(看經)은 눈으로 읽으며 뜻을 새기는 묵독이다.

42 참고로 필자는 30년간 거의 모든 기도법을 거쳐 왔는데, 지장기도는 잘 맞지를 않아 블로그를 통해 지도하거나 강조하지를 않았기에 피드백이 없었다는 점을 고려해야 한다. 하지만 지장기도법도 매우 중요 기도법의 하나이다. 필자는 지장기도 대신 아미타기도로 많은 성취를 했다.

을 다 염송하는 것이 아니라 드리고 있는 기도 주제와 맞는 주문을 뽑아서 한다. 특히 능엄주의 힘이 대단히 막강해서 놀라운 성취의 사례가 많은데, 문제는 읽는 것만도 어렵고, 더구나 오류가 많은 버전이 돌아다니고 있기 때문에 제대로 정확한 발음과 띄어 읽기를 하기는 더욱 어렵다. 능엄주를 원 산스크리트어 발음에 맞게 제대로 하는 스님이나 재가 능엄주 수행자에게 직접 대면 지도 받는 것이 좋다.

③번 가운데 금강경, 묘법연화경 중 관세음보살 보문품, 화엄경 약찬게와 법성게, 비사문천왕경 : 금강경과 보문품, 화엄경 약찬게와 법성게는 독경과 사경 모두 좋고, 비사문천왕경은 독경으로 한다.

(4) 기도 전 준비사항 및 기본적인 기도 순서

① 기도 시작 전에 목욕하면 좋고, 여의치 않은 상황이면 손을 씻고 입을 헹군다. 음식을 가려야 하는 기도의 경우 육식 및 오신채 금지를 철저히 지킨다. 먹고 싶은 것을 며칠 참지 못한다는 것은 덜 급하다는 뜻이다. 덜 급하면 기도 성취가 어렵다. 사무쳐서 해야 제8아뢰야식까지 움직이기 때문이다.

② 외부에서 기도하는 상황이 아니라면 되도록 깨끗한 옷으로 갈아입는다.

③ 집안 내의 기도 자리는 조용하고 집중이 잘 되는 곳으로 정하고, 같은 자리에서 매일 하는 것이 좋다. 무릎 관절이 안 좋은 사람은 책상에서 해도 된다. 직장에 조용한 자리가 있다면 직장에서 해도 된다. 기도 기간 중에 여행이나 출장 갔을 경우 가능하면 기도를 중단하지 말고, 비행기, 이동차량, 숙소에서 한다.

④ 절을 함께 하는 경우가 많으므로, 기도 자리에 방석이나 요가 매트를 준비한다.

⑤ 집에서 할 경우 향 사용에는 신중히 한다. 향은 불교에서 육법공양[43] 중 하나로 해탈, 자유, 희생을 상징한다. 그러나 향 없이는 기도가 안 먹힌다는 항간에 떠도는 말(질문이 많이 들어왔음)은 낭설로, 노장 큰스님들이 옳지 않다고 엄하게 지적한 부분이다. 향은 '향기와 연기'라는 신비한 특성으로 인해서 고대 동서양 공통적으로 신에 대한 봉헌물이었다. 하지만 향 연기를 타고 우리 기원이 가닿는 것이 아니라, 일념정진하는 우리 마음을 타고 가닿는 것이 기도의 이치이다. 억울하게 옥에 갇힌 사람이 좁은 감방 안에서 오로지 일념으로 해방을 기도를 하는데 향을 못 구해서 기도가 안 이루어

---

43 연등, 향, 차, 꽃, 과일, 쌀의 여섯 가지 공양물

진다는, 말이 안되는 반대 논리를 생각해 보면 된다. 물론 법당이나 노천 기도처 등 피울 수 있는 여건이 되는 곳에서는 적극적으로 피우는 것이 좋다. 실내에서 향을 사용할 경우, 발암물질 없는 질 좋은 향으로 골라서 환기를 잘하여 사용한다. 과거 밀폐된 법당에서 저렴한 향을 많이 사용하던 시절에 스님들에게 폐암이 많았다.

⑥ 염불을 할 경우, 카운팅을 위해 염주나 계수기나 염주 앱을 준비한다. 횟수가 아니라 시간을 정해 놓고 할 수도 있는데, 그런 경우는 휴대폰의 타이머를 활용한다. 염주 앱은 'Chanting Suite'(삼성 앱스토어)가 염불 횟수 세팅 등 사용하기 편하게 잘 되어 있다. 정근 만 번 정도나 두 시간 정도씩의 집중기도라면 천주(千珠: 천 알짜리 긴 염주) 보다 앱이나 계수기가 낫다.

⑦ 중간에 뭘 찾는다고 자꾸 자리를 뜨지 않도록 생수, 티슈, 메모지와 필기도구, 절하는 경우 땀을 닦도록 작은 수건 등을 준비한다. 휴대폰은 무음으로 한다.

⑧ 기도 자리에 서서 기도 시작을 고하고 삼배 한다.

⑨ 발원문을 세 번 읽는다. 그냥 말로 발원하는 것보다 발원문이 있는 것이 훨씬 좋다. 발원문은 소원을 적은 글이라서 중요하다. 형식이나 용어에 얽매이지 말고 자

신의 문체로 자유롭고 진솔하게 작성한다. 휴대폰 메모장에 저장하거나 카톡 나에게 보내기를 이용하면 편리하다.

⑩ 자리에 정좌하고 앉으면 결계진언(생략가능), 정구업진언으로 시작한다.

결계진언: "옴 마니 미나예 다라다라 훔훔 사바하(3번)"[44]

정구업진언: "수리수리 마하수리 수수리 사바하(3번)"

모든 진언은 제목도 맨 처음에 한번 읽는 것이 원칙이다. 즉 "정구업진언(1번) 수리수리 마하 수리 수수리 사바하(3번)" 이렇게 한다. 기도법을 아는 사람들은 오방내외안위제신진언부터 개법장진언까지 이어서 한다.[45]

⑪ 해당 기도 : 기도의 목적, 소원, 임박성, 기도 여건과 근기에 적합한 기도를 선택한다. 무속식 기도법으로 하지 않도록 텍스트의 유입 경로를 잘 살핀다.

---

44 결계진언은 제대로 하려면 실이나 물이나 칼로 결계를 짓는 별도의 방법과 동시에 해야한다.
45 오방내외안위제신진언(제목도 읽음) 나무 사만다 못다남 옴 도로도로 지미 사바하 (3번)
개경게(제목도 읽음) 무상심심미묘법 백천만겁난조우 아금문견득수지 원해여래진실의
개법장진언(제목도 읽음) 옴 아라남 아라다 (3번)

⑫ 위 ⑨번의 발원문을 다시 세 번 읽는다.

⑬ 회향. 그날 한 기도의 공덕을 다른 중생들과 두루 나눈다. 나누면 공덕이 분할되는 것이 아니라, 촛불에 불을 붙이듯이 오히려 공덕이 더 늘어난다.

"오늘 이 기도 공덕을 우주법계에 회향합니다. 삼계중생에게 회향합니다. 선망조상님께 회향합니다. 000(특별히 회향하고 싶은 사람들)에게 회향합니다.(3번)

원이차공덕 보급어일체 아등여중생 당생극락국 동견무량수 개공성불도"

⑭ 삼배 하고 마무리.

(5) 소원 카테고리 별 실전 기도법

다음의 기도법들은 절에서 함께 드리거나 스님께 부탁한 독불공의 경우가 아니라 혼자서 하는 경우의 기도법이다. 나한기도, 산신기도, 독성기도 빼고는 모두 집에서 가능하다.

① 당장 곤란에 처해 있는 불행한 일들의 타파

❶ 금전 문제가 역시 압도적으로 많다. 급전이 필요하거나 대출이 안 되거나 부동산을 팔아야 숨통이 틔는데 팔리지를 않는 상황이라면 단연 신중기도와 나한기도가 빠르다. 응급 119인 이런 기도를 속성취 기도라고

한다. 기도 영험담을 댓글이나 메일로 많이 보내주시는데, 나한기도를 드리고 나서 바로 불가능했던 대출이 되어 큰일 날 뻔 했던 상황을 일으켜 세웠다는 후기, 신중기도로 생각지도 못했던 돈이 갑자기 들어와서 경매로 넘어가기 직전에 살아났다는 후기, 아파트 대출 원금에 대해 상환 압박이 와서 미칠 지경이었는데 신중기도로 아파트가 팔렸다는 후기 등이 있었다. 여기서 눈여겨 볼 것은 '○○되기 직전에' 이루어졌다는 공통점이다. 이는 곧 기도는 절박해야 이루어진다는 뜻이다. 그래서 기도는 머리카락에 붙은 불을 끄는 심정으로 해야 한다고 말하는 것이다.

❷ 사업상의 급한 문제, 재판 판결을 앞두고, 징계나 분쟁 등 조직 내 곤란한 상황, 수술 직전, 갑작스러운 병이나 부상(질병 자체가 장기적 치료가 필요한 것, 고질적인 질병은 기도가 다름)에는 신중기도, 나한기도, 신묘장구대다라니 기도가 좋다.

❸ 부부갈등이나 자녀문제는 급한 양상으로 터져 나와도 실제로는 장기적 문제의 발현이나 시작이다. 따라서 갑자기 가출을 했거나 대판 싸움이 났거나 같은 당장의 급박한 상황에 대한 타겟성 기도로서 신중기도를 드려 일단 양상을 잠 재운 뒤에는 꾸준히 관음기

도, 신묘장구대다라니 기도, 관세음보살 보문품 독송
등을 해준다.

❹ 신중기도는 집에서 드릴 경우 3일, 7일, 삼칠일(21일)
기도로 하며 삼칠일은 넘기지 않는다. 나한기도는 집
에서는 드리지 않는 것이 원칙이며, 절에서 개인적으
로 기도할 경우, 3일 기도로 하고 그 이상 넘기지 않는
다. 조금 간격을 두고 다시 2차 입재(기도 시작)를 할 수
는 있다.

신묘장구대다라니 기도는 해당 사안까지의 기한에 따
라서 다르겠지만, 보통은 7일 기도나 삼칠일 기도로
한다.

② 재물 기도

계약, 입찰, 매매, 급전 등 단기적이고 급한 경우는 신중
기도와 나한기도. 장기적인 전반적 재물운, 사업운, 장사운
의 상승은 관음기도, 능엄주, 비사문천 기도.

특히 우리나라에는 재신(財神)으로서의 비사문천 기도는
거의 알려지지 않았지만 일본, 티벳, 중국에서는 매우 활발
하게 실천되어 내려왔다. 비사문천 진언에는 수인(手印: 무
드라)을 함께 하도록 되어 있다. 유튜브를 보면 모두 재물을
위한 비사문천 진언이라면서 『법화경』 제26 다라니품에 나

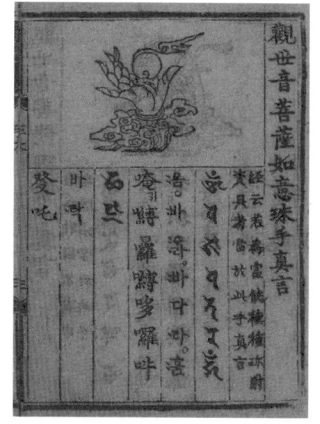
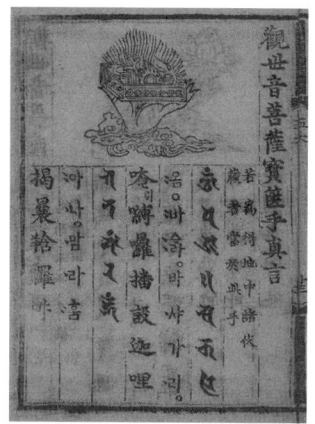

여의주수진언(쌍계사본)　　　　　　보협수진언(쌍계사본)

오는 진언[46]을 외우는데 그 진언은 재물을 위한 진언이 아니라 "비사문천왕 묘법연화경 수지자 수호 다라니", 즉 법화경을 수지하는 사람을 수호하는 호법 다라니이다. 잘못 외우고 있는 것이다. 그만큼 유튜브에는 정확하지 않은 정보, 왜곡된 정보, 정법(正法)에서 벗어난 정보들도 많으므로 늘 주의해서 접근해야 한다.

42수주(手呪) 가운데 재물 관련 진언은

46　한문 음역으로는 "아리 나리 노나리 아나로 나리 구나리"이고 산스크리트어로는 "앗떼 땃떼 낫떼 바낫떼 아나데 나디 꾸나디 스와하"이다. 이 산스크리트어 발음 표기는 천태종 총본산 구인사에서 발간된 『묘법연화경』을 참고했다.

❶ 여의주수 진언 "옴 바아라 바다라 훔 바탁"

❷ 보협수 진언(특히 부동산 관련) "옴 바아라 바사가리 아
   나맘나 훔"

관음정근 후에 이어서 기본 3번, 또는 7번, 21번, 108번 한
다. 진언 제목도 반드시 맨 처음에 한번 읽는다. 진언만 단독
으로는 일상 중간 중간에 자주 외우면 좋다.

③ 입시 및 주요 시험기도

대학입시 기도이면 1년 전이나 고3 올라가면서부터 시작
하며, 최소 수능까지 100일 기도를 드리는 것이 좋다. 절에
서 수능 백일기도를 접수하여 기도를 드리는 경우, 간혹 절
에 따라 신중기도로도 드리는데, 집에서 학부모가 꾸준히
드리는 것은 관음기도가 좋다. 만약 절에도 기도를 붙이고
개인적으로도 집에서 기도를 하는 경우 기도 종류를 절에서
하는 기도와 맞추는 것이 좋다. 기도를 못 드리다가 시험이
며칠 앞으로 임박해서야 드리는 경우는 신중기도나 나한기
도로 하지만, 학운이나 합격을 위한 기도는 축적된 공덕이
크게 작용한다는 점을 고려해야 한다. 방생이나 보시를 함
께 꾸준히 하면 매우 좋다. 국가고시나 다른 중요시험, 취직
시험을 위한 기도도 동일하나, 본인이 시험 준비도 하고 기
도도 하는 경우라면 하루 15분 내지 30분 정도 틈을 내어 짧

은 진언 위주로 한다.

머리를 총명하게 해주고 암기를 잘하게 해주는 문수보살 오자진언(五字眞言)은

"옴 아라파자나 디디디디 디……"

이 오자진언은 방법을 제대로 하는 사람이 거의 없는데, "옴 아라파자나"까지 하고 "디디디디……"는 숨을 최대한 머금고 다 뱉어 낼 때까지 최대한 빠르게

문수보살 탱화. 청사자를 타고 바다를 건너는 문수도해도. 오른손에 지혜를 상징하는 칼로 중생늘의 부명늘 끊어낸다. 1250년 일본 족자로 제작되었다.

최대한 많이 한다. 이 독송법은 한국 티벳불교 사원 광성사의 게시 소남 걀첸 스님[47]으로부터 직접 배웠다. "디디디디"는 문수보살이 불칼로 무명을 끊어내는 소리이다. 티벳 사

---

47 게시 소남 걀첸 스님은 티벳 라싸에서 태어나 1986년 인도로 망명 후 달라이라마 존자로부터 사미계와 구족계를 받았다. 2004년부터 한국 티벳불교 사원 광성사에 주석하면서 나란다 사원의 전통 방식 대로 경전과 논서를 가르치고 있으며 많은 한글 번역서를 출간했다. 2022년에는 달라이 라마 존자로부터 남인도에 있는 겔룩파의 주요 사원인 라뙤사원 제7대 방장으로 임명되었다. 한국어에 능통하다.

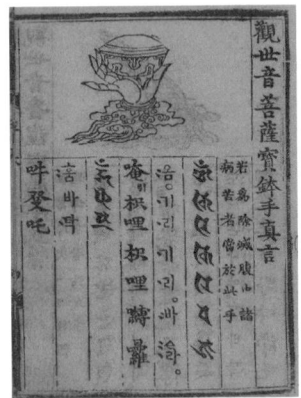

보발수진언(쌍계사본)

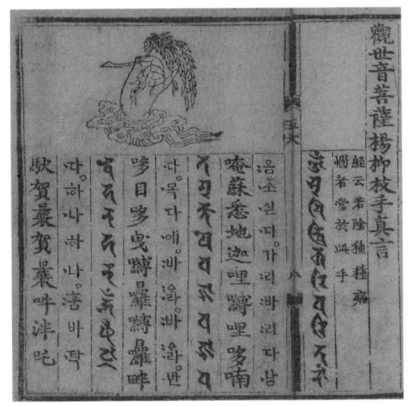

양류지수진언(쌍계사본)

원에서는 아침마다 어린 학승들이 이 진언부터 시작한다.

42수주 가운데 공부에 관한 진언은

보경수 진언[48] "옴 아하라 살바미냐 다라 바니제 사바하"

④ 치병기도

장기적으로 백일기도 등을 드려야 하며, 관음기도, 관세음보살 보문품 독송, 신묘장구대다라니 독송, 그리고 경험 및 피드백 후기상 가장 독보적인 것은 능엄주이다. 능엄주

---

48 이것은 널리 공부하여 잊지 않는 총명한 머리를 갖기 원할 때 하는 보경수(寶經手)진언으로, 한자가 다른 보경수(寶鏡手) 진언과 혼동하지 않아야 한다.

를 제대로 하는 경우가 매우 드물기 때문에 제대로 잘 배워서 해야 한다. 치병기도에 방생은 필수이다.

42수주 가운데 치병에 관한 진언은

❶ 보발수 진언 "옴 기리기리 바아라 훔 바탁"

❷ 양류지수 진언 "옴 소싯지 가리바리 다남타 목다예 바아라 바아라 반다 하나 하나 훔 바탁"

⑤ 임신 발원 기도

의외로 임신이 되기를 비는 기도, 시험관 아기의 성공을 비는 기도에 대한 문의가 많았다. 단연 관음기도가 좋고 거의 1년쯤 드릴 각오는 해야 한다. 방생을 함께 하면 좋다. 관음기도로 임신발원 기도를 드리면 임신에 성공하는 것뿐만 아니라, 성품 좋고 총명한 자녀가 태어난다. 앞에서도 봤듯이 기도가 조성하는 선업 때문에 몸을 받을 태를 찾는 중음신(中陰身)도 선업 종자가 많은 중음신이 인연으로 온다.

⑥ 좋은 배우자를 만나는 기도, 재회를 비는 기도

신묘장구대다라니 기도가 잘 이루어지고, 관음기도도 좋다. 급히 상대의 마음을 돌리는 데에는 신중기도가 잘 든다.

⑦ 갑자기 마(魔)가 끼었을 때 방어, 또는 중요한 일에 마가 끼는 것 미연에 방지

갑작스럽게 일이 틀어지거나 기이한 일이 있을 때는 항마진언을 108독 한다. 악몽을 꾼 경우에도 항마진언을 하면 진몽(鎭夢: 꿈 진압)이 된다. 시험 등 중대사를 위한 기도를 할 때 마가 끼지 않도록 항마진언을 함께 한다. 항마진언은 악귀를 조복 받아 선귀로 만드는 진언이다.

⑧ 무기력한 삶에 굳센 심지를 : 삶의 전반적 흐름의 전환과 전반적 업장소멸

능엄주나 관음기도를 꾸준히 드리면서 보시, 방생, 참회 등 다른 카르마 리셋법을 함께 하면 좋다. 특별한 일만 아니면 매일 한다는 결심으로 꾸준히 하면, 우울한 삶에 대한 자세가 달라지고, 신기한 터닝 포인트나 귀인이 찾아들기도 한다.

(6) 기도 시 주의사항

① 동시에 여러 기도를 드리지 않는다. 가령 관음기도를 입재(기도 시작)했으면 정해진 기도 일수 동안 관음기도만 한다. 사정상 다른 기도로 바꿀 때는 하던 기도는 일단 회향(기도 마무리)하고 새 기도로 입재한다.

② 참회와 더불어 함께 하면 성취가 빠르다.

③ 정근을 할 경우, 발원한 소원의 내용에 집중하는 것이 아니라 정근에만 집중한다. 많은 사람들이 착각하는 부분이다.

④ 모든 기도마다 반야심경으로 마무리하는 것이 필수는 아니다.

⑤ 보시나 방생 같은 선업을 함께 쌓으면서 기도하면 막강한 부스터 역할을 하여 성취가 빠르다.

⑥ 신중기도나 나한기도는 소원을 성취해 주시면 어떤어떤 공양을 올리겠다는 약속을 하기도 한다. 그런 약속을 하고 기도할 경우 더 잘 성취되기는 하는데, 만약 그 약속대로 지키지 않을 경우는 일이 틀어지거나 탈이 나는 경우가 많으니 소원이 성취되면 반드시 약속 날짜 내에 약속을 지킨다.

⑦ 기도를 올리는 불보살이나 화엄성중(신중)이나 나한이 어떤 분인지는 인터넷 검색을 통해서라도 어느 정도 숙지하고 기도를 올리는 것이 좋다.

⑧ 취업 기도를 하고 있는 사람이 모피코트 여러 벌을 쇼핑하는 경우를 보았다. 방생하러 바닷가에 갔다가 모처럼 간 김에 활어회를 먹는 격이다. 우리가 비록 하루 육식도 완전히 끊지 못하는 둔근(鈍根) 중의 둔근이지

만, 적어도 인생의 중대한 소원을 걸고 기도하는 기간만이라도 선업을 스스로 뒤엎어버리는 일이 없도록 자신을 살피고 자신의 일상을 잘 다듬어야한다. 기도와 삶은 별개가 아니다.

⑨ 기도문을 다 외워서 하느냐는 질문이 많았는데, 그렇지 않다. 보고 읽으면 되고 휴대폰에 저장해서 봐도 된다. 오래 하다보면 외워진다.

⑩ 간혹 관음기도는 사주에 물이 부족한 사람에게 잘 맞고 신중기도는 화(火)가 부족한 사람에게 맞는다고 하는 역술인의 말을 듣고 기도를 결정하는 경우도 있는데, 무루(無漏)의 출세간(出世間)에 계신 불보살에게 세간의 오행을 적용하여 합을 맞추는 어리석은 일은 없어야겠다. 어느 기도나 한 문(門)으로 일념으로 들어가면 속에서는 다 만나진다. 보기에는 여러 불보살들이 있지만, 전체의 여러 면모일 뿐이다.

⑪ 마지막으로 꿀팁 하나 : 일상 속의 사소한 급한 상황(주차 자리 확보, 위험한 순간의 모면, 당첨 등. 단 의도가 선한 일이어야 한다)에는 그냥 "신중님" 또는 "화엄성중님"을 부르면서 SOS를 친다. 신중은 깨달음을 얻은 분들이 아니라 산신 등의 자연신으로부터 천신(天神)까지 우리와 가깝게 있고, 기도하는 중생의 말에 귀를 잘 기울여

주며, 신중의 위(位)가 여럿[49]이어서 그만큼 감응과 교 감이 쉽다. 나한기도처럼 까다롭지 않고 그러면서도 잘 이루어지는 특성 때문에 예로부터 신중기도는 무쇠도 녹인다고 했다.

---

[49] 신중탱화에 따라서 39위, 또는 104위.

03
실전 리셋 Ⅲ
자비무적(慈悲無敵) : 방생

❧

  '방생'이라면 보통 우리 세대에게 할머니들이 들고 있던 '비닐봉지에 담은 다 죽어가는 미꾸라지' 정도의 잔상이 남아 있어서, 굳이 생태계 문제까지 거론하지 않아도 부정적 이미지가 큰 것도 사실이다. 이전에는 커다란 토종 자라 같은 비싼 어종을 위쪽에서 방생하면 밑에서 기다렸다가 다시 잡아서 다른 사람에게 되파는, 밑장빼기 같은 경우도 많았다. 대규모 방생 수요에 응하기 위해 고기를 더 잡아야 하는 모순은 지금도 있다. 다행히 최근에는 방생의 이러한 여러 가지 문제점들을 인식한, 깨어난 의식을 가진 사람들이 개인적으로 조용히 소규모 방생을 하는 경우도 많아졌다.
  방생은 현대사회에 있어서 '생태계 교란'이라는 환경문제와 방생에 대한 수요가 상업적으로 이용되어 오히려 그를 위한 어획이 늘어나는 문제 등 몇 가지 중요한 쟁점들은 반드시 고민해야 한다. 여러 대의 버스를 대절한 대규모 방생에 대해서 두루 성찰해야할 시점인 것이다. 반면에 생명윤리가 강조됨에 따라 동물에 대한 공감과 보호라는 기치가 방생의 자비와 일맥상통하는 점이 어느 시대보다 강한 점도 있다. 결국 '관행적인 무분별한 방생'이 문제인 것이다. 이런 부분을 적극적으로 함께 두루 성찰하면서 방생의 본래 의미로 들어가 본다.

방생은 살생이라는 제1호 악업에 대한 적극적인 반대의 에너지이다. 공(空)사상의 체계를 세운 용수(龍樹)도 『대지도론』에서 "모든 죄 중에 살생업이 가장 무겁고, 모든 공덕 중에 방생공덕이 으뜸이다."라고 했다. 방생은 살생을 안 한다는 계율을 지키는 것만이 아니라, 죽어가는 생명을 적극 살리겠다는 서원의 표시이다. 조그맣게 꿈틀거리는 구더기부터 우리 인간까지 그 모두에게 목숨이 가장 소중한 것이기 때문이다. 나만 중하겠냐, 너도 똑같겠지.

석가모니도 이렇게 말씀했다.

마음으로 모든 방향을 찾아보건만

자신보다 사랑스러운 자 볼 수가 없네.
이처럼 누구에게나 자신이 사랑스러운 법
그러므로 자기를 사랑하는 자, 남을 해치치 마세.
– 『우다나경』[50]

따라서 방생을 꼭 물고기를 물에 풀어주는 것으로 국한시켜 생각해서는 안 된다. 뿌연 수족관에 있다가 곧 토막쳐져 매운탕 거리로 들어갈 물고기는 물론이고, 우리 사회에서 방치된 가난하고 병든 사람들, 절망의 늪에 빠져 자살로 생을 마감하려는 사람들, 머나먼 아프리카에서 물도 약도 없이 죽어가는 사람들, 하염없이 길을 헤매고 다니는 유기견과 유기묘들, 학대받는 무기력한 동물들, 도살·안락사 직전의 동물들, 이 모두가 방생의 대상이다. 바로 그래서 방생은 재보시(財布施), 법보시(法布施), 무외보시(無畏布施)를 모두 포괄한다고 하는 이유이다. 재보시는 금전으로 베푸는 자비, 법보시는 불법 등 좋은 가르침을 나눠주는 자비, 무외보시는 두려움에 떨고 있는 중생을 구해주고 어루만져주는 자비를 말한다.

간혹 방생은 글자 그대로 생명을 풀어주는 것[放生]만 해

---

50 『우다나(自說經)』 제5 소나품, 「더 사랑스러움 경」(Ud5:1)

당한다고, 즉 물고기를 풀어주는 것만 방생이라고 말하는 사람도 있지만, 이는 잘못된 견해이다. 방생의 본래 취지는 초기 경전에서 나오듯이 "어려움에 처한 중생을 구제하고 살려주는 행위"이다. 초기 경전에는 방생이라는 단어가 나오지 않는다. 다만 석가모니가 살아계실 때에도 제자 스님들은 생활용수를 주머니에 걸러서 작은 벌레들을 살린 다음 주변 하천이나 연못에 놓아주는 풍습이 있었다. 이것이 정형화되어 방생 의례[51]로 발전했다. 따라서 본래의 목적은 불살생과 자비의 실천이지, '풀어준다'는 데 포커스가 있는 것이 아니었다. 단어의 도그마에 빠지면 그 단어 표면 뒤에 품고 있는 중대한 가치들을 오히려 훼손할 수도 있다고 본다.

역대 수많은 고승(高僧)들은 방생의 힘에 대해 유독 강조를 했다. 특히 쟁쟁한 고승대덕 스님들, 즉 용수보살, 천태지의 대사, 영명연수 선사, 운서주굉 연지대사, 인광대사 등이 한결같이 방생의 공덕을 말했다. 그 가운데 선교일치를 체계화하여 중국 불교를 재편한 것으로 평가받는 『종경록』의 저자 영명연수(904-975) 선사의 출가하기 전 일화이다.

---

51 cf. 『향토문화전자대전』

영명연수 선사

10대부터 불법에 뜻을 두고, 20세부터 비린 음식을 멀리하고 하루 한 끼를 먹으며 『법화경』을 읽던 왕씨 청년은 28세 때 화정(華亭)이라는 고을의 세무관리직에 있게 되었다. 그런데 거기서 큰 사고를 터뜨리고 만다. 세금을 징수하러 다니다가 포구에서 만선이 되어 돌아오는 어선을 보면, 곧 죽을 수많은 물고기들에 대한 측은한 마음을 누르지 못하고 수중에 있던 세금 거둔 돈을 모두 털어서 고기를 사서 도로 놓아주거나, 매양 거두어들인 공금이건 자신의 사재이건 가리지 않고 탈탈 털어서 방생하는데 다 써버린 것이다. 그 결과, 불과 몇 개월 되지 않아 관직을 박탈당하고 사형에 처하게 됐다.[52] 그러나 참수 직전인데도 담담히 얼굴빛 하나 변하지 않자, 공금을 방생에 써버린 연유를 자세히 묻게 된다. 당시 문목왕(文穆王)은 청년의 말에 깊이 공감하여 형을 사해주고, 그의 뜻이 출가에 있음을 알고 출가를 허락했다. 그 길로 청년은 용책사에서 출가하고, 가섭의 두타행을 본받아 채소와 누더기로 한결같이 보내면서 높은 덕망으로 '미륵화현'이라고 칭송받기에 이르

---

52 불광미디어 "영명연수선사의 생애와 사상"

게 된다. 천태산 천주봉에 올라 선정을 익혀 90일만에 삼매를 증득할 당시 새들이 품 속에 둥지를 트는 일도 있었다. 이 스님이 바로 영명연수 선사로, 100권에 달하는『종경록』의 보석 같이 빛나는 글들을 우리에게 남겼다.

방생의 공덕은 어떤 것일까.
근대 중국의 4대 고승[53] 가운데 한 분인 홍일(弘一)대사는 방생 공덕에 대해 다음과 같이 설했다.

수명을 늘이고 싶은가. 병이 낫기를 바라는가. 고난을 면하기를 바라는가. 자식을 낳고 싶은가. 극락에 왕생하고 싶은가. 이들을 원한다면 이제 가장 간단한 방법을 알려드리리다. 그것은 바로 방생이오.[54]

이 이외에도 감산대사의 방생공덕, 인광대사의 10대 방생 공덕, 적석도인(赤石道人)의 7종 방생 등을 모두 살펴보면 공통적인 것은 다음 다섯 가지이다. ① 수명이 길어진다 ② 건강해진다 ③ 자손이 번창한다 ④ 악업이 소멸된다 ⑤ 길상한 일이 생긴다.

---

53 허운대사, 태허대사, 인광대사, 홍일대사
54 무량수여래회 엮음,『방생살생현보록』, p.166

공덕이 어마어마하다. 하지만 이런 공덕을 다 떠나서 한 번만 방생을 해보라. 사람이건 짐승이건, 비참하게 죽어가는 어느 중생을 한번만 살려줘 보라. 힘차게 지느러미를 저으며 헤엄쳐 들어가는 반짝이는 저 생명, 목숨을 부지하게 된 고마움으로 나를 돌아다보는 순수한 몸짓을 보면, 그 자체로 울컥하는 환희이다. '그래, 살아줘서 고맙다'는 그 생각밖엔 들지 않는다. 우리가 비록 거울 위에 두텁게 앉은 더께 때문에 어둡고 어리석을지라도, 본바탕이 원래는 선하고 맑기 때문이다.

실전 방생

(1) 실전 방생은 어떤 때에 하나

① 기도 중에 방생을 하면 기도 성취에 아주 좋다.

② 중대사를 앞두고 : 사업상 중요한 일, 입시, 국가고시 등 각종 중요 시험, 취업, 수술, 출산, 재판을 앞두고

③ 아플 때

④ 임신이 안 될 때

⑤ 부부문제, 자녀문제로 가정이 불화할 때

⑥ 특정 소원 때문이 아니고 복을 쌓기 위해 물고기 방생을 할 때 방생하기 좋은 날 : 백월(白月), 즉 달이 차오

르는 기간 동안이 좋고, 그 가운데에도 음력 초하루, 3
일, 8일, 10일, 15일

(2) 방생의 종류

① 물고기 방생 : 민물 방생과 바다 방생이 있다. 민물고
기를 바다에 방생하거나 바다 물고기를 민물에 방생하
지 않도록 조심한다. 의외로 그런 사람들이 많다.

② 갑각류, 패류 방생 : 게, 가재, 새우, 조개

③ 거북, 자라 방생

④ 새 방생 : 우리나라에서는 보통 꿩 방생으로 한다.

⑤ 유기견, 유기묘, 학대 받는 동물 구조

⑥ 물고기에게 먹이를 풀어주거나 산 속에 날짐승들의 모
이와 물 갖다놓기.

⑦ 병든 사람, 굶주린 사람, 위험에 처한 사람을 돕는 행동

(3) 방생물 구입처

① 수산센터에 가서 방생용이라고 하면 커다란 비닐봉지
에 산소를 주입하여 물고기를 넣어준다.

② 재래시장에 가면 자연산 자라, 거북 등이 가끔 나온다.

③ 바닷가, 강가, 저수지 부근 수족관이 있는 횟집에서도
구입할 수 있다.

④ 꿩은 꿩 농장에 가서 구입할 수 있다.

⑤ 지역상, 업무상, 시장에 가거나 방생하러 나가기 힘든 경우는 차선책으로 대리방생을 해도 된다. 대리방생 해주는 곳이 지역마다 많은데, 양심적으로 해주는 곳을 잘 찾아야 하고, 날짜와 어종을 정해 입금하고 발원문을 보내면 방생 장면을 동영상으로 찍어서 보내준다(보통은 5만원 이상 해야 동영상으로 보내준다.) 꿩도 대리방생 해주는 농장이 있다.

(4) 방생 시 주의점

① 방생할 물고기 값은 깎지 않는다.

② 알 밴 물고기 방생은 수많은 물고기를 살리는 것이므로 공덕이 더욱 좋다. 보통 알 밴 메기, 알 밴 잉어를 많이 한다.

③ 급한 일이거나 매우 중대한 일인 경우 대량 방생을 하면 성취가 빠르다. 중요한 사업을 앞두고 들어오는 어선의 물고기를 통째로 사서 도로 모두 방생하는 사람들도 있다.

③ 방생물을 구입해서 방생처까지 가는 시간이 길지 않도록 한다. 이동하다가 폐사하는 경우가 많은데, 방생할 동물이 죽으면 좋지 않다.

④ 민물 방생인 경우 혹한 시기나 폭염 시기에는 방생하지 않는다. 바다 방생은 기온에 크게 구애받지 않는다.

⑤ 방생 기도를 너무 길게 하다가 폐사하기도 하므로 방생 기도는 짧게 한다.

⑥ 물에 풀어줬을 때 잘 안가고 그 자리에서 빙빙 돌면 바가지 같은 것으로 밀어서 물 속으로 헤엄쳐 나가도록 한다.

⑦ 오래 해보면 각자 더 잘 맞는 어종이 있다.

⑧ 가물치 등 먹이사슬에서 상위 포식자인 물고기는 되도록 피한다.

⑨ 동님아의 새 방생은 간혹 진짜 방생이 아니라 관광객 상대의 '방생 체험'인 경우도 많으니 조심해야 한다. 날아갔다가 새장에 돌아오도록 훈련시킨 새들이 있다고 한다.

⑩ 방생을 금지하는 생태교란 어종을 미리 잘 알아두고 반드시 지켜야 한다.

(5) 방생 기도법

방생할 물고기를 놓고 신속히 기도한다. 방생기도문을 읽고 발원 사항을 세 번 말한 뒤, 물에 살살 풀어주면서 물 속으로 들어가서 안 보이게 될 때까지 염불이나 진언을 해준

다. 종교가 다른 사람들도 방생을 많이 하는데, 주기도문을
외워주면 된다.

① 방생 기도문

양지정수 변쇄삼천 성공팔덕이인천 복수광증연 멸제죄건
화화홍련

나무청량지보살마하살 나무청량지보살마하살 나무청량
지보살마하살

칠불여래멸죄진언 (제목도 한 번 읽음)

이바이바제 구하구하제 다라니제 니하라제 비리니제 마
하갈제 진영갈제 사바하 (3번)

앙고 아본사석가모니불 삼계의왕약사여래불 극락도사아
미타불

도량교주관세음보살 유명교주지장보살 유원자비증지호
념

금유수족 제중생등 위타망포 장입사문 행치시주 ○○생
○○○ (방생하는 사람 이름)

수보살행 발보리심 작장수인 행방생업 구기신명 방사소
요

삼보제자 ○○생 ○○○ (방생으로 소원을 비는 대상 이름 : 본
인일 수도 있고 자녀, 남편 등 내가 기도 해주는 대상일 수도 있음) 앙

순대승방등경전 대위참회

　수여삼귀의 단이차류중생 죄장심중 신식혼미 불능요지방등심법

　앙걸삼보 위덕명가 영기개오 조득해탈 애민섭수 마하반야 바라밀.

　② 염불은 아미타불 정근이나 관음정근을 한다. 정근이란 불보살의 명호를 집중하여 계속 염송하는 것을 말한다. 모두 헤엄쳐 들어갈 때까지 계속해준다.

❶ "나무 아미타불, 나무 아미타불, 나무 아미타불…"

(아미타불 정근은 일반적으로는 '나무'를 붙여 6자로 하는데, 사람에 따라서는 '아미타불' 4자 염불로 하기도 한다.)

❷ "관세음보살, 관세음보살, 관세음보살…"

　③ 진언은 여러 가지가 가능하다.

❶ "관세음보살 본심미묘육자대명왕진언 옴 마니 반메 훔(제목은 한 번, 주문은 모두 헤엄쳐 들어갈 때까지 계속)

❷ "불설왕생정토진언 나무 아미다바야 다타 아다야 다지야타 아미리도바비 아미리다 싯담바비 아미리다 비가란제 아미리다 비가란다 가미니 가가나 깃다가례 사바하"

❸ 빨리 할 수 있는 사람은 신묘장구대다라니

(6) 방생 물고기에게 염불·진언·법문을 들려주는 이유에 대한 '물고기의 전지적 참견 시점'

방생법을 보면 누구나 궁금한 부분, 즉 방생 기도를 나를 위해 하는 것이 아니라, 방생물에게 염불·진언·법문을 '들려주는' 이유는 무엇일까. 이런 방식의 방생 의식이 시작된 것은 천태지의 대사가 『금강명경』[55] 가운데 「유수장자품(流水長者品)」을 근거로 방생하면서 물고기들에게 경을 읽어주는 법회를 열면서 부터이다.

이 경에 보면, 어느 날 유수장자가 큰 못 안의 물이 거의 다 말라 만 마리의 물고기들이 죽어가고 있는 것을 보았다. 그러자 유수장자에게 대자비심이 솟아올랐다. 그때 연못에서 수신(水神)이 나타나 말한다.

"이 물고기들이 대단히 불쌍하니 그대는 물을 주어 살게 하라. 그러기에 그대 이름을 '유수(流水)'라 한 것이다."

유수장자는 임금에게 급히 찾아가 상황을 설명하고 스무 마리의 코끼리를 지원 받았다. 스무 마리의 커다란 코끼리

---

55 『금강명경』은 『금광명최승왕경』이라고도 하며, 앞서 실전 참회법에서 금광명경 참법에 대해 언급했었다.

들이 가죽 자루에 물을 담아 연못에 쏟아붓자 이윽고 연못은 물로 가득 찼다. 유수장자가 연못에 다가가면 물고기들이 유수장자를 줄지어 따라 다녔다. 급히 구한 먹이를 뿌려주면서 유수장자는 생각했다.

'내가 지금은 물고기들에게 먹을 것을 부어 그들을 배부르게 하였지만, 미래에는 마땅히 법식(法食: 진리의 음식)으로 보시하리라.'

유수장자는 물에 들어가 물고기들을 위하여 석가모니 부처님의 12연기를 설해준다. 그러고는 집에 돌아와 손님들을 대접 한 뒤 술에 취해 누워 있었다. 그때 땅이 크게 진동히더니 만 마리 물고기들이 똑같이 목숨을 다하고 도리천에 태어났다. 도리천에 태어난 물고기들은 이런 생각을 한다.

'우리가 대체 어떤 선업의 인연으로 이 도리천에 태어났다는 말인가?'

이런 의문이 일자 물고기들은 서로에게 이렇게 답한다. 물고기들이 '물고기의 전지적 참견 시점'에서 한 다음의 말이, 우리가 하는 방생이 선업이 되어 복으로 돌아오는 연유를 감동적으로 설명해 주기에, 『금강명경』 유수장자품(流水長者品)을 인용하면서 마무리한다.

"우리가 전생에 염부제에서 축생의 과보를 받아 물고기가 되었는데, 유수장자가 우리에게 물과 음식을 주고, 깊고 깊은 십이인연법을 설명해 주었고, 보승여래의 이름을 불러주었다. 이 인연으로 우리가 이 하늘에 태어날 수 있었다. 그러니 우리는 지금 당장 유수장자의 집에 가서 은혜를 갚고 공양을 올려야 한다."

– 『금강명경』, 「유수장자품」⁵⁶

---

56 여래사 편역, 『금강명경』, p.167

04
실전 리셋 IV
두 번째 독화살을 맞지 마라 :
화(火) 사용설명서

(1) 악업종자의 기름진 비료, 화(火)

몇 천 겁을 쌓아 온 보시와

부처님께 올린 공양 등

어떠한 선행 그 모든 것도

단 한 번의 성내는 마음으로 무너진다.

– 샨띠데바, 『입보리행론』 제6장 「인욕품」[57]

---

57 청전(淸典)스님 역 『샨띠데바의 입보리행론』, p.88. 『입보리행론』은 대승의 깨달음을 보리심과 보살행을 통해서 실천하는 길을 그야말로 주옥같은 언어로 설파한 논서로, 대승불교 수행법에 대한 매우 영향력 있는 중요한 고전으로 평가 받는 책이다. 저자인 샨띠데바(687-763)는 인도 나란다 대학에서 활동했던 중관학파의 학자이자 승려로,

쉽게 말해서 애써 다 쌓아올려 놓고도 "뚜껑 한 번 열리면" 말짱 도루묵이라는 얘기이다. 우리가 앞날의 행복을 꿈꾸면서 큰 항아리에 온갖 선업들을 지어서 정성을 다해 붓고 있는데, 화(火)가 항아리 바닥에 구멍을 내는 것이다. 특히 여러 공덕행 중에서도 애써 재물을 내놓아 보시를 한 공덕과 계를 잘 지킨 공덕이 화를 내는 것 때문에 더 잘 무너진다.[58] 밑 빠진 독에 물 붓기가 되지 않도록 카르마 리셋에서 반드시 다뤄야 할 항목이라서 실전 리셋으로 잡았다.

탐진치 3독(三毒)의 하나이자 6번뇌의 하나인 이 '화'에 대해서는, 석가모니로부터 시작하여 티벳 금강승에 이르기까지 불교 계파 구분 없이 반드시 언급하고 있다. 그만큼 위중한 문제이고 파괴력이 막대하다는 뜻이다.『화엄경(60화엄)』제31품「보현보살행품」에서는 보살의 길을 가려할 때 가장

한문 이름은 적천(寂天)이라고 번역된다. 이 책을 번역한 청전(淸典) 스님의 서문에 보면 이런 내용이 있다. 2004년도에 한국에서 법회를 열었던 달라이 라마가 법회에 참석한 사람들로 하여금 이『입보리행론』의 구절을 다 함께 낭송하도록 하여 목탁을 치면서 함께 읽어내려 갔는데, 낭송이 끝날 무렵에는 법회에 참석한 사람들 모두가 감응과 감동으로 제대로 읽어나가지 못하고 울면서 독경을 마쳤다고 한다.

58 6바라밀인 보시, 지계, 인욕, 정진, 선정, 지혜 가운데, 화내는 악업에 가장 취약한 것이 앞쪽의 세 가지, 보시와 지계와 인욕이다. 선정이나 지혜바라밀까지 가면 화로 인해 공격 받지 않는다.

해로운 것이 분노심이라고 했다. 현재의 달라이 라마 14세가 스승으로 모신다고 한 용수(龍樹)도 성냄에 대해서 자세히 다루었다. 『대지도론』에서 용수는 다음과 같이 말했다.[59]

성냄은 그 허물이 가장 깊어서 삼독 가운데서 이보다 깊은 것이 없다. 98사(使)[60] 가운데서 이것이 가장 견고하고, 모든 마음의 법 가운데 가장 고치기 어렵다.

모든 번뇌 가운데서 성냄이 가장 무거우며, 착하지 못한 과보 가운데 성냄의 과보가 가장 크다. 다른 번뇌에는 이런 중한 죄가 없다.

석가모니의 말씀을 육성 그대로 옮겨놓은 『아함경』 능 조기불교 경전에서는 화를 '진에개(瞋恚蓋)'라고 불렀다.[61] 진에

---

59 『대지도론』 14권 24. 초품 중 찬제바라밀의 뜻을 풀이함
60 98사(使)는 98수면(隨眠)이라고도 하는데, 98가지의 근본번뇌를 말한다. 우리가 108번뇌를 구성하는 방법에는 세 가지가 있는데, 그중 하나로, 근본번뇌인 98번뇌와 수번뇌인 10전(纏=번뇌)을 합쳐서 108번뇌를 말하기도 한다.
61 『잡아함경』 등의 초기불교 경전에 따르면 마음에 번뇌를 일으키고 지혜를 약하게 하는 탐욕개(貪欲蓋)·진에개(瞋恚蓋)·혼면개(惛眠蓋)·도회개(掉悔蓋)·의개(疑蓋)의 5가지를 오개라고 한다. 『염부차경』에도 이런 대목이 있다. "염부차가 사리불에게 물었다. 개(蓋)라고 말들 하는데 어떤 것을 개라고 합니까? 사리불이 말하였다. 개에 5개(蓋)가 있으니, 이른바 탐욕개·진에개·수면개·도회개·의개가 그것입니다."

란 성냄이라는 뜻이다. 진(瞋)의 한자는 눈[目]을 부릅뜬 것을 나타낸다. 화날 때 눈이 뒤집히는 것은 동서고금이 똑같은가 보다. 에(恚) 자의 한자 구성을 보면 마음 심(心) 자 위에 흙더미가 층층[圭]으로 덮여 있다. 개(蓋)란 덮개, 뚜껑이라는 뜻이다. 이것만 봐도 대략의 의미는 짐작할 수 있다. 화가 치미는 순간, 마음의 초점이 적대감과 오온에 대한 집착적 반응에 치우쳐 버린다. 바로 이때 선업종자가 발현되는 통로는 억제되거나 막혀 버린다. 초기 경전에서부터도 화를 '불선근(不善根: 악의 뿌리)'으로 규정하는 이유이다. 화가 심성을 은폐하고 덮어 가려서 선법(善法)을 낼 수 없게 하는 것이다. 즉 마음을 덮어 버려서 선한 마음을 내지 못하게 하고 선업(善業)을 가로막아 버린다는 뜻이다.

바로 그렇기 때문에 화는 우리에게 맹독이다. 티벳 탕카 만다라를 보면, 윤회의 바퀴 삼사라(saṃsāra)가 큰 원으로 육도를 묘사하고 있고, 그 바퀴 중앙에는 윤회를 일으키는 원동력인 탐진치 삼독(三毒)이 상징적으로 그려져 있다. 삼독 가운데 진(瞋)은 뱀으로 표현되어 있는데, 이것은 바로 '독기를 발산하는 기운'의 상징적 묘사이다.

화내는 맹독이 얼마나 무서운가 하면, 옛날의 한 노 큰스님으로부터 들은 바에 따르면, "불 같이 화를 낸 사람의 손가락 끝을 빨아보면 쓴맛이 나는데, 그 손으로 음식을 하면 음식에 독이 퍼진다."고 한다.

윤회의 바퀴 '삼사라'가 그려진 티벳탕카. 중앙 원 안에 닭, 뱀, 돼지가 그려져 있는데, 각각 탐·진·치를 상징한다. 버밍엄 아트 박물관 소장

이렇게 파괴적인 맹독과 선심을 덮어버리는 덮개는 아뢰야식에 저장되어 있는 악업종자에게는 매우 기름진 비료가 된다. 특히 자주 화내는 사람은 점점 더 화내는 습관으로 치닫게 되는데, 분노가 잦을수록 훈습이 되어 강화되고 증장되기 때문이다. 한번 화가 치밀면 과거에 쌓여 있던 분노·증오·폭력성 등 유사한 성질의 악업종자들이 함께 자극을 받는다. 유식에서는 이를 동류종자(同類種子: 같은 성질의 종자)가 서로 감응한다고 설명한다. 즉 분노라는 선하지 않은 마음 작용이 활동하면, 기존에 잠재되어 있던 분노의 악업들도 그 기운을 받아 더욱 쉽게 발현될 준비를 갖추게 된다. 화는 스스로는 맹독이고 덮개이면서, 악업종자에게는 기름진 비료이자 최고의 자양분인 것이다.

(2) 화(火)는 가장 견고한 근본번뇌

화가 번뇌라는 사실은 조금 의외일 것이다. 더구나 화라는 근본번뇌에 부수적으로 딸려있는 지말번뇌에 포함되는 것으로 포악함, 질투, 원한, 번뇌, 해(害)끼치기[62] 등이 있다. 질투가 화의 지류라는 점이 얼핏 들으면 의외이긴 한데, 가만히 생각해 보면 옳다. 탐(貪)이 무조건 그러모아 내게로 끌어당기려고 하는 에너지라면, 진(瞋)은 밖으로 억세게 밀쳐내는 에너지이기 때문이다.

용수(龍樹)도 98번뇌 가운데 화가 가장 견고하다고 강조했고, 이어서 미륵은 화를 3종 근본번뇌의 하나로, 세친도 6번뇌[63]의 하나로 보았다. 원효대사 역시 번뇌장에 대해 설명하면서 "심신을 번로(煩勞: 어지럽히고 괴롭게 함)하게 하는 것을 그 본질적 성질로 한다."고 말하고 있다.[64] 이 번(煩)의 한자를 유심히 보면, 머리 혈(頁)에 불이 붙은 모양이니, 화기가

---

62 이를 유식에서는 번뇌심소법 및 수번뇌심소법이라고 하여, 『유식30송』과 『성유식론』에 보면 10종의 근본번뇌와 그에 부수되는 20종의 수(隨)번뇌를 세분하여 자세히 설명하고 있다. cf. 이만, 『유식학 개론』, pp.217-234

63 세친은 『아비달마구사론』에서는 탐, 진, 만, 무명, 견, 의를 6가지 근본번뇌로 꼽았다가, 『유식30송』을 쓸 때에는 탐, 진, 치, 만, 의, 악견으로 미세하게 조정을 했다.(『유식30송』 제12송) 이것은 미륵의 『유가사지론』의 3종 근본번뇌 탐, 진, 치의 영향인 듯하다. (『유가사지론』 권66)

64 원효, 『이장의(二障義)』. cf. 위키백과

머리로 상승해서 "열 받아 뚜껑이 열리는 것"을 신통하게 보여준다.

화에 종속되는 수번뇌(隨煩惱: 부수되는 번뇌)는 분(忿), 한(恨), 뇌(惱), 질(嫉), 해(害)의 다섯 가지[65]이다. 순서대로 보면, 분통을 터뜨리고 포악해지는 것, 악을 품고 원한으로 삼는 것, 너무 분해서 마음이 괴로워 끙끙 앓는 것, 남 잘 되는 것 못 보고 시기하고 질투하는 것, 분에 못 이겨 손해와 괴로움을 끼치는 것이다. 화가 나는 상태에서 거울을 한번 보면, 얼굴이 추하게 달라져 있는 것이 보일 것이다. 눈이 충혈되고 눈빛도 낯빛도 달라지고 인중은 하얗게 질리는데, 이는 신체적 반응만이 아니라, 고통과 악업을 재촉하는 번뇌성이 치성한 상태를 말한다.

맹독이자 뚜껑이자 막강한 파괴력의 번뇌인 이 화에 과연 어떻게 대처할 것인가. 답은, 화가 나게 되는 매커니즘을 알아야 한다. 화(火)=나[我]가 결코 아니다. 그 사이에 틈새가 있다. 거기를 공략해야 한다.

---

65 이만, 『유식학 개론』, pp.225–229 ; 오형근, 『신편 유식학 입문』, pp.102–104

(3) 두 번째 독화살을 맞지 마라

번뇌 대장인 화(火)는 수행하는 사람들조차도 쉽게 정복하지 못한다. 수행자도 그런데, 하물며 평범한 우리들은 두말할 나위도 없다. 기질적으로, 습관적으로, 화를 더 잘 내는 사람들도 있다. 이 사람들은 『청정도론』에서 분류하는 사람의 여섯 가지 기질(육성행자) 가운데, 진행(瞋行: 화를 내는 습관)을 가진 사람들이다.

우리는 어떻게 해야 이 화라는 맹독이 애써 지은 우리의 선업을 공격하는 것을 차단할 수 있을까. 콜라 캔 따개만 말을 안 들어도 화부터 나는 우리, 고무장갑이 들러붙어 잘 안 벗겨져도 신경질을 내는 우리, 상대의 말이 조금만 심기를 거슬려도 쌍심지를 켜는 우리, 제 풀에 화가 나서 무개념 악플로 맹독을 사방에 발산하는 우리, 대체 어디서부터 뭘 어떻게 해야 하는 것일까.

'두 번째 독화살을 맞지 마라' 여기에 그 실마리가 있다. 『잡아함경』「화살경(箭經)」에서 석가모니가 설한 내용이다.[66]

지혜로운 자는 몸의 접촉으로 괴로운 느낌이 생겨 큰 고

---

66 『잡아함경』, 17권 470. 「화살경(箭經)」

통이 들이닥치고 목숨을 잃을 지경이 되더라도 근심과 슬픔으로 원망하거나 울부짖거나 마음이 혼란스러워져 발광하지 않는다. 그런 때를 당해서는 오직 한 가지 느낌만 일으키나니, 이른바 몸의 느낌[身受]만 일으키고 마음의 느낌[心受]은 일으키지 않느니라.

비유하면 사부가 하나의 독화살만 맞고 두 번째 독화살은 맞지 않는 것처럼, 그런 때를 당해 오직 한 가지 느낌만 일으키나니, 이른바 몸의 느낌만 일으키고 마음의 느낌은 일으키지 않느니라.

누군가가, 혹은 어떤 상황이 나에게 타격을 가하면 그것은 제1차 충격, 즉 첫 번째 독화살이 날아와 박힌 것이다. 이때 그 타격과 나의 심리적 움직임을 분리시킬 수 있어야 한다. 분리하지 못하면 '아니, 저 놈이 대체 왜 저러는 거지?' '와, 이게 무슨 개 같은 상황이지?' 이런 분노로 이어진다. 두 번째 독화살이 날아와 내 마음의 과녁에 명중하는 것이다. 제1차 충격으로 인해 드럼통에서 새어나와 있던 기름 위에 성냥불을 확 그어 던지는 것과도 같다. 화(火)가 진짜 불[火]이 되어 화(禍)를 초래하는 순간이다. 이 순간에 성냥불을 그어 던지지 않으면 된다. 첫 번째 독화살과 두 번째 독화살 사이의 연결을 끊으면 된다. 말은 쉽지만 과연 평범한 우리는 그렇기에 더욱 취약한 우리는 어떻게 해야 할까.

(4) 화(火) 사용 설명서

용어만 다를 뿐, 불교에서 설명하는 화의 구조는 현대 심리학에서 설명하는 화의 구조와 매우 유사하다. 화가 올라오는 순서는 이렇다.

① 자극(첫 번째 독화살) : ❶ 누군가의 말, 행동, 표정, 교통체증, 날씨 등 외적 자극 ❷ 자신에게 떠오르는 생각, 기억, 기분, 피곤함, 몸의 통증 등 내적 자극

② 인지 및 해석 : 자극이 들어오면 뇌가 즉시 상황을 평가하고 '위협적이다', '나를 무시했다', '내게 불이익을 줬다', '지겹다' 등으로 해석한다.

③ 신체적 반응 : 심박수 증가, 근육 긴장, 혈압 상승 등

④ 화 폭발(두 번째 독화살) : 분노의 감정이 만들어지면서 고성, 욕설, 집어던지기, 공격적 행동으로 이어진다. 이때 화내는 사람은 화가 마치 자신의 보호막인 듯 착각하게 된다. 경우에 따라 '내면에 억눌러 두기'라는 형태로 행동화되지 않는 분노도 있지만, 이는 결국 또 다른 방식으로 자신이나 주변에 영향을 줄 수 있다.

첫 번째 독화살과 두 번째 독화살의 간격 사이에 ②번과 ③번이 있다. 이 틈새에서 두 번째 독화살이 활시위를 팽팽히 당기기 시작한다. 화를 폭발시키는 트리거를 공략할 수

있는 효율적이고 훌륭한 방법은 여러 형태의 명상이고, 주로 알아차림 수행이 적합하다. 하지만 누차 말하지만, 안타깝게도 이런 수행을 할 수 있는 시간적, 경제적 여건이 되는 사람들은 아주 많지 않다. 따라서 평범한 생활인들을 위한 실전 화(火) 리셋으로 들어가 본다.

화를 리셋하는 방법은 크게 두 카테고리로 나눌 수 있다. 첫 번째 카테고리는 현대 심리학의 방법을 응용하여 화의 에너지를 잠시 붙드는 실용적·실천적 팁이고, 더 근본적인 두 번째 카테고리는 화의 본성에 대한 사유이다. 당연히 근본적인 대처인 두 번째 카테고리가 중요하므로, 먼저 실용적·실천적 팁부터 살펴본 후 이를 다루도록 하겠다.

① 실용적·실천적 팁
❶ 물리적 거리 두기
화가 막 치밀기 시작할 때 물리적으로 그 상황에서 잠깐 벗어나는 것만으로도 심박수와 호흡이 자연스럽게 안정된다. "화장실 좀 다녀올게"라던가 "잠깐 바람 좀 쐬고 올게" 등으로 잠시 장면에서 이탈한다.

❷ 심리적 거리 확보

'나에게 화가 올라오고 있구나'하고 자신의 상태를 객
관적 거리를 두고 관찰함으로써 분노와 나 자신을 분
리해 본다. 극단적인 분노가 발화되기 전에 약간의
'틈'을 만들어 줌으로써 감정적 폭발을 완화하는 효과
가 크다.

❷ 심호흡

천천히 숨을 들이쉬고 길게 내쉬는 과정을 몇 차례 반
복한다. 혈압과 심박수 상승을 즉각 조금이나마 누그
러뜨리고, 교감신경을 진정시키는 효과가 있다.

❹ '바디 스캔' 간단 버전

바디 스캔은 존 카밧진의 마음챙김 명상(MBSR)[67]에서
활용하는 방법이다. 그 간단 버전으로 머리에서 발끝

---

67 존 카밧진(Jon Kabat-Zinn)의 〈마음챙김에 기반한 스트레스 완화
(Mindfulness-Based Stress Reduction, 이하 MBSR)〉는 1979년 미국 매사추세츠
대학교 의과대학 부설 스트레스 클리닉에서 시작된 8주 과정의 명
상·교육 프로그램으로, "현재 순간에 대한 비판단적 주의집중(즉 마음
챙김. 마인드풀니스 mindfulness)"을 통해 스트레스, 불안, 만성 통증 등을
보다 효과적으로 관리하도록 돕는다. 명상, 바디 스캔(body scan), 가벼
운 요가, 걷기 명상 등의 실습을 핵심으로 하며, 불교적 전통의 마음
챙김 수행을 세속적·의학적 맥락에 맞춰 재구성한 것이 특징이다. 여
러 임상연구 결과, MBSR은 심리적 안정·정서 조절·전반적 삶의 질
향상에 유익한 효과가 있는 것으로 보고되고 있다.

까지, 아니면 반대로 발끝부터 머리까지 스캔하듯 머리 속으로 훑으면서 몸이 긴장된 부분을 점검해 본다. 어깨에 힘이 가고 올라갔는지, 미간에 주름이 잡혔는지, 손에 땀이 나고 차가운지 등 신체감각에 의식을 잠시 돌리면, 지나치게 부풀어 오른 감정을 누그러뜨리는 데 도움이 된다.

❺ 걷기·가벼운 스트레칭

화가 날 때 앉아서 억지로 참기만 하면 근육 긴장과 부정적 에너지가 더 쌓인다. 걷기, 양 팔 돌리기, 목 돌리기 같은 가벼운 스트레칭을 통해 긴장 에너지를 해소한다. 이것은 신체를 조절하면 뇌의 감정 영역도 진정시킬 수 있다는 이론, 즉 하향 조절(Top-down regulation)과 상향 피드백(Bottom-up feedback)의 상호작용 원리[68]이다.

❻ 시뮬레이션: 나만의 분노 패턴 파악

a. 과거에 언제, 어디서, 누구에게, 어떤 이유로 화를 많이 냈는지 노트에 적어 본다. '내가 분노를 강하게 느

---

68 이 상향·하향 조절 이론은 정서조절(Emotion Regulation) 분야의 대표적인 심리학자들인 제임스 그로스(James J. Gross) 및 케빈 옥스너(Kevin N. Ochsner) 등이 제창하고 체계화한 개념이다. 제임스 그로스는 스탠퍼드 대학교 심리학, 옥스너는 컬럼비아 대학교 심리학·신경과학 교수이다.

끼게 만드는 핵심 트리거가 무엇인가?'를 파악한다.

b. 시그널 파악 : 분노가 올라오기 전에 내 몸과 마음이 보내는 전조가 무엇인지를 파악한다. 예를 들어, 심장이 빨리 뛴다, 손에 땀이 난다, 목소리가 떨린다, 안면이 달아오른다, 숨이 가쁘다, 머릿속이 하얘진다 등

c. 대응 전략 정하기 : '만약 그런 전조가 느껴지면 어떻게 대응하겠다'라는 매뉴얼을 간단히 만들어 둔다. 예를 들어, 내가 분노 시그널을 느끼면, 일단 3번 심호흡한 뒤 "잠깐만요"라고 말하고 그 자리를 잠시 벗어난다 등. 이런 사전 대비가 되어 있지 않으면 분노는 자동반응으로 그냥 폭발해 버린다. 반면에 사전 시뮬레이션이 있으면, 그것을 떠올릴 가능성이 높아져 분노를 제어하기가 한결 수월해진다.

d. 복기(復記) : 화를 낸 일이 지나간 후 '왜 그렇게까지 화가 났을까?', '열 받은 결정적인 포인트는 어딜까?' '다른 선택지가 있었을까?' 등 분노를 복기하여 사후 기록을 남긴다. 이것은 자기반성용이 아니라 학습이다. 다음에 비슷한 상황이 오면 훨씬 더 잘 대처할 수 있게 된다.

② 화(火)의 본성에 대한 사유

부당하게 화를 돋우는 난폭한 사람들이 사방에 늘 깔려있는데, 그들을 모두 정복한다는 것은 불가능하다. 샨띠데바는 『입보리행론』에서 오직 화내는 이 마음 하나를 극복하면, 다른 모든 적을 극복하는 것과 같다고 하면서 다음과 같은 최고의 게송을 남겼다.

샨띠데바

내가 어디서 땅 위를 다 덮을 수 있을 만큼
많은 가죽을 구할 수 있겠는가.
신발 바닥 정도의 가죽만으로도
땅 전체를 덮는 것과 같은 효과를 낸다.

이와 같이 바깥 일들도
내가 전부 조복 받기 어려운 것이니
이 내 마음을 조복하는 것이면
다른 모든 것을 제압할 필요가 어디 있겠는가?[69]

작지만 가장 큰 그 가죽 신발들을 하나씩 보기로 한다.

---

69 『입보리행론』, 「호계정지품」, 13, 14번 게송

❶ 인연생기법(因緣生起法)

다른 사람이 나에게 해를 가한다면, 그런 해를 가하도록 이끈 악업을 내가 이전에 저질렀었다는 것을 깨달아야 한다. 오히려 내가 이전에 저지른 악업 때문에 그 사람들이 다시 악업을 저지르는 악순환의 고리를 내가 만들고 있는 것이다. 내가 해를 입음으로써 내 업장은 옅어지겠지만 그 사람들은 새로이 악업을 쌓는 것이니, 오히려 근본적으로는 내가 그 사람들에게 해를 입히는 것이다. 이에 대해서 『대지도론』에서도 이렇게 얘기한다.[70]

> 모든 중생은 죄지은 인연이 있어서 서로 침해한다. 나 또한 지금 시달림을 받는 것도 전생의 행위의 인연일 것이다.
>
> – 용수 『대지도론』

모든 현상은 서로 연기(緣起)[71]하는 것이지, 독자적으로 일어나는 것은 하나도 없다. 일체의 악행 역시 모두 조건의 힘에 의해 일어난 것이지 해를 가한 그 사람이 자력으로 만든 것이 아니다. 그러니 이런 현타가 오는 말이 나온다.

---

70 『대지도론』 14권 24. 초품 중 찬제바라밀의 뜻을 풀이함
71 연기 (緣起)란 모든 현상이 생기·소멸하는 법칙. 현상은 무수한 원인과 조건이 서로 관계해서 성립하는 것으로, 인연이 없으면 결과도 없다.

황달과 같은 괴로움의 큰 원천에게는 화를 내지 않으면서

중생들에게는 어째서 화를 내는가?

그들 역시 모두 조건에 의지하여 일어났을 뿐인데.

– 산띠데바 『입보리행론』 「인욕품」 22.

모든 것이 업과 인연의 소산이라는 것을 깨닫고, 내게 죄가 있다면 그것은 전생의 인연 때문이니, 화를 내지 말고 인욕(忍辱)을 닦아 오히려 선업을 쌓는 기회로 전환시킨다.

❷ 분노에 대한 대치법: 인욕바라밀

인욕비라밀은 6바라밀 가운데 세 번째로, 찬제(羼提)바라밀이라고도 한다.

욕설과 거친 말과 매도하는 말을 만나고, 배신을 당하고 폭력을 당한다고 해도, 사유를 통해 죄와 복의 인연을 알고, 모든 법의 안팎이 끝내 공하여 나와 내 것이 없다는 것을 알고, 악심을 내지 않고 거친 말을 하는 업을 일으키지 않고 인내하는 것을 인욕바라밀이라고 한다.[72] 참을 줄 알게 되면 인(忍)의 지혜가 견고해져서, 마치 채색으로 그림을 그릴 때 아교를 섞으면 견고하게 붙는 것과 같다고 비유한다.

---

72 『대지도론』14권 24. 초품 중 찬제바라밀의 뜻을 풀이함

쫑카파 대사(大師)는 근본번뇌를 다스리는 법에 대해 언급하면서 분노에 대한 대치법(對治法)에 관해 다음과 같이 말한다.

진(瞋: 분노)은 이생과 내생 모두에 고통을 주고 지어놓은 선근들을 파괴하는 적이다. 그런 까닭에 항상 진심(瞋心: 성내는 마음)에 틈을 주지 않고 인욕에 힘써야 하는 것이다.
– 쫑카파『보리도차제광론』[73]

화를 참아내는 인욕바라밀의 공덕은 어떤 것일까? 이에 대해 석제바나민(釋提婆那民: 제석천)이 석가모니께 묻자 이렇게 게송으로 답한다. "성내는 마음을 죽이면 안온해지고, 후회가 없으며, 성냄이 독의 근본이어서 성냄은 일체의 선근을 멸해 버린다. 성냄을 죽이면 곧 일체 근심이 사라진다."

❸ 〈트루먼 쇼〉에 분노를 대입하라

이 책 앞부분에서 우리가 겪고 있는 현상이 곧 꿈의 구조와 똑같다는 말을 여러 번 했었다. 이치상으로라도 현상계는 꿈과 같다는 것을 이해해 놓는 것이 좋다고 말했던 것을

---

73 쫑카빠,『보리도차제광론』2, p.312

기억할 것이다. 그런데 인생에서 말도 안 되는 큰 사건으로 말미암아 화 정도가 아니라 광란에 빠질 지경일 때, 가령 믿었던 지인에게 큰 사기를 당해서 재산을 다 날리고 빈털터리가 됐다거나, 믿고 사랑하며 의지했던 배우자에게 숨겨놓은 애인이 있다거나, 신임하던 직원이 뒷통수를 쳐서 사업이 휘청할 때 사실 참는 것이 그리 쉽지 않다. 이런 때 유효한 방법이 바로 지금 이 일체의 일들이 꿈 속의 일이라고 생각하는 방법인데, 효과가 뛰어나다.

제대로 이 방법을 알려면 티벳의 꿈요가[74] 수행이 있기는 하지만 길이 멀고 어렵나. 쉽게는 영화 〈매트릭스〉의 구조를 생각해 봐도 좋겠고, 영화 〈트루먼 쇼〉(1998)를 생각해봐도 좋다. 〈트루먼 쇼〉에서 30세의 평범한 보험회사원 트루먼(짐 캐리 분)은 자신이 사는 마을, 가족, 친구, 직장 등이 전부

---

74 티벳어로 '미람(rmi lam)'이라고 불리는 이 수행법은 꿈의 상태를 통한 자각과 통찰과 깨달음에 이르는 수련 방식이다. 특히 까규파의 〈나로빠 6성취법〉이나 닝마파의 아티요가 족첸에서 각각 독자적이면서도 유사한 방식으로 발전했다. 전통 문헌에서는 꿈 속임을 인식하기 위한 방법으로, 물을 손으로 떠보거나, 손바닥을 들여다보거나, 주변이 변형되는 양상을 살피는 등 다양한 방법으로 "이곳이 현실이 아닌 꿈"임을 점검하라는 내용이 있는데, 이는 영화 〈인셉션〉의 팽이와 똑같아 놀랍다. 꿈요가는 바르도(중유) 요가와도 밀접한 관련을 갖는다.

영화 〈트루먼 쇼〉

〈트루먼 쇼〉의 세트장 출구를 열고 밖으로
나가는 마지막 장면

TV 쇼를 위해 인공적으로 설계된 세트이며 주변 인물도 모두 배우라는 것을 전혀 모르고 살아간다. 위에서 조명이 떨어지는 등 일상 속 이상 징후들을 하나씩 보면서, 트루먼은 내가 보고 듣고 믿어 온 이 세계가 실재하는가? 라는 의문을 품기 시작한다. 결국 마지막 장면에서 트루먼은 '가짜 세계(세트)'의 끝에 나있는 출구를 열고 바깥으로 나간다. 설정과 스토리만 다를 뿐 사실상 〈매트릭스〉에서 말하는 것과 똑같은 주제이다.

삶을 압도할 정도의 분노라면 스스로의 상황을 〈매트릭스〉나 〈트루먼 쇼〉에 대입해서 생각해 본다. 혹은 자기 버전의 〈구운몽〉을 각본으로 삼아도 좋다. 괴로운 이 모든 것이 '여몽환포영(如夢幻泡影)'이라고, 꿈이고 환이고 물거품이고 그림자 같다고 스스로에게 자꾸 납득시키면, 또는 제8아뢰야식이 영사기를 돌려 내 의식 스크린에 장면을 띄워 보여주는 것이라고 생각하면, 이상하게도 미묘하고도 기특한 어떤 비현실감이 조성되면서 그 일과 거리감이 생기고, 이어서 분노가 많이 사그라든다. 신기하게도 갑자기 현상이 뒤로 훅 줌 아웃되는 순간도 있다. 이런 방법을 터득해 놓으면 정식 수행으로도 이어지기가 한결 쉬워진다.

그러니 이 방법은 일상 속에서 닦는 '틈새 도(道)'이자 '캐주얼 수행'인 셈이다.

05
실전 리셋 V
궁극의 초필살기 : 보시(布施)

　아누룻다(아나율) 존자는 석가모니가 설법 때 꾸벅꾸벅 졸다가 야단을 맞은 이후로, 한 번도 잠을 안자고 정진하다가 실명을 했다. 육체의 눈을 잃은 대신 천안통을 얻었고 10대 제자 가운데 천안제일(天眼第一)로 불렸다. 아누룻다가 하루는 낡은 옷을 기우려 했으나 눈이 보이질 않으니 바늘 귀에 실을 꿸 수가 없었다. 아누룻다는 속으로 '세상에서 복을 구하는 사람은 나에게 와서 바늘을 좀 꿰어다오'라고 생각했다. 이때 석가모니가 아누룻다에게 다가가 "그 바늘을 가져오너라. 내가 바늘을 꿰어주겠다."라고 했다. 스승의 목소리를 알아들은 아누룻다가 "여래께서는 이미 생사의 바다를 건너셨는데, 왜 지금 또 애써 복을 구하십니까?"라고 묻자,

석가모니는 "세간의 복을 구하는 사람으로 나보다 더한 사람은 없다."라고 하면서 다음 게송을 읊는다.

> 세간의 모든 힘으로 천상과 인간에서 노닐 때
> 복의 힘이 가장 뛰어나나니, 그 복으로 불도를 성취하네.
> 　　　　　　　　　　　　　－『증일아함경』권31 「역품(力品)」[75]

　복 짓는 이러한 공덕 가운데 석가모니가 첫 번째로 꼽은 것이 바로 보시이다.[76] 보시는 산스크리트어로 다나(dāna), 한자로는 단(檀)이라고 음역한다. 보시는 6바라밀에서도 순서가 제일 처음이고 사섭법(四攝法)[77]에서도 제일 처음이니 그만큼 중요하다. 아누룻다에 대한 위의 저 보시는 상대의 마음을 헤아려 기꺼이 돕는 찰시(察施)[78]이다. 석가모니도 복을

---

75 世間所有力 遊在天人中 福力最爲勝 由福成佛道 (T2, 718c~719b)
76 그러자 세존께서는 "세상에서 복을 구하는 사람으로 나보다 더한 사람은 없다. 왜냐하면 나는 여섯 가지 법에 만족할 줄 모르기 때문이다. 무엇이 여섯인가? 첫째는 보시(布施)요, 둘째는 교계(敎誡)요, 셋째는 인욕(忍辱)이요, 넷째는 법다운 설명과 이치에 맞는 설명(法說義說)이요, 다섯째는 중생들을 보호하는 것이요, 여섯째는 위없는 바르고 참된 도를 구하는 것이다. 아누룻다여, 이것이 이른바 '여래는 이 여섯 가지 법에 만족할 줄 모른다'는 것이다."
77 육바라밀은 보시, 지계, 인욕, 정진, 선정, 지혜이고 사섭법은 보시, 애어, 이행, 동사이다. 모두 대승의 실천행이다.
78 찰시란 상대의 속을 헤아려 알아서 도움을 주는 보시이다.

얻기 위해 선업 공덕을 지어야 한다는데, 하물며 우리는 더 말할 것도 없겠다.

실전 보시로 들어가기 전에 보시의 구조를 잠시 보기로 한다.

'눈에는 눈, 이에는 이'를 동태복수(同態復讐)[79] 라고 부른다. 영화 〈올드 보이〉를 보면 근친상간의 동태복수가 참혹하게 펼쳐진다. 내용 중에는 부러진 생니 6개에 대한 '이에는 이'도 있다. 그런데 카르마의 속성인 기브 앤 테이크 역시 동태(同態)로 이루어진다는 것은 앞에서도 여러 차례 보았다. 가령 살생의 중한 악업을 지었으면, 함무라비 법전의 동태복수법(lex talionis)이 꼭 아니어도 단명이나 중병의 과보가 알아서 찾아와 집행을 해준다. 물론 과보의 계산법은 훨씬 복잡해서 왼쪽 눈알, 이빨 4개 등 형태적·양적으로 고스란히 동일하지는 않지만, '명(命)에는 명(命)'이라는 동태는 한 치의 어김도 없이 확실하다. 그래서 우리는 이 단명이나 중병의 과보를 차단하기 위해 동태(同態)인 생명(방생)으로 반대

---

79 같은 유형의 복수를 의미한다. 관행이었던 이러한 동태보상을 법으로 제정한 것이 기원전 18세기 바빌로니아의 함무라비 법전이다. 원래 '눈에는 눈, 이에는 이'는 구약성경(출애굽기, 레위기, 신명기 등)에 나온 구절로 당시 고대 근동의 동태복수 원칙을 담은 것이다.

힘을 만드는 것이다. 이를 대치력(對治力)이라고 하는 이유가 그것이고, 카르마 리셋이라고 하는 이유도 그것이다.

재물도 마찬가지이다. '돈에는 돈'이라는 동태(同態)이다. 찰스 디킨스의 〈크리스마스 캐롤〉에 나오는 스크루지 영감처럼 등쳐먹기 좋아하고 탐욕스럽고 돈으로 사람들에게 피눈물을 뿌리게 하는 악랄한 악업을 지었다면, 과보는 이 행동을 미러링해서 그 사람도 가난에 비참하게 허덕이면서 사람들의 냉혹함으로 인해 피눈물을 뿌리도록 한다. 너무 가난하면 사람들을 원망하거나 하늘을 탓하지만, 탓할 대상은 사실은 바로 자기 자신뿐이다. 드라마 〈도깨비〉에 이런 대사가 있었다.

"신은 그저 질문을 던지는 자일뿐. 운명은 신이 던지는 질문이다. 답은 그대들이 찾아라."[80]

이 '돈에는 돈'이라는 구도에서 〈탐욕·인색의 악업→가난의 과보〉라는 카르마의 연결고리를 끊어주는 것이 보시(布施)이다. 또한 〈베풀고 나누는 선업→부유와 풍요〉라는 연결고리를 생성해 주는 것도 보시이다. 참회가 심리적 저항 때

---

80 〈도깨비〉 제12화에서 유덕화(육성재 분)가 신의 목소리로 하는 대사였다.

문에 어렵다고 얘기했지만, 보시는 다른 선업에 비해 실천이 더 어렵다. 근본 번뇌인 탐진치 가운데 첫 번째인 탐(貪)을 직접으로 다루면서, 내 소유물에 대한 본능적인 집착을 끊고 내려놓아야 하는 것이 결코 쉽지는 않다. 특히 가진 것이 많지 않을 때는 더더욱 그렇다. 바로 이런 이유에서, 자기 것을 내어 놓는다는 것 자체가 탐욕의 악업 종자와 맞장 뜨는 가장 직접적인 실천법이기 때문에 업장소멸과 선업 증장에 막대한 영향을 끼치는 것이다. 이를 비유해서 용수보살은 『대지도론』에서 인색함이 아무리 강해도 보시가 그를 꺾어버리고 뜻대로 이루어지게 하는 것은 마치 용맹한 장수가 적을 보면 반드시 소탕하는 것과 같다고 했다.[81] '착해빠져서' 남에게 베푸는 것이 아니라, 강하기 때문에 베풀 수 있는 것이다.

흔히들 실제로는 보시를 하지 않으면서도 입으로만 쉽게 '무주상보시(無住相布施)'를 얘기하고, 특히 『금강경』의 겉멋에 젖은 사람들이 자주 얘기하지만, 아무 상(相)도 내지 않고 "여기 이 '나'가 무엇을 누구에게 얼만큼 베풀었다."는 일체

---

81 용수, 『대지도론』 k0549, 11권, 17. 초품 중 단바라밀(檀波羅密)의 뜻을 풀이함.

의 존재감과 자만심 없이 온전한 자비심으로 보시를 한다는 것은 그야말로 보시의 이상향이다. 보시의 샹그릴라는 깨달음을 얻은 사람의 몫으로 남겨두자. 무주상(無住相)이 아니라도, 뭘 도와주고 나서 재수 없게 잘난 체하고 거들먹거리는 것만 없다면 모든 보시는 훌륭하다. 가여운 대상을 보고 자비심이 생겨서 인간의 가장 강력한 욕망인 탐심을 스스로 극복하는 일이기 때문이다. 이만큼의 발심만도 커다란 선업이고 동체대비(同體大悲)의 여린 싹이니, 되레 여기에 『금강경』의 무주상보시를 들이밀어 상을 없애라고 하는 것은 이제 막 피어나는 기특한 선근을 지르밟는 일일 것이다.[82] 특히나 형편이 좋지 않은 사람이 마음을 다해서 하는 보시는 어쩌면 용기이다.

바로 그런 이유에서 빈자일등(貧者一燈)의 일화가 중요하다. 먼저 가난한 여인 난타(難陀)의 일화를 들어보고, 가난한 자의 마음을 다한 작디작은 보시가 어떻게 카르마에 작용하는 것인지 그 매커니즘을 보기로 한다.

『현우경(賢愚經)』 빈녀난타품[83]에 수록된 일화이다.

---

82 같은 맥락으로 이런 말이 있다. "경에서 말씀하시기를, 초학자에게 공(空)을 설하지 말라고 하셨으니, 공의 도리를 듣고 선업공덕을 포기할 위험이 있기 때문이다." cf. 법성(法城) 스님 블로그 '공덕이십육행'

석가모니가 사위국 기수급고독원에 있을 때 일이다. 그 나라에 매우 가난하여 구걸로 근근이 살아가는 난타(難陀)라는 여인이 있었다. 난타는 국왕과 모든 남녀노소가 석가모니께 공양하는 것을 보며 괴로워했다. '나는 전생에 무슨 죄를 지어 가난하고 천하게 태어났다는 말인가. 등 하나 밝힐 돈도 없다니….' 난타는 등에 넣을 마유(馬油)를 사기 위해 하루 종일 굶으며 늦도록 구걸하여 겨우 돈 1전을 얻었다. 기름집 주인이 난타의 사정을 듣고 기름을 곱절로 준 덕에 작은 등불 하나를 만들어 절로 찾아갔다. 난타는 등불을 바치면서 서원을 했다.

'저는 지금 빈궁하여 이 작은 등불로 부처님께 공양합니다. 이 공덕으로써 저로 하여금 내생에 지혜의 광명을 얻어 일체 중생의 어두움을 없애게 하소서.'

밤이 되어 그날 당번인 목련이 등불을 치우고 정리하는데, 부자들이 공양한 커다란 등불들도 다 꺼졌는데 작은 등불 하나만이 홀로 밝게 타면서 심지가 닳지 않은 것이 마치 새로 맨 등불 같아보였다. 등불을 손으로 끄려 하였으나 꺼지지 않고, 다시 옷자락으로 꺼보려 했으나 불꽃은 꼼짝도

---

83 『현우경』 k0983, 제20에 수록. 이 일화를 수록한 원전은 『아도세왕수결경(阿闍世王授決經)』이다. 스토리는 서로 약간의 차이가 있다.

하지 않았다. 그때 석가모니가 목련에게 말했다.

"놔두거라. 그 등불은 너희 성문들로서는 끌 수 있는 것이 아니다. 왜냐하면 그것은 일체 중생을 두루 건지려고 큰 마음을 낸 사람이 보시한 것이기 때문이다."

이 일화를 일러 가난한 자가 밝힌 등 하나, 즉 빈자일등(貧者一燈)이라고 한다. 보시의 양이 문제가 아니라 보시하는 마음가짐이 공덕을 만든다는 의미이다. 이것이 가능한 이유는 무엇일까? 그것은 '업의 증장성(增長性)' 때문이라고 『보리도차제광론』을 저술한 쫑카파 대사(大師)가 설파했다.

업의 증장성이란 작은 선업으로도 매우 큰 행복의 과보가 생기거나, 작은 악업으로도 매우 큰 고통의 과보가 생기는 것으로, 표출되는 행위에 비해 양적·질적으로 가히 상상할 수 없는 파격적인 과보를 초래하는 것을 뜻한다.[84] 형태적·양적으로 동태의 과보와는 다른 이런 이치는, 마음이 얼마나 선한지 악한지에 따라서 과보에 가공할만한 가속도가 붙는다는 것을 의미한다. 그러니 초파일 연등이 만원부터 백만 원까지 있고 걸어주는 위치도 모두 다르지만, 만원짜리로 길거리에 하루만 밝힌다 해도 우울할 일이 아닌 것 같

---

84 박은정, p.64

다. 선하고 청정한 마음에 강한 발심이면 가공할 궁극기(窮極技)[85]가 되기 때문이다.

보시의 종류는 여러 가지가 있지만[86] 보시의 원초는 누가 뭐라해도 굶은 사람을 먹게하는 일이다. 석가모니도 이렇게 말한다.

"보살이 사람을 가리지 않고 평등하게 보시할 때 항상 이렇게 생각해야한다. '모든 중생들은 먹는 것이 있어야 살아가고, 먹지 않으면 죽는다.'"[87]

굶주린 사람을 배불리 먹이는 이 첫 번째 공덕은 부유하게 사는 과보만 가져다 주는 것이 아니라, 지혜까지 가는 첫 단추가 된다. 보시를 시작으로 바로 다음과 같은 나비효과가 있기 때문이다.

먹고 나면(보시), 모든 감각기관이 고요하여져 계를 생각하고(지계), 화를 내지 않고 자비심을 수행하며(인욕), 용맹하게 정진하여 선법은 더욱 자라나게 하고 선하지 않은 법은

---

85 궁극의 기술이라는 의미로 그냥 "궁"이라고도 부르며, 온라인 게임에서 한 캐릭터가 낼 수 있는 가장 강력한 기술, 최종기를 뜻한다.

86 pp.364-366 (2) 보시의 종류 참고.

87 『증일아함경』 K0649.「등취사제품(等趣四諦品)」, 제19권 제27 (5)

다 제거해 없애며(정진), 항상 마음이 한결 같아서 뜻이 어지
럽지 않으며(선정), 변재(辯才)를 원만하게 갖추어 법문(法門)
에서 끝끝내 차례를 어기지 않기(지혜) 때문이다. 이 모든 보
시로 하여금 6바라밀을 원만하게 갖추게 하리라.

– 『증일아함경』, 「등취사제품」 제27

이 글을 잘 음미해보면, 우리가 카르마 리셋을 통해서 6바
라밀 가운데 어느덧 보시, 지계(불살생＝방생), 인욕(화 제어),
정진(기도)까지 지나온 것이다. 여기까지 다다른 자신에게
박수를 보내주시라.

실전 보시

(1) 실전 보시는 어떤 때에 하나?

보시는 꼭 물질을 주는 행위만이 아니다. 때로는 진심 어
린 관심이나 두려움을 없애주는 따스한 말 한마디, 한 시간
의 재능 나눔만으로도 누군가의 인생에 큰 변화를 줄 수 있
고, 그것은 나에게 선업공덕이 된다.

① 보시의 스펙트럼은 굉장히 넓어서 일상사 전체가 보시
   의 수행터이다.
② 인생이 전반적으로 궁핍하고 초라할 때 사는데 급급해

서 보시는 생각할 여지도 없다. 하지만 그럴수록 반드시 보시를 해야 한다. 현재 나의 재물의 양이 바로 전생의 성적표이기 때문에 과보를 시각적으로 볼 수 있는 기회이다. 꼭 돈이 있지 않아도 할 수 있는 보시가 수도 없이 많다.

③ 계약이나 입찰, 당첨 등 재물과 관련된 사안을 앞두고 있을 때

④ 여러 종류의 중대사가 임박했을 때와 중장기적 중대사를 앞두고 있을 때

⑤ 시험, 혼사 등 자녀들의 중대사를 앞두었을 때

⑥ 중요한 소원성취 기도를 시작할 때

⑦ 중병을 앓을 때

⑧ 특정의 소원 성취가 아니고 금생과 내생의 선업 공덕을 쌓기 위해

(2) 보시의 종류

보시의 종류는 우선은 크게 재보시, 법보시, 무외시로 나누고, 다른 카테고리로 무재칠시(無財七施)가 있다.

① 재보시(財布施) : 물질적으로 남을 돕는 보시이다.

② 법보시(法布施) : 불법과 진리를 구하는 사람에게 아는 바를 나누어주는 보시이다.

③ 무외시(無畏施) : 두려움에 떠는 사람, 사고를 당한 사람, 위험에 빠진 사람을 구해주는 보시이다.

④ 무재칠시(無財七施)

『잡보장경』[88]에 나오는 7종시(七種施)를 말하는데, 돈 없이도 큰 과보를 얻는 보시의 종류 일곱 가지이다.

❶ 안시(眼施): 따뜻하고 온화한 눈길로 대한다.

❷ 화안시(和顔施) : 얼굴 가득 부드러움과 정다움을 담고 남을 대한다.

❸ 언사시(言辭施) : 칭찬, 격려, 응원, 위로, 양보, 사랑의 말, 공손히고 아름다운 말로 보시한다.

❹ 신시(身施): 내 몸을 움직임으로써 도움을 준다.

❺ 심시(心施) : 어질고 착한 마음을 갖고 넉넉한 마음으로 사람들을 대한다.

❻ 상좌시(牀座施) : 남에게 자기 자리를 양보하는 것을 말한다.

❼ 방사시(房舍施) : 방이나 집의 보시로 다른 이에게 쉴 만한 공간을 제공한다.

❼ 찰시(察施) : 방사시 대신에 찰시로 되어 있는 무재칠시 버전도 있다. 『잡보장경』 원본의 7종시에는 방사시

---

88 『잡보장경』K1001, 76. 七種施因緣

로 되어 있다. 찰시란 굳이 묻지 않고 상대의 속을 헤아려 알아서 도움을 주는 보시이다.

(3) 매빈법(賣貧法) : 가난을 파는 법

불교 설화문학의 3대 백미로 『현우경』, 『백유경』, 『잡보장경』을 꼽는다. 그 가운데 『현우경(賢愚經)』은 중국 위나라 혜각 등 여덟 명의 승려가 서역 우전국에 가서 삼장법사들로부터 들은 설법을 귀국하여 엮은 책이다. 이 『현우경』 안에 가난한 사람의 보시법에 대한 흥미로운 글이 있어서 별도로 다뤄본다. 빈자일등과도 맥락이 닿는 일화이다.

가난을 파는 방법인 '매빈(賣貧)'을 설한 것은 석가모니 10대 제자 중 해석과 토론에 탁월해서 논의제일(論議第一)로 불리는 가전연 존자이다. 석굴암 안의 10대 제자상에 보면 여

섯 번째에 향로를 들고 있는 노스님 모습으로 묘사되어 있다. 매빈법은 『현우경』 가운데 「가전연교노모매빈품」[89]에 기록된 내용이다.

가전연교노모매빈 진성스님 서화

---

89 『현우경』 K0983, 5권 26. 「가전연교노모매빈품(迦旃延敎老母賣貧品)」이란 가전연이 할머니에게 가난을 파는 법을 가르쳐주는 챕터[品]라는 뜻이다.

석가모니가 아리제국(阿梨提國)에 계실 때의 일이었다. 가전연은 강가를 지나가다가 목을 놓아 통곡하고 있는 누추한 노파를 본다. 큰 부잣집의 늙은 여종이었던 이 노파는 못 먹어서 깡마르고 옷으로 몸을 변변히 가리지도 못한 채 울고 있었다. 가전연이 다가가서 사정을 물었다.

"스님, 저는 이미 늙었는데 언제나 고역에 시달리고 게다가 빈궁하여 입고 먹는 것이 넉넉하지 않아 죽고 싶으나 죽을 수도 없습니다. 그래서 우는 것입니다."

"그렇게 가난하면 왜 그 가난을 팔지 않습니까?"

"스님, 가난을 어떻게 팝니까?"

"참으로 팔고 싶으면 꼭 제 말을 들어야 합니다. 당신은 보시를 해야 합니다."

"스님, 저는 하도 가난해서 지금 제게는 손바닥만한 성한 옷도 없습니다. 여기 이 물병이 있으나 이것도 주인 것이니 무엇을 보시해야 합니까?"

가전연은 노파에게 목욕을 하도록 한 뒤에 자신의 발우를 건네주면서 이렇게 말했다.

"이 발우에 깨끗한 물을 담아 목마른 스님에게 보시하십시오. 그러면 가난이 팔려나갑니다. 가난이 팔려나가면 그 자리에 복이 들어올 것입니다."

가전연은 노파가 떠다준 물을 마시고 노파를 축원하고 염불을 가르쳐줬다. 그날 밤에 노파는 가전연이 가르쳐준 대로, 모두가 잠든 때 지게문 모퉁이에 깨끗한 풀을 깔고 앉아 부처님을 관하며 염불했다. 새벽이 되어 노파는 목숨을 마치고 도리천에 태어났다.

가전연 존자는 가난의 과보를 단절하고 업을 전환시키는 방법으로써 보시를 가르쳐준 것이다. 더구나 보시는 받는 사람에 따라서 과보에 차등이 있는 것이어서[90] 아라한인 가전연에게 보시를 한 것은 단순히 부유한 과보 정도가 아니라 도리천에 나는 과보를 가져온 것이다. 이와 유사한 일화로, 『중아함경』에 나온 아누룻다(아나율) 존자의 전생담을 보면, 너무 가난해서 고물을 주워 근근이 연명하던 아누룻다가 우빠릿따라는 벽지불(혼자 깨우친 독각獨覺)에게 자기가 먹을 밥을 아낌없이 보시한 공덕으로 이후로 계속 큰 부자로 태어났고 금생에도 금수저를 물고 태어나 마침내는 아라한이 됐다는 내용이 있다.

앞서서 빈자일등에서 말했던 증장업(增長業)이 여기서도 작용하는 것을 알 수 있다. 보시하는 물질의 크기가 문제가

---

90 pp.195-196 제2부 9. 재물 카르마 : 돈복과 가난에 대하여 내용 참고. 『맛지마 니까야』 M142. 「보시의 분석경」에 따르면 보시를 받는 14종류의 개인에 따라 보시의 과보가 다르다.

아니라 마음을 담은 보시가 선업에 가공할 가속도를 붙이는 것이다. 더구나 청정하게 수행한 사람들에 대한 보시는 복전(福田)이 훌륭해서 과보가 믿을 수 없이 커진다.

(4) 12가지 실천 보시행

위의 각 항목의 보시의 종류를 실천적 측면에서 구체적으로 정리하면 다음과 같다. 더불어서 새로운 아이디어 제안도 함께 해본다.

① 어려운 상황에 처해 있는 사람들이나 동물들에 대한 봉사가 가장 기본적인 보시이자 그 공덕도 크다. 대부분 재보시이고 몸을 써야하는 신시(身施)도 많다.

② 가정 형편이 어려운 학생들에게 학자금을 지원해 준다.

③ 재능기부 형태로 좋은 지식과 기술을 가르쳐 준다.

④ 동네 쉼터 등 주민 공동으로 사용하는 공간에 〈나눔 냉장고〉를 설치해서 식자재나 식료품이 남는 사람들이 자유롭게 넣어두면 필요한 사람들이 가져가도록 한다. 또는 방치되거나 안 쓰는 물건들을 공유하는 〈공유 창고〉를 마련하여 필요한 사람들이 사용하고 가져다놓도록 한다.

⑤ 법보시에는 경전 나눔, 불교 지식 나눔이 모두 포함된다. 경전을 대량으로 주문해서 절을 통해서나 개인적

으로 나누어 준다. 어르신들이나 시각장애인들을 위해 경전을 녹음해서 전달한다. SNS나 숏폼을 통해서 짧은 불교 법문을 영상이나 카드뉴스로 제작해서 공유한다.

⑥ 법보시와 무외시가 결합한 특별한 형태로, 임종을 앞둔 분을 위해 두세 명 팀을 짜서 조념염불을 해준다. 대단히 좋은 공덕이 된다.

⑦ 절이나 교회에서 법당 청소, 공양 준비 거들기, 설거지, 마당 청소, 대중 울력 등

⑧ 사찰 가운데에는 스님들의 식사를 보시하는 프로그램이 있는 곳이 있다. 아침이나 점심 공양 비용을 입금하는 방식인데, 홈페이지의 한달 공양 스케줄 달력을 보면 예약한 사람들로 거의 다 차 있는 경우가 대부분이라서 놀랍다.

⑨ 무재칠시로, ❶ 택배기사나 점원, 콜센터 직원 등 서비스업 종사자에게 따뜻한 말투로 대하고 가벼운 인사로 감사를 표시한다. ❷ SNS나 커뮤니티에서 좋은 글을 보면 의미 있는 칭찬이나 공감이나 격려로 '덕담 댓글'을 남긴다. ❸ 가족이나 친구와 산책하면서 그동안 못 나눈 이야기를 경청해 준다. ❹ 지역사회의 필요에 맞춰서 자원 봉사를 하거나 쓰레기 줍기 등 환경정화 활동에 참여한다. ❺ 자식에게 부담을 줄까봐 선뜻 부탁

을 못하시는 부모님의 마음을 헤아려 먼저 해드린다.

⑩ 집에서 기도할 때마다 부담이 가지 않는 적은 금액을 봉투에 모아두었다가 회향하는 날 복전함에 넣는다. 밥할 때마다 쌀 한 컵씩을 모아두었다가, 절에 갈 때 공양미로 올린다.

⑪ 보시는 거창하게 생각하지 말고 작게 가까운 데에서부터 시작하고, 혼자서가 힘들면 뜻을 함께 하는 사람들과 커넥션을 만들어본다. 서로가 가진 재능과 자원을 연결하면 더욱 뜻깊은 보시가 될 수 있다. 일회성 이벤트로 하기 보다는 가급적 지속적으로 할 수 있는 방안을 찾는다.

⑫ 『보살지지경(菩薩地持經)』[91]에 있듯이 ❶주고 후회하지 말라 ❷보답을 기대하지 말라 ❸보시를 자랑삼지 말라.

(5) 보시의 공덕

제2의 석가모니라고 불리는 용수(龍樹)는 『대지도론』에서 6바라밀에 대해서 자세히 다루면서, 단(檀)바라밀, 즉 보시

---

91 유식학을 완성한 무착(아상가)이 대승보살의 수행법과 방편에 대해 저술한 논서. 티벳본에는 무착이 저술했다고 되어 있으나, 5세기에 담무참이 번역한 한역본에는 미륵의 저술이라고 되어 있다. 〈유가사지론〉에도 이 책과 같은 내용이 있다.

의 공덕을 무려 27가지로 정리해 놓았다. 그 가운데 우리의 실전 보시와 관계되는 것만 추려보면 다음과 같다.[92]

① 보배 곳간[寶藏]이 되어 항상 사람의 요구에 따른다.

② 괴로움을 깨트려 능히 사람에게 즐거움을 준다.

③ 목숨을 마칠 때 마음에 두려움이 없다.

④ 선을 쌓아 복과 덕의 문이 된다.

⑤ 빈궁을 깨트려 삼악도를 끊는다.

⑥ 복락의 과보를 완전하게 보호한다.

⑦ 갖가지 인연을 모은다.

⑧ 부귀와 편안함의 복밭이다.

⑨ 칭찬과 명예의 중심이 된다.

⑩ 갖가지 즐거움의 숲이다.

앞서서 참회는 제8아뢰야식까지의 바닥 깊은 항아리 속에 발포성 청수주(淸水珠)[93]를 쏟아부은 것처럼 물을 맑혀 정화시킨다고 했다. 보시 역시 심층 전체를 요동치게 한다. 보시는 단지 부유함을 가져오고 가난의 업보를 제거해 주는

---

92 용수, 『대지도론』 k0549, 11권, 18.초품 중 단바라밀(檀波羅蜜)을 찬탄한 뜻을 풀이함. cf.용수 저, 제안용하 편저, 『대지도론으로 닦는 보살의 육바라밀』, p.264

93 여의주의 한 종류로 물을 맑게 하는 구슬.

것만이 아니라, 전체적 삶을 압도적으로 업그레이드 시키는 궁극의 필살기이다. 보시의 기회는 일상에서 순간마다 만나진다. 우리에게 보시의 기회를 주는 사람들에게 오히려 감사해야 한다. 항상 깨어있으면서 그때마다 기회를 놓치지 말고 득템해서 차곡차곡 아이템을 쟁여 놓는 것이 바로 복을 쌓는 길이다. 그래서 『대지도론』에서 다음과 같이 말했다.[94]

어떤 사람은 그늘을 구하기 때문에 나무를 심는다.
보시의 과보를 구함도 이와 같으니, 이 세상과 뒷 세상의 즐거움은 마치 그늘을 구함과 같다.

– 용수, 『대지도론』11권

질긴 카르마의 리셋을 위해 고군분투하다보니 어느새 우리가 함께 끝까지 왔다. 지도만 아는 것과 그 길을 직접 가는 것은 전혀 다르다. 불교적 방법을 실천적으로 응용하였을 뿐, 종교가 없어도 종교가 달라도 각기 버전만 바꿔서 실천하면 훌륭한 방법이 된다. 이 현상계에는 현상을 움직이는 보이지 않는 어떤 본질이 있다는 것을 믿는 것이 첫 걸음

---

94 용수, 『대지도론』 k0549, 11권 18. 초품 중 단바라밀(檀波羅蜜)을 찬탄한 뜻을 풀이함.

이겠다. 그 보이지 않는 힘을 찾는데 있어서, 검증되지 않은 사이비의 무책임한 립서비스에 의존하다가 다시는 못 올 황금 같은 시간을 허비하지 말고, 모든 종교와 성현들과 선지식들이 입을 모아 인류사 내내 말해 온 정공법으로 직진해 보기 바란다. 깊이 이치를 사유해 보고 열심히 실천해서, 업장을 소멸하고 많은 선업공덕을 쌓아 우리 모두가 내내 행복하면 좋겠다.

갈마(羯磨)[95]여, 부디 멀리멀리 떠나가 공(空)으로 산산이 흩어져라. 잘가라. 멀리 안 나간다.

---

95 "카르마"의 한자 음역(音譯)

글을 마치며

낭야산하와 우리들의 산하(山河)

　낭야혜각(琅琊慧覺) 선사[1]에게 『능엄경』에 통달한 제자 장
수자선이 물었다.

　"본래 청정하다면 어찌하여 홀연히 산하대지가 생겼습니
까?"[2] 이에 낭야선사가 답했다. "본래 청정한데 어찌하여 산
하대지가 생겼냐?" 질문과 답이 똑같은 특이한 화두이다.[3]

1　생몰연대 미상. 북송 임제종 승려로, 고칙공안으로 최초로 설법한 분
　양선소(汾陽善昭)선사의 법을 이어받고 낭야산에서 거주하면서 임제종
　을 크게 일으켰다.
2　이 질문은 『능엄경』에서 부루나 존자가 석가모니에게 한 질문을 그대
　로 옮겨온 것이다. 『능엄경』에 능통하여 10권의 주석서를 쓴 장수자선
　선사다운 질문이라고 하겠다. 이 질문의 의미는 진여자성이란 청정하
　고 불변한 것인데 거기서 어떻게 해서 생멸 변화하는 유위법(有爲法)과
　중생심이 생겨나는가 하는 질문이다.
3　『종용록』 제100칙 낭야산하(琅琊山河)

낭야선사는 이 공안의 화법을 "도적의 말을 타고 도적을 따라가서 도적의 창을 빼앗아 도적을 죽이는" 전법(戰法)에 비유했다.『능엄경』의 대가인 장수자선이 아니면 하지 못했을 질문이고, 낭야혜각이 아니었으면 하지 못했을 답이다.

산하대지란 우리의 사대를 포함한 일체 물질계·현상계를 말한다. 낭야산하(琅琊山河)의 화두가 말해주는 것은 우리가 안이비설신의 6근으로 보고 느끼고 아는 것들이 모두 생사의 원인이기도 하지만 동시에 해탈의 근본이기도 하다는 뜻이다. 이 책 제3부 카르마 리셋 도입부에서, 카르마 리셋이 가능한 원리를 설명했던 것을 기억하실 것이다.[4] 제8아뢰야식으로 찾아들어가는 유일한 진입로가 6식(識)이라고 말하면서 "지금 여기서 느끼고 생각하는 '나'가 바로 유일한 진입로인 것이다. 수행하는 것도, 삼매에 드는 것도, 기도하는 것도, 선행하는 것도, 그리하여 덮쳐온 업장에서 벗어날 수 있는 것도 이 6식을 통하지 않으면 불가능하다."라고 설명했었는데, 바로 같은 맥락이다. 6근이 무명의 시작 지점인 동시에 무명을 깨는 지점이기도 한 것이다. 우리의 생각과 감각은 입구이자 동시에 출구, 출발점인 동시에 도착점, 가도 가도 출발한 그 곳인 지지발처(至至發處)이다. 동전의 양면

---

4 카르마 리셋 도입부의 pp.247-249 및 pp.251-252 참고

같은 이 이치를 두고 굉지정각(宏智正覺)[5] 선사는 이렇게 말한다.

> 있다고 봤다가 없다고 했다가
> 손바닥을 엎었다가 뒤집었다가
> 見有不有 翻手覆手
>
> -『종용록』제100칙

엎으나 뒤집으나 손은 손이다.

똑같은 도리를 시각(視覺)을 중심으로 아름답게 읊은 게송이 하나 있다. 낭창하게 디밀면서도 밑으로는 에리힌 뜻을 품고 있어, 이론으로 찌든 우리들의 뇌리를 단방에 낚아채는 명문이다. 이 게송의 풍성한 시각적 묘사는 곧 '촉목회도(觸目會道)'[6]와 통한다. 촉목회도란 눈에 촉(觸)하는 것, 즉 보

---

5 1091-1157. 중국 선종5가의 하나인 조동종에 속하며 북조선의 시조이다. 굉지선사의 고칙 모음 100칙에 만송행수가 주석과 평을 달아 정리하여 출간한 것이 『종용록』이다. 『종용』은 『벽암록』과 더불어 선문(禪門)의 쌍벽이다.
6 촉목회도를 언급한 것은 선종 8대 조사 석두희천(石頭希遷 700-790) 선사이다. '미끄러운 석두선(石頭禪)'으로 유명한 석두희천은 〈참동계(參同契)〉에서 자신의 깨달음의 핵심을 압축해서 5언 44구 220자에 담았다. 〈참동계〉의 두 가지 핵심 개념 가운데 하나가 바로 이 '촉목회도'이

이는 것이 모두 도(道)라는 뜻이다. 설두중현 선사의 아름다운 게송을 이 책의 마무리 글로 삼으면서, 여러분께 드리는 여운 충만한 화두로 남겨본다. 비록 지금은 업장에 눌려 어둡고 가난하고 아프지만, 우리 깊은 곳엔 청정광명이 보물처럼 영롱히 숨겨져 있으니, 우리라고 화두를 들지 못하겠는가.

보라 보라!	看看
오래된 물가 언덕 누가 낚시대를	古岸何人把釣竿
드리우고 있는가.	
구름은 뭉게뭉게	雲冉冉
물은 넘실넘실	水漫漫
밝은 달 갈대꽃, 그대 스스로 보라.	明月蘆花君自看

– 설두중현, 『벽암록』 제62칙

다. 위 게송을 쓴 설두중현(雪竇重顯) 선사는 석두희천의 법맥을 타고 내려와 운문종을 잇는 제자이다. 운문종으로 내려오는 선종(禪宗)의 계보는 다음과 같다.

육조혜능→청원행사→석두희천→천황도오→용담숭신→덕산선감→설봉의존→운문문언→향림징원→지문광조→설두중현

참고문헌

1. 경전, 참법

※ 경전들의 기본적인 번역은 대부분 『통합대장경』에 따랐고, 단행본으로 출간된 경전을 참고할 경우는 여러 번역본의 번역을 참고하였음.

『통합대장경』, 동국대학교 불교학술원, 불교기록문화유산아카이브

『상윳따 니까야』 1-6, 각묵스님 역, 초기불전연구원

『맛지마 니까야』 1-4, 대림스님 역, 초기불전연구원

『맛지마 니까야』, 전재성 역, 한국빠알리성전협회

『앙굿따라 니까야』 1-6, 대림스님 역,초기불전연구원

『디가 니까야』 1-3, 각묵스님 역, 초기불전연구원

『정선 쌍윳따 니까야』, 이중표 역해, 불광출판사

『아비담마 길라잡이』, 대림스님, 각묵스님 역, 초기불전연구원

『중아함경』 1-5, 김윤수 역, 운주사

『잡아함경』 1-5, 김월운 역, 동국역경원

『우다나』, 각묵스님 역, 초기불전연구원

『해심밀경』, 묘주 역, 민족사, 1996.

_____, 김윤수 역, 한산암, 2012.

『능가경(7권본)』, 박건주 역주, 운주사, 2010.

『능엄경』, 각성스님 한역, 용하스님 편저, 비움과 소통, 2018.

『법구경』, 석지현 역, 민족사, 2016.

_____, 한명숙 역, 홍익, 2021.

『숫타니파타』, 전재성, 한국빠알리성전협회, 2013.

_____, 석지현, 민족사, 2016.

『티벳 사자의 서』, 에반츠 웬츠 편집, 류시화 역, 정신세계사, 1995.

『밀린다왕문경』, 김현준 편역, 효림, 2021.

『밀린다왕의 물음』, 서정형 역해, 공감과 소통, 2020.

『금광명경』, 여래사 편역, 비움과 소통, 2015.

『우파니샤드』, 정창영 편역, 무지개다리너머, 2016.

『자비도량참법』, 김현준 역, 효림, 2016.

『정토참법』, 무량수여래회 편역, 비움과 소통, 2018.

천태대사, 『법화삼매참법』, 각산 편역, 느낌출판, 2020.

2. 주석서, 논서, 공안집, 강해서

미륵, 『유가사지론』1,2, 신현승 역주, 묘광, 2020, 2021.

남회근, 『유가사지론 강의』 상·하편, 설순남 역, 부키, 2021.

세친, 『아비달마구사론』 상·중·하편, 김윤수 역주, 한산암, 2024.

『성유식론 외』, 김묘주 역주, 동국역경원, 2010.

『성유식론 주해』, 이만 역주, 씨아이알, 2016.

한자경,『성유식론 강해』, 서광사, 2019.

남회근,『능가경 강의』, 신원봉 역, 부키, 2014.

선화상인 ,『능엄경 강설』, 불광출판사, 2012.

남회근,『능엄경 대의풀이』, 송찬문 역, 마하연, 2016.

보리달마,『달마어록(오성론, 혈맥론, 파상론, 이입사행론, 안심법문)』, 성
　　　　열 역, 문화문고, 2018.

용수,『회쟁론 세마론 육십송여리론 칠십공성론』, 신상환 역, 도서
　　　　출판 b, 2018.

＿＿,『대지도론으로 닦는 보살의 육바라밀』, 제안용하 편저, 비움
　　　　과 소통, 2024.

쫑카빠,『보리도차제광론』1,2, 박은정 역, 나란다, 2018.

＿＿＿,『티벳 스승들에게 깨달음의 길을 묻는다면: 람림』, 초펠 편
　　　　역, 세시 소남 증보판 편역, 하늘호수, 2004.

샨띠데바,『입보리행론』, 청전스님 역, 담앤북스, 2013.

천태 지의,『지관수행』, 송찬우 역해, 비움과 소통, 2011.

『금강경오가해』, 무비스님 역해, 불광출판사, 1992.

＿＿＿＿＿＿＿＿, 의진해돈스님 역해, 불교시대사, 2018.

＿＿＿＿＿＿＿＿, 김재영 편, 나란다, 2005.

원오극근,『격절록 역주』, 강승욱 역주, 운주사, 2024.

원오극근,『벽암록』, 혜원 역해, 김영사, 2021.

무비스님,『임제록 강설』, 불광출판사, 2005.

임제선사,『임제록』, 종광스님 강설, 모과나무, 2014.

무문혜개,『무문관』, 혜원 역해, 김영사, 2023.

만송행수,『종용록』, 혜원 역해, 김영사, 2018.

문광,『선문염송 요칙』, 올리브 그린, 2023.

금타대화상,『금강심론 주해』, 청화스님 해설, 배광식 편저, 뜨란, 2017.

『염불수행대전』, 주세규 회집, 비움과 소통, 2019.

『방생살생현보록』, 무량수여래회 편, 비움과 소통, 2017.

3. 단행본

가츠라 쇼류 외,『유식과 유가행』, 김성철 역, 도서출판 CIR, 2014.

길희성,『인도철학사』, 동연, 2019.

김명우,『유식의 삼성설 연구』, 한국학술정보, 2008.

김성구,『아인슈타인의 우주적 종교와 불교』, 불광출판사, 2018.

김성철,『중관학 특강』, 오타쿠, 2022.

김태한,『뉴에이지 신비주의』, 라이트 하우스, 2008.

R.K.나라얀 편저,『라마야나』, 김석희 역, 아시아, 2012.

남회근,『유가사지론 강의』상·하, 설순남 역, 부키, 2021.

니사르가닷따 마하라지,『I Am That』, 대성 역, 탐구사, 2020.

다케무라 마키오(竹村牧男),『선과 유식』, 권서용 역, 운주사, 2024.

달라이 라마,『달라이 라마, 화를 말하다』, 뚭뗀 진빠 편역, 이종복 역, 담앤북스, 2020.

데이비드 봄,『봄의 창의성』, 김정래 역, 박영사, 2021.

뗀진 왕걀 린포체,『잠과 꿈을 통한 수행』, 무명거사 역, ᄃ래헌, 2011.

라다크리슈난,『인도철학사』I, II, 이거룡 역, 한길사, 1999.

로버트 콜리어,『성취의 법칙』, 안진환 역, 북스넛, 2005.

론다 번,『시크릿』, 김우열 역, 살림, 2007.

마이클 탤보트,『홀로그램 우주』, 이균형 역, 정신세계사, 1999.

박종매,『현대 한·영 불교용어사전』, 푸른향기, 2012.

법륜(용담) 편『대장경과 역대 선사들의 철학적 요지법문』, 신성문
　　　　화사, 2005.

비베카난다,『당신이 그것이다. 비베카난다 잠언집』, 책달구지,
　　　　2020.

빅 맨스필드,『불교와 양자역학』, 이중표 역, 불광출판사, 2021.

서광,『치유하는 유식 읽기』, 공간, 2013.

세 명의 입문자,『헤르메스 가르침 키발리온』, 하모니, 2014.

NHK 아인슈타인 팀,『아인슈타인의 세계 1권-5권』, 현문식 역, 고
　　　　려원미디어, 1993.

오오타 히사노리(太田久紀),『불교의 심층심리』, 정병조 역, 현음사,
　　　　1983.

오형근,『신편 유식학 입문』, 대승, 2005.

_____,『불교의 영혼과 윤회관』, 대승, 1978.

_____,『불교의 물질과 시간론』, 대승, 1994.

요코야마 고이츠(橫山紘一),『유식철학』, 묘주 역, 경서원, 1989.

_____,『불교의 마음사상』, 김용환, 유리 역, 산
　　　　지니, 2013.

_____,『유식, 마음을 변화시키는 지혜』, 안환

기 역, 민족사, 2019.

월리스 와틀즈,『부의 비밀』, 김해온 역, 흐름출판, 2007.

윌리엄 워커 앳킨슨,『스크릿 오브 석세스』, 양혜윤 역, 세시, 2010.

이만,『유식학 개론』, 경서원, 2006.

이죽내,『융심리학과 동양사상』, 하나의학서, 2005.

장익,『불교유식학 강의』, 정우서적, 2012.

프렌티스 멀포드,『생각이 실체다』, 정형철 역, 한국학술정보(주), 2010.

카렌 암스트롱,『축의 시대』, 정영목 역, 교양인, 2010.

한자경,『유식무경』, 예문서원, 2000.

_____,『심층마음의 연구』, 서광사, 2016.

효도 가즈오(兵藤一夫),『유식불교,「유식이십론」을 읽다』, 김명우, 이상우 역, 예문서원, 2011.

후카우라 세이분(深浦正文),『유식삼십송 풀이』, 박인성 역, 운주사, 2012.

혜명(김종두),『마하지관의 이론과 실천』, 경서원, 2007.

4. 논문

강명희, "원효와 세친의 주석서에 나타난 일심의 여래장설", 불교철학, 제3집, pp.5-41, 2018.

김려위, "석두희천「參同契」의 回互不回互에 대한 재고", 원불교사상과 종교문화, 제92집, pp. 109-142.

박은정, "사대치력에 의한 업장소멸에 대하여", 한국불자연합학회
    지, 제28권 2호, pp.59-84, 2022.

백진순, "유식학파에서 요가의 의미와 목적-『해심밀경』분별유가
    품 을 중심으로", 불교학연구, 제16호, pp.239-262, 2007.

송태현, "융, 동양, 그리고 동시성", 외국문학연구 제40호, pp.127-
    146, 2010.

양정현, "쫑카빠의 참회사상 고찰- 천태 참법사상과의 비교를 중심
    으로 -", 한국선학, 제23호, pp.591-625, 2009.

이강옥, "구운몽의 환몽 경험과 주제", 고소설연구 제28집, pp.105-
    145.

이거룡, "우빠니샤드와 초기불교에서 업과 윤회", 불교학 연구, 제
    29권, pp.7-44., 2011.

성승석, "무아와 윤회의 양립 문제", 인도철학, 제4권, pp.251-287,
    1994.

정형철, "신사상 운동과 프렌티스 멀포드의 종교사상", 종교연구 제
    56권 56호, 한국종교학회, pp.221-241, 2009.

한승훈, "원효대사의 해골물 : 대중적 원효설화의 형성에 관한 고
    찰", 종교학연구, 제36집, 한국종교학연구회, pp.25-48,
    2018.

5. 외국 도서

Atkinson, William Walker, *Thought Vibration or the Law of Attraction in
    the Thought World*, Rough Draft, 2015

_____, *The Law of Attraction*, St.Martin's Essentials, 2023

Byrne, Rhonda, *The Secret*, Simon&Schuster, 2006

Collier, Robert, *The Secret of the Ages*, TarcherPerigee, 2007

Ven.Gyatrul Rinpoche, *Meditation, Transformation, and Dream Yoga*, Snow Lion, 1993

Holecek, Andrew, *Dream Yoga*, Sounds True, 2016.

MacKillop, James, *A Dictionary of Celtic Mythology* , Oxford University Press, 1998

McGee, Micki, *Self-Help, Inc.: Makeover Culture in American Life*, Oxford University Press, 2005

VandenBos, Gary R. *APA Dictionary of Physiology*, American Psychological Association, 2007

6. 웹사이트 자료

다큐멘터리 "무한한 잠재력(Infinite Potential)-데이비드 봄의 삶과 사상", part 1, 2

Dr. James Michael Nolan, "Law of attraction, New thought, & the Hermetic Teachings", 2016.1.29.

Kristine Archibald, "The Secret : positive thinking or positively nonsense?", Boston University, BU Today, 2007.6.28.

Benjamin Radford, "The Peudoscience of *The Secret*", Skeptical Inquirer, 2009.02.04

Julie Mason, "The secrets of the Secret", The Ottawa Citizen, 2007.2.4.

Karin Klein, "Self-help gone nutty", Los Angeles Times, 2007.02.13.

Philip Moriarty, "The wow and the woo", Physics World, 2018.

"Cinema : Of Myth and Men", Time Magazine, 1999.4.26.

"영명연수선사의 생애와 사상" 불광미디어, 2008.1.17

"성냥팔이 소녀의 재림", 문학산의 시네마 다르마, 법보신문, 2019.
     11.26.

The Simpsons : The Answer(The Secret) Parody

http://puredhamma.kr 퓨어 담마 홈페이지

https://www.tibetanbuddhistencyclopedia.com 티벳불교 엔사이클로
     피디아

p.36 평화반전 캠페인 광고 : 이제석 광고연구소(www.jeski.org)

p.39 윌리엄 워커 앳킨슨 : Wikipedia

p.52 스와미 비베카난다 : Wikipedia

p.54 윌러스 워틀즈 : Wikipedia

p.65 〈오징어게임〉 중 '무궁화 꽃이 피었습니다' : 넷플릭스 공식
사이트

p.68 연금술사 : Wikipedia

p.79 영화 〈신과 함께: 죄와 벌〉 : 네이버 영화 포스터

p.80 죽음의 신 '야마' : 위키백과

p.81 오리시스 : 위키백과

p.105 에코와 나르키소스 : 위키백과

p.108 영화 〈인셉션〉의 팽이 : 네이버 영화 스틸컷

p.110 일본 약사사 소장 '유식만다라'(16세기) : 미호박물관 홈페이지

p.115 영화 〈매트릭스〉 : 네이버 영화 스틸컷

p.133 포대화상 시육적 : 석남사 홈페이지 사진자료실

p.138 바바차크라 : Wikipedia

p.143 원효 진영 : 범어사 성보박물관

바닐라 젠의

카르마 리셋

2025년　9월 19일 초판 1쇄 발행
2025년 11월 10일 초판 2쇄 발행

지은이　바닐라 젠
발행인　박기련
발행처　도서출판 한걸음 더

출판등록　제2007-000187호
주소　04626 서울시 중구 퇴계로36길2 신관1층 105호
전화　02-2264-4714
팩스　02-2268-7851
홈페이지 http://dgpress.dongguk.edu
이메일　abook@jeongjincorp.com
디자인　다름
인쇄　신도인쇄

ISBN 978-89-93814-99-6 (03180)
값 18,000원

* 이 책의 무단 전재나 복제 행위는 저작권법 제98조에 따라 처벌받게 됩니다.
* 잘못된 책은 바꾸어 드립니다.